FAW-Verlag

Freizeit | Abenteuer | Wissen

FAW-Verlag – Panzerleite 74 – D-96049 Bamberg
Tel. 0951/91 77 50 – E-Mail: info@faw-bamberg.de
Aktueller Blog: www.seychellen-inselglueck.de

Ergänzende Anregungen, für die wir jederzeit dankbar sind, bitte an info@faw-bamberg.de

Bildnachweis:

Rainer Bauerdick: S. 15, S. 33, S. 54, S. 60, S. 65, S. 67, S. 69, S. 75, S. 76, S. 81, S. 85, S. 89, S. 95, S. 97, S. 99, S. 104, S. 114, S. 119, S. 142, S. 150, S. 166, S. 167, S. 172, S. 188, S. 190, S. 192, S. 195, S. 200, S. 208, S. 222.,S. 223, S. 229, S. 223, S. 237, S. 244, S. 249, S. 256

Heike Mallad: S. 26, S. 28, S.30, S. 32, S. 38, S. 39, S. 40, S. 42, S. 44, S. 71, S. 74, S. 99, S. 120, S. 148, S. 156, S. 158, S. 159, S. 166, S. 167, S. 173, S. 176, S. 197, S. 218, S. 227, S. 246, S. 258, S. 260, S. 261

Jüri Läll: S.240; Wolfgang Meinig: S. 270; Stefan Waldschmitt: S. 117

Mallad, Heike: Ein ganzes Jahr Seychellen. Der etwas andere Reiseführer
2. Auflage, Bamberg 2018

ISBN: 978-3-932853-17-3

Umschlag:
Vordere Umschlagseite: Anse Intendance, Mahé/Seychellen © Rainer Bauerdick/Staufen i.Br.
Hintere Umschlagseite: Bird Island/Seychellen © Dr. Heike Mallad/Bamberg

Lektorat: Ilka Mestemacher, Hamburg

Druck: : CPI books GmbH, Leck/Schleswig-Holstein, Germany

Heike Mallad

Ein ganzes Jahr Seychellen

Der etwas andere Reiseführer

Mit einem Vorwort von Wolfgang Meinig

FAW-Verlag Bamberg

Freizeit | Abenteuer | Wissen

Inhalt...

...oder:
Was Sie in diesem ganz besonderen Reiseführer erwartet...

Kochrezepte im Überblick

Ein ganzes Jahr Seychellen: Idee und Realisierung

Seychellen – welch ein Wort, welch ein Sehnsuchts(w)ort! Immer wieder werde ich dazu beglückwünscht, an diesem zauberhaften Fleckchen inmitten des Indischen Ozeans verweilen zu dürfen. Viele meiner Freunde und Bekannten beneiden mich um ein Leben in den Tropen. In ihren Köpfen ist – aus welchen Gründen auch immer – die feste Vorstellung verankert, dass ich den ganzen Tag in weißer luftiger Kleidung auf einem weißen Liegestuhl unter einem weißen Sonnenschirm am weißen Strand liege und weiße Cocktails aus Kokosnussmilch schlürfe.

Ich kann es ihnen nicht verübeln. Denn als ich vor zwanzig Jahren das erste Mal in den Archipel reiste, glaubte auch ich, dort den ewigen Sommer und eine bisher nicht erlebte Harmonie von fröhlichen Menschen und einzigartiger Natur vorzufinden. Schnell hatte mich die Inselwelt mit ihrem traumhaft warmen Klima, ihrem Farbenrausch und ihrer Exotik in ihren Bann gezogen, sodass ich den tiefen Wunsch in mir spürte: Ja, hier will ich bleiben. Glückliche Zufälle führten dazu, dass ein kleines Häuschen einen neuen Besitzer suchte und die Behörden ein Einsehen hatten, indem sie mit Hilfe einer offiziellen, von der Regierung genehmigten Kauferlaubnis das Unmögliche möglich machten.

So begann ein neues Leben.

Allerdings wurde mir schnell klar: Komplett auf die Seychellen auswandern – das war und ist für mich keine Option. Die Gründe dafür sind vielfältig. Aber wenn schon nicht für immer, dann doch wenigstens immer wieder! Und so kam es, dass sich ein lebens- und liebenswerter Rhythmus einstellte: ein paar Monate Deutschland, ein paar Monate Seychellen – ein genialer Wechsel zwischen Kultur und Natur, eine ausgewogene Mischung aus dem Besten meiner zwei verschiedenen Welten.

Vielleicht war irgendwann dann genau dieses Pendeln zwischen Deutschland und den Seychellen die Voraussetzung dafür, dass ich plötzlich ganz feine Antennen bekam, die in der Lage waren, Besonderheiten aufzuspüren und diese viel intensiver wahrzunehmen. Mit einem Mal merkte ich, dass entgegen anderslautender Meinungen kein monotones gleichförmiges Sonnenwetter am Äquator herrscht, sondern es auch hier so etwas wie Jahreszeiten gibt – wenngleich sie auch nicht mit dem klassischen Wechsel von Frühling, Sommer, Herbst und Winter zu vergleichen sind. Und ich merkte, wie die teilweise extremen Schwankungen Auswirkungen auf das Leben der Einheimischen, auf die Gestaltung ihres Alltags und auf ihre Ernährung haben.

Da kam mir die Idee: Warum nicht ein Buch schreiben, das wie ein Tagebuch den (weitgehend) charakteristischen Jahreslauf beschreibt? Auch wenn ich nicht permanent und „am Stück" auf der Insel lebe, kenne ich schließlich jeden Monat genau! Eine chronologische Aufzeichnung war mir zu wenig: Es gab nämlich Dinge, die immer wiederkehrten; nicht nur was das Wetter anbelangte, sondern auch die Sitten und Gebräuche. Und das Essen und Trinken erst recht. So ließ ich meine Seychellen-Jahre einfach Monat um Monat Revue passieren und habe alle witzigen, nachdenklichen und außergewöhnlichen Episoden zusammengetragen. Auf diese Weise will ich die üblichen Reiseführer-Informationen, die oft spröde und wenig unterhaltsam daher kommen, mit Leben füllen!

Nun wünsche ich mir nichts mehr, als dass es mir so gelingt, den Leser an die Hand zu nehmen, um ihm die etwas anderen Seychellen zu zeigen, die sich vom klassischen Klischee, reduziert auf Palmen, Strand und Meer, abheben.

Einige traditionelle Rezepte der seychellischen Landesküche mögen dieses Vorhaben begleitend unterstützen. *Bon appetit!*

So hoffe ich, dass „Ein ganzes Jahr Seychellen" nicht nur ein literarischer Reisebegleiter sein wird, sondern auch ein etwas anderer Reiseführer, der die inneren Werte und damit die wahre Schönheit dieser einzigartigen Inseln erschließen lässt.

Bamberg, im Februar 2018 Heike Mallad

Vorwort

Warum und wann ist eigentlich jemand in der Lage, ein Buch mit dem Titel „Ein ganzes Jahr Seychellen" zu schreiben? Genügt es etwa, wenn man jeden Monat einmal vor Ort erlebt hat? Sicherlich reicht das nicht, denn ein Besucher dieser komplexen Inselwelt kann zunächst einmal nur einige, wenige Situationen wirklich wahrnehmen und verarbeiten – so intensiv und anders sind sie; seien sie geprägt durch Landschaft, Wetter und Menschen.

Aber nach fast 20 Jahren inniger Verbindung zu den Seychellen hat die Autorin allen Grund und die Legitimation dazu, das Erlebte einzuordnen und niederzuschreiben, unterstützt durch ausgewählte Fotos, die den Realitätsgehalt ihrer Geschichten belegen. Warum aber überhaupt so etwas niederschreiben? Es gibt nur einen einzigen Grund dafür: Wohl keine andere Destination auf dieser Welt ist so sehr mit dem Image „Paradies" behaftet wie die Seychellen. Und genau hier liegt der Reiz: Was heißt eigentlich Paradies, wenn man hier nicht nur Urlaub macht? Wie fühlt sich Paradies im Alltag vor Ort an? Was sind schlichte Reiseführer-Fakten, was ist übertriebenes Hochglanz-Klischee, was ist tatsächliche Realität?

Wer sich darauf einlässt, in den Tropen zu leben, wird nicht nur auf herrlich exotische Pflanzen und Tiere treffen, sondern in erster Linie auf Menschen, die ihr Dasein zwischen Natur, Tradition und Moderne auszurichten versuchen.

So nehmen die einfachsten Verrichtungen – wie Wäschewaschen, Friseurbesuch, Busfahren, Inseltratsch, Einkaufen, Speisen – einen ganz anderen Stellenwert auf der Insel ein als bei uns. Und weil sich gerade über das Thema Kochen und Essen ein Großteil des Insellebens definiert, bekommt es hier einen besonderen Platz im Buch.

Viele kreolische Rezepte sind nur vom Hörensagen überliefert. Ein seychellisches Kochbuch ist in Deutschland nicht verfügbar und so ist es das Verdienst der Autorin, vor allem die traditionellen Rezepte aufzugreifen, zu verschriften und so aufzubereiten, dass es gelingt, sie auch außerhalb der Seychellen nachzukochen.

Das Tolle an den Rezepten: Selbst wenn man sie nicht unmittelbar nachkochen kann oder will – schon allein beim Lesen offenbart sich die ganze Wunderwelt der Tropen mit ihren exotischen Düften und überraschenden Aromen. Welch ein Lese-Erlebnis! Dieses ist übrigens stellvertretend für den gesamten Charakter des Buches, es ist quasi *das* Geheimnis von „Ein ganzes Jahr Seychellen". Überall zwischen den Zeilen lassen sich die Seychellen auf geheimnisvolle Weise erschnuppern und „erschmecken". Sie lassen sich erfühlen, anfassen und damit im wahrsten Sinne des Wortes „begreifen". Man kann sie hören und ihnen zuhören. Und sie lassen sich nicht zuletzt einfach nur anschauen, stumm bestaunen oder voller Begeisterung bewundern.

Natürlich kann solch ein Buch keinen klassischen Reiseführer ersetzen, aber es kann ihn ergänzen oder sogar aufwerten. Denn mit seinen vielen subtilen Beobachtungen und verdichteten Informationen ist „Ein ganzes Jahr Seychellen" ein ganz besonderer Reiseführer. Dabei ist der Fokus weniger auf einen strengen „Führer" ausgerichtet, sondern eher auf einen einfühlsamen Begleiter, der anhand persönlicher Erlebnisse unterhaltsam die wichtigsten Fakten erläutert und sie geschickt mit den Wegen ins Verborgene kombiniert, um sich so die Seele der Inseln vertraut zu machen.

Ein Buch für alle Sinne liegt da vor uns, das wie ein Schlüssel zu einer anderen Welt ist – eine Welt, in der uns die Autorin behutsam an die Hand nimmt und Monat um Monat durch ihre Besonderheiten zu führen weiß.

Eine wunderbare (Lese)Reise durch eine bezaubernde Inselwelt im Indischen Ozean liegt vor uns…

Bamberg, im Februar 2018 Wolfgang Meinig

Januar

Wort bzw. (Aus-)Spruch des Monats: *bonn ane!*
Gericht des Monats: *bouyon bred ti fey*
Getränk des Monats: *baka*

Musik und Moskitos unter dem Meerrettichbaum

Geschafft!

Vor zwei Minuten hat das neue Jahr begonnen. Endlich! Reingerutscht sind wir mit einem *bel kou d kanon* – mit einem ganz schönen Kanonenschlag. Und das, obwohl doch hier auf den Seychellen Knallkörper verboten sind! Aber irgendwie ist es unseren Nachbarn da unten *dan bambou* – im Bambustal – doch gelungen, ordentlich Krach zu machen und einen richtigen Feuerwerkszauber zu inszenieren.

Bonn ane! Prost Neujahr!

Und das bitte wörtlich!

Ich höre das Scheppern der Flaschen, die unter großem Freudengeschrei die Runde machen.

Bonn ane!

Ich liege derweil in meinem Bett. Nein, keine zehn Pferde hätten mich gestern zu einer Silvesterparty gebracht! Weder in einem Hotel, das meint, es habe die alleinige Lizenz zur großen Neujahrsabzocke, noch im Rahmen einer privaten

Feier. Das liegt nicht daran, dass ich kein geselliger Mensch bin, ganz im Gegenteil. Doch das Risiko war mir einfach zu groß, mit angeheiterten Feierbiestern auf der Straße zu kollidieren, die die Kontrolle über ihre Fahrzeuge verloren haben.

Auf den Seychellen ist Neujahr ein wichtiges Fest, das wichtigste überhaupt. Das merkt man schon allein an der Tatsache, dass nicht nur am ersten, sondern auch am zweiten Januar ein Feiertag ist. Und sollte der auf einen Sonntag fallen, dann – schwups! – gibt es zusätzlich auch noch den Montag frei! Das neue Jahr muss schließlich würdig begrüßt werden!

Genau das habe ich mir auch gedacht und es schlafend begonnen. Als ich am Tag zuvor meinen Nachbarn von diesem verwegenen Vorhaben erzählte, lächelten sie nur mitleidig und wünschten mir gute Besserung. Nur Kranke beginnen auf den Seychellen Neujahr im Bett.

Aber jetzt geht die Sonne auf. Was für ein Morgen! Was für ein perfekter Jahresbeginn! Hinter dem sonst so grauen Bergmassiv von La Brulée grüßt ein purpurner Schimmer, zunächst noch schüchtern und scheu, dann strahlend und selbstbewusst. Die Hänge der Montagne Posée reflektieren das jungfräuliche Licht. Der Himmel übergießt Palmen, Schirmakazien und Kasuarinen mit einem orangefarbenen Licht. Über den dunklen Steilhang aus Granit purzelt ein letzter Rest an Morgendämmerung.

Es ist noch nicht einmal sieben Uhr in der Früh.

Im Tal ist es mucksmäuschenstill. Kein Wunder. Meine Nachbarn schlafen ihren Rausch aus. Keiner aus der Familie Juaneau, sonst allesamt Frühaufsteher, lässt sich blicken. Und kann es sein, dass ich Kenny bis hier oben schnarchen höre? Die Felsen reflektieren jedes noch so unscheinbare Geräusch. Das nervt! Den Ziegen von Mister Pillay passt das auch nicht. Sie beschweren sich meckernd. Und bevor wir uns davon anstecken lassen, haben wir einen anderen Plan.

Wir packen unsere Badetasche und fahren an die Ostküste, an die Anse Royale.

Die Königsbucht ist für mich der einzig wirklich würdige Platz, um das neue Jahr gebührend begrüßen zu können.

Die ganze Insel scheint wie leergefegt. Am Strand ist keine Menschenseele. Wo sonst Badegäste die Sonne genießen, herrscht Einsamkeit. In den *veloutye*-Büschen finden sich etliche flaschenähnliche Überbleibsel der Silvesterparty. Ehrlich gesagt: Egal – das stört mich heute ausnahmsweise nicht. Hinein ins Wasser!

Ich schwimme weit hinaus. Still und friedlich ist es hier. Kein Windhauch regt sich. Der Nordwest-Monsun, der schon seit November unser stetiger Begleiter ist und vor allem im Dezember mächtig weht, hat es vorgezogen, auf der anderen Seite der Insel zu bleiben. Und ich bleibe im Wasser. Am liebsten den ganzen Tag. Zu jeder Stunde wird das Meer blauer. Je höher die Sonne in den Himmel klettert, desto mehr Azur und Türkis gießt er ins Wasser.

Es ist mittlerweile weit nach Mittag, und wir sind immer noch alleine hier. Trotzdem fahren wir nach Hause; nicht nur weil wir Hunger haben, sondern auch weil es heißer und heißer wird.

Wir nehmen die Abkürzung durch die Berge. Auf der Montplaisir-Straße kommen uns zwei grinsende, schwankende Gestalten entgegen. Oje! Die armen Gesellen! Sie scheinen unter Gleichgewichtsstörungen zu leiden. Doch mein Mitleid hält sich in Grenzen.

Bonn ane! Euphorisch schreien die beiden den Neujahrsgruß in die Botanik. Ob er uns gilt? Ich wage, es zu bezweifeln. Der Ruf verhallt zwischen wilden Ananas und Philodendron.

Bonn erez ane! Ein glückliches neues Jahr, grüße ich dennoch ins Nichts zurück, wenngleich deutlich verhaltener als die beiden torkelnden Passanten.

An der kleinen Kirche biegen wir in die steile Straße ab, die nach unten zu unserem Haus führt. Plötzlich sehen wir einen jungen Mann mit zwei Kindern im Schlepptau aus einem kleinen farbenfrohen Haus springen. Winkend kullern sie wie zwei Karamellbonbons aus einer aufgeplatzten bunten Tüte auf uns zu. Aha, Familie Banana will uns auch Prost Neujahr wünschen!

Wir halten an. Die Kinder strecken ihre Ärmchen durchs Fahrerfenster: *Happy New Year, Mister Fred.* Das brav im Chor aufgesagte Sprüchlein ist an die Adresse meines fahrenden Mannes gerichtet. Ein Bündel *bannann minyonn* mit daumengroßen zuckersüßen Früchtchen bahnt sich seinen Weg als sonnengelber Strahlenkranz durch das Autofenster; die Familie will ihrem Namen alle Ehre machen! Wir versprechen, uns alsbald mit einer Tafel deutscher Schokolade zu revanchieren, denn auf den Seychellen ist es Brauch, sich nicht nur zu Weihnachten, sondern erst recht und vor allem zu Neujahr etwas zu schenken.

Auch wir beschenken uns, mit einem traumhaften Ausblick von unserer Terrasse ins neue Jahr. Da draußen am gischtnebligen Horizont grüßen die kleinen Eilande Ile aux Vaches, Thérèse und Conception – abgenabelt von der Hauptinsel Mahé, frei schwimmend und schwerelos schwebend in silbern plätscherndem Fluidum. Tagsüber sehe ich ab und zu die

Bugwellen kleiner Boote, die sie umkreisen. Ihre Furchen im Meer gleichen dem Schnittmuster einer Zackenschere, die versucht, die kleinen Inseln aus dem großen Wasser auszuschneiden und wieder an die Hauptinsel anzufügen. Am Abend vereinen sich die abtrünnigen Landhaufen im Meeresblau mit den Wolken zu einem Gebirgsmassiv. Und dennoch: Sie bleiben so, wie sie sind: *insulae* – im Salzigen liegend, isoliert, abgeschieden.

Eine Insel ist nicht viel besser als ein Festland, wenn sie zu groß ist. Sie muss im Grunde ganz klein sein, damit sie sich als Insel empfinden lässt. Ja, so ist es. Unser Haus steht auf der seychellischen Hauptinsel Mahé, die gerade einmal 27 Kilometer lang ist und deren breiteste Stelle nicht mehr als acht Kilometer misst.

Als wir vor vielen Jahren zum ersten Mal auf die Seychellen reisten, suchten wir wohl zunächst ganz unbewusst die Distanz zum festgefahrenen Alltag des Festlandes. Ein Archipel südlich des Äquators im Indischen Ozean schien uns der geeignete Platz, um wenigstens ein paar Monate des Jahres das Meer zwischen uns und den eigenen Sorgen zu wissen. Mich reizte an der Insel ihre Inseleinsamkeit, ihre Abgeschiedenheit, und ich wollte einem der eindringlichsten Verse in einem Rilke-Gedicht folgen: „Herr, gib mir noch eine Weile Zeit, ich will die Dinge lieben, wie sie sind…"

Die Voraussetzungen waren gut: Das Heim, das wir unser eigen nennen dürfen, liegt weder in einer Stadt noch in einem Dorf, sondern mitten in einem bergigen Tropenwald, wenige hundert Meter Luftlinie entfernt vom Strand.

Unser kleines Häuschen versteckt sich geschickt wie ein Adlerhorst zwischen Granitfelsen und grünen Pflanzenwänden. Geheimnisvoller alter Baumbestand rahmt unser Grundstück ein: Neben einigen wuchtigen Takamaka-Bäumen stehen seltene Raffia-Palmen, die ihren Fuß am liebsten im Schatten, den Kopf aber in der Sonne wissen. Ihre Wedel, die bis zu 20 Meter lang werden können, gelten als die größten Blätter des

Pflanzenreiches. Trutzige *vakwa* – kakteenähnliche Schraubenpalmen – dienen als undurchdringliche natürliche Umzäunung, genauso wie der kleine Bach, der brav unser Grundstück umrandet und dann parallel zu der kleinen Bergstraße in die Tiefe stürzt. Und dann sind da auch noch die bis zu zehn Meter hohen Felswände, die uns schon so manche spontane Grundstücksbegehung unmöglich gemacht haben.

Nach unten führen fast 100 Stufen in einen Wald, dessen Wildnis sich trotz der Verwendung von Vokabeln wie Dschungel oder Busch nur unzureichend beschreiben lässt. Unglaublich, aber wahr: Kurz nachdem wir uns hier niedergelassen hatten, mussten wir uns nach einer anstrengenden Pirsch durchs Gelände zerknirscht eingestehen, dass wir uns auf unserem eigenen Grundstück verlaufen hatten. Eine einfache Orientierung zwischen ausgewachsenen Schirmakazien, Flammenbäumen und einem Schlingpflanzendickicht war unmöglich.

Inmitten dieser Naturgewalten waren wir nicht nur hilflos, sondern wähnten uns auch völlig allein.

Erst viel später offenbarte uns eine behördliche Luftaufnahme, dass wir alles andere als einsame Urwaldbewohner waren. In nicht allzu großer Entfernung waren kleine Siedlungen zu entdecken. Die Nachbarn waren tatsächlich nur einen Steinwurf entfernt! Die Hanglage spielte uns also einen raffinierten optischen Streich.

Mein erster Blick ging damals wie auch jetzt zu Beginn des neuen Jahres den Berg hinunter und dann hinein ins offene Meer. An der Westküste verfängt er sich dann am Palmenstrand und bleibt weiter hinten an den vorgelagerten Inseln hängen.

Ich bin nicht nur *auf* einer Insel, ich bin *inmitten* vieler Inseln.

Was für ein gutes Omen!

So ist auch mein neuer Lebensrhythmus: inselgleich, ohne allzu viele Berührungen zur Außenwelt. Zwar muss ich meinem Broterwerb auch weiterhin mithilfe eines Computers nachgehen, doch als wir uns hier niederließen, abonnierten wir bewusst keine Zeitung, schafften keinen Fernseher an und schon gar keine Satellitenschüssel.

Den kleinen Weltempfänger erklärten schnell die Ameisen zu ihrem neuen Zuhause, sodass ich die Deutsche Welle nur noch verzerrt und gestört und zum Schluss dann gar nicht mehr hören konnte. Das war zunächst etwas schade, denn ich vermisste zwar weniger die Nachrichten, aber dafür den Seewetterbericht des Deutschen Seewetteramtes. Ich stellte mir verzweifelte Matrosen vor – Inselsuchende auf Schiffen, die in Seenot geraten waren und die nun endlich vom Sender vor gefährlich starken Winden aus Südsüdost gewarnt wurden. Erst sehr viel später wurde mir klar: Richtiges Inselleben bedeutet, wenigstens einen Teil der informatorischen Leinen zum Festland zu kappen.

Frieden und Stille.

Plötzlich rumst es unter mir im Tal.

Aha, Kenny ist wohl endlich aufgewacht.

Wenig später rumpelt es dumpf, dann scheppert es blechern. Kenny wuchtet ein altes, halb aufgesägtes Ölfass in die Mitte seines Gartens und fummelt mit einem Feuerzeug zwischen Palmenreisig, trockenen Ästen und dem verrotteten Überbleibsel eines Kokosnusshaufens herum. Schnell lodert ein kleines Feuer, das durch eine Stahlmatte züngelt, die früher einmal einem Maurer nützlich gewesen sein dürfte. Und dann, nach nicht einmal einer viertel Stunde ziehen verlockende Duftschwaden zu mir auf die Terrasse. Es ist der himmlische Geruch von fangfrischen und soeben gegrillten *makro* und *kordonnyen:* Makrelen und barschartige Kaninchenfische, die noch vor wenigen Stunden draußen am Korallenriff und zwischen Seegrasfeldern und Algenwiesen ein buntes Leben führten.

Was für ein Neujahrsschmaus!

Doch noch wird nicht aufgetischt. Neugierig beobachte ich von meinem Ausguck aus das weitere Geschehen.

Wieder klappert es, doch diesmal kommt das Geräusch aus dem kleinen Haus. Plötzlich sehe ich etwas Riesiges durch die Tür kommen, Kenny hintendran. Er wankt und schwankt und kann die schwere Fracht kaum heben. Schließlich gelingt es ihm, sie sicher abzusetzen.

Clever, denke ich, Kenny installiert für sein Grillfest unter freiem Himmel den Kühlschrank im Garten, sodass er nicht ständig für frische Getränke ins Haus muss.

Etwas verwundert bin ich aber schon, als Kenny abermals die gleiche Prozedur wiederholt. Noch ein zweiter Kühlschrank findet seinen Weg nach draußen.

Doch warum sind Kühlschränke auf den Seychellen eigentlich schwarz und nicht weiß?

Erst in dem Moment, als es furchtbar krächzt und knackt, fiept und faucht, rattert und rauscht, weiß ich: Das sind gar keine Kühlschränke, das sind Lautsprecherboxen! Riesige, übergroße Lautsprecherboxen, von denen jede das Ausmaß einer ausgewachsenen handelsüblichen Kühl- und Gefrierkombination besitzt.

Und warum…?

Bevor ich meine Frage im Geiste zu Ende formulieren kann, donnert es mir entgegen:

♬ ♬ ♬ *Bonn ane!*

♬ ♬ ♬ *Bonn aaaaaaaaneeeeee!*

Und dann noch einmal, nur noch ein ganzes Stück lauter:

♬ ♬ ♬ ♬ ♬ *BONN ANE!!!*

♬ ♬ ♬ ♬ ♬ *BONN AAAAAAAANEEEEEE!!!!!!*

Ja doch, Kenny, ich hab's verstanden.

Mit wie viel Dezibel mir der musikalische Neujahrsgruß auf die Terrasse geschickt wird, weiß ich nicht.

Während die Musik, falls man diese Geräuschkulisse überhaupt so bezeichnen kann, in einem fort plärrt, nähern sich Kennys Haus in einer andächtigen Schlange mehrere Fahrzeuge: zwei alte ausgeleierte Rostlauben, der pinkfarbene japanische Kleinstwagen von Kennys Freundin, ein heruntergekommener Pick-up und ein bulliger, offenbar brandneuer Offroader mit einem furchteinflößenden chromblitzenden Hirschfänger.

Allmählich dämmert es mir: Kenny macht keine Neujahrsfeier im engsten Familienkreis. Nein, er hat dazu seine besten Freunde eingeladen und die halbe Insel obendrein.

Wenigstens stellt Kenny die Musik wieder etwas leiser, denn schließlich will er, dass seine Neujahrswünsche den Weg zu seinen Gästen finden. Die haben mittlerweile mit diversen Mitbringseln einen kleinen wackligen Plastiktisch belegt. Durch den hohen Santole-Baum kann ich erkennen, dass dieser nun eine Art Bar darstellt, was ich aus den vielen Flaschen schließe, die dort abgestellt werden.

Jetzt gibt es erst einmal etwas zu essen. Flugs haben gefühlte einhundertachtundzwanzig Sitzgelegenheiten ihren Weg in den Garten gefunden, die Festgemeinde macht es sich bequem.

Und die Flaschen kreisen! Darunter befinden sich verdächtig viele 2-Liter-Flaschen mit Cola- oder Fanta-Etikett. Das aber hat mit dem Inhalt nichts gemein und gehört eher in die Kategorie Tarnung und Täuschung, denn der Flascheninhalt ist *baka*.

Auweia, *baka* – entfährt es mir, das kann ja heiter werden.

Heiter ist es zwar jetzt schon da unten zwischen Mangobäumen und Hibiskusbüschen, aber *baka* verleitet so manch einen hier auf den Seychellen zum Komasaufen.

Wenn ich es mir genau überlege, ist *baka* eine ziemlich seltsame Angelegenheit. Ein Mischmasch aus klein geschnipseltem Zuckerrohr, gepresstem Zuckerrohrsaft und Wasser ergibt eine Maische. Diese Maische wird fermentiert. Dann setzt die Gärung ein, und das Resultat ist eine Art Zuckerrohrwein mit etwa fünf Prozent Alkoholgehalt. Damit gibt sich eigentlich kein Seychellois zufrieden, und deshalb sollte es normalerweise mit der Destillation weitergehen, die einen etwa 70-prozentigen Rum hervorbringt. Das heißt also: *Baka* ist eigentlich nichts anderes als eine Art Vorstufe des klassischen Rums. Aber nie, so weiß ich, waren die Seychellen eine Hochburg für die Rumproduktion, ganz im Gegensatz zu anderen ehemaligen, tropischen Kolonien. Einen Grund dafür sehe ich direkt vor mir, wenn ich meinen Blick über die schwarzen Granitfelsen schweifen lasse: Der steinige und steile Untergrund erlaubt keine nennenswerte Landwirtschaft. Und demzufolge auch keinen Zuckerrohranbau in großem Stil, wie beispielsweise auf Mauritius oder La Réunion.

Doch da kommt mir noch ein anderer Grund in den Sinn: Kann es sein, dass man auf den Seychellen einfach nicht die Geduld hat, den kompletten Prozess der Rumdestillation abzuwarten, und sich deshalb voller Ungeduld schon die Vorstufe des Rums, nämlich *baka*, hinter die Binde kippt? Keine Sorge: Seine berauschende Wirkung entfaltet das Getränk schließlich dennoch.

Mit *baka* ist es so eine Sache: Eigentlich dürfen nur lizenzierte *baka shops* den Verkauf übernehmen. Aber wen kümmert das schon? Es gibt ja auch andere Lebensmittel, wie zum Beispiel Kartoffeln oder Früchte, die zu einem alkoholisierten Getränk vergoren werden können, und zwar heimlich. Sogar Terence, das sonst so brave Oberhaupt der Familie Juaneau, hat da so seine Tricks: Im Verborgenen lässt er zerquetschte Trauben in einem alten Plastikkanister gären.

Trauben? Woher sind die denn? Rebstöcke gibt es ja auf den Seychellen bedauerlicherweise keine. Das nächste Weinanbaugebiet liegt in Südafrika. Und genau von dort kommen auch die hin und wieder importierten Früchte, die sich Terence dann flugs beschafft, wenn er sie zufällig in irgendeinem Geschäft erspäht. Auf die Traubenpampe streut er dann noch etwas Zucker – und los geht's. Ein paar Tage später ist sein *baka* fertig.

Baka war schon immer äußerst beliebt auf den Seychellen und förderte vor allem die Geselligkeit: Im Geiste sehe ich alte vergilbte Fotos aus den 1930er Jahren, als die Seychellen noch zur britischen Krone gehörten. Die Kolonialherren und der Gouverneur, die Beamten und Großbürger, die Pflanzer und ihre Arbeiter, die Kapitäne und Seeleute – sie alle wollten sich hin und wieder etwas Gutes gönnen. *Baka* war das geeignete Getränk zum Ausspannen. Schnell gründeten sich sogenannte *Baka*-Clubs. Davon gab es bis in die 1960er Jahre in der Hauptstadt Victoria gleich drei: den *Seychelles Club* gegenüber dem einstigen In-Bistro *Pirates Arms*, den *Tobruk Club* am Freedom Square und den *Baka Club*. Doch während die *grands blancs* – die feinen weißen Herren der Oberschicht – im *Seychelles Club* Gin und Tonic bevorzugten und man im tendenziell etwas rustikaleren *Tobruk Club* Bier ausschenkte an gestandene Soldaten, Matrosen und Veteranen dunkelhäutiger Abstammung, die sich in Kriegseinsätzen fern der seychellischen Heimat verdient gemacht hatten, war der *Baka Club* der einzige, in dem auch wirklich nur *baka* getrunken wurde. Er war nicht mehr als eine simple Baracke, irgendwo hinter dem *Tobruk Club* gelegen. Hier trafen sich die einfachen Leute, die Tagelöhner, die auf Plantagen und im Hafen Schwerstarbeit verrichteten, die Handwerker und die Fischer.

Dass *baka* sich auch heute noch großer Beliebtheit im Volk erfreut, das sehe ich bei Kenny und seinen Gästen. Unten bei ihnen im Tal ist die Gartenparty mittlerweile in vollem Gange. Die Musik aus den Kühlschranklautsprecherboxen klettert die Granitfelsen zu mir empor und nistet sich in meinen Gehörgängen ein. An Mittagsruhe oder gar einen beschaulichen Neujahrsnachmittag ist nicht zu denken. Es wummert und hämmert, dröhnt und trommelt.

Und just in dem Moment, als ich denke: Mannomann, ist das aber laut, da wird es tatsächlich noch lauter.

Warum, so denkt sich wohl Kenny, soll der Lautstärkeregler auf 9 stehen bleiben, wenn er doch noch drei weitere Stufen hat und sich bis auf 12 drehen lässt?

Kopfschüttelnd blicke ich hinab, deutsches Unverständnis trifft auf seychellische Lebensfreude. Diese findet ihren Ausdruck in einem Geräuschpegel, der für mich und viele andere befremdend ist. Laute Musik, das heißt für die Seychellois: gute Musik. Und noch lautere Musik, das heißt: eine bessere, schönere Welt.

Für Kenny und seine Familie, seine Freunde und Nachbarn ist sie soeben Wirklichkeit geworden. Das bunte Treiben gipfelt darin, dass die Frauen die Initiative ergreifen: *Kil pake!* Räumt alle Stühle und Tische und sonstigen Möbel zur Seite! Wir brauchen Platz zum Tanzen!

Es sind nicht etwa zuerst die Mädchen und jungen Frauen, sondern die älteren unter ihnen, die ihre bunten Röcke raffen und eine flotte Sohle auf das grasige Parkett legen. Wenn auch ihre Hüften noch so breit sind, geschmeidig wiegen sie sich im Rhythmus. Und trotz der strammen Waden und der fülligen Oberschenkel finden sich die Füße in grazilen und flinken Tanzschritten wieder.

Sega!

Voller Lebenslust und Frohsinn! Doch das war nicht immer so. Die Wurzeln der *sega*-Musik liegen in den uralten Gesängen, die einst die afrikanischen Sklaven auf die Seychellen mitgebracht haben, und die waren zunächst schwermütig, traurig, langsam und klagend, ja, sogar etwas unheimlich. So klang sie, die *moutya*, im 18. Jahrhundert zum Schein der abendlichen Feuer. Doch dann vermischten sich diese Klänge mit europäischen Elementen aus der Polka, dem Kontratanz und sogar aus dem Walzer – Souvenirs aus der Heimat der weißen Herren. So wurde die Musik flotter und heiterer.

Nou oule danse sega!

Wir wollen s*ega* tanzen!

Unweigerlich fangen auch meine Hüften an zu wippen, natürlich um einiges unbeholfener als unten im Tal. Aber darauf kommt es gar nicht an. *Sega* reißt mit, ob man will oder nicht! Und erst recht an Neujahr!

Der Nachmittag plätschert so belanglos dahin wie der kleine Bach vor unserem Haus. Und dann wird der Tag zum Abend. Nachdem sich die Sonne weit im Westen schlafen gelegt hat, verzaubert uns das violette Zwielicht der kurzen Dämmerung.

Die blaue Stunde! Oder besser gesagt: eine blaue halbe Stunde! Länger dauert der Übergang zwischen Hell und Dunkel nicht.

In Kennys Nonstop-Musik mischt sich nun das heftige Gezeter der fliegenden Hunde, die sich das Obst der Mango- und Santole-Bäume als Objekt ihrer Begierde ausgesucht haben. Sie streiten um die letzten Früchte, bevor sie sich in ihre kleinen Miniatur-Ledermäntelchen wickeln und kopfüber am Ast hängend einnicken.

Schlafenszeit, nicht nur für Tiere, denke ich, und denke nach dem Abendessen nun auch allmählich an das Bett. Und an die Nachtruhe.

Von wegen!

Bei Kenny geht es ununterbrochen weiter. Oder vielleicht geht es sogar jetzt erst so richtig los. Denn die *sega*-Musik wird nun abgelöst durch aggressive Techno-Beats und Afro-Raps.

Nicht gerade die Melodien, die einen in den Schlaf wiegen.

Und selbst, wenn ich versuche, alles positiv zu sehen oder besser: alles positiv zu hören, da ist immer noch dieses:

Wwwwumm... Wwwummm... Wwwummm...

Erst um halb sechs in der Früh, als die Kolibris mit ihrem hellen Gezwitscher und Gezirpe den neuen Tag begrüßen, ist endlich Stille.

Ich schlafe bis um halb zehn.

Kenny und seine Rasselbande bis nachmittags um drei.

War das schön ruhig!

Die Betonung liegt auf *war*, denn das seychellische Neujahr ist schließlich noch nicht vorbei. Es geht also weiter: Kenny mutiert wieder zum DJ.

Irgendwann am späteren Nachmittag, so gegen fünf, halb sechs, kurz bevor sich wieder der Abend zu mir auf die Terrasse gesellt, wird es mir zu bunt. Ich habe keine Lust mehr – weder auf *sega*- noch auf Urwald-Beats. Und mit meiner interkulturellen Toleranz ist es im Moment auch nicht so weit her. Deshalb entschließe ich mich zu einem musikalischen Gegenangriff.

Ich richte meine eigenen Lautsprecherboxen, die im Vergleich zu Kennys Equipment eher Würfelzuckergröße haben, geschickt in Richtung Tal aus. Dann stöbere ich in meinen CDs. Mal sehen, was die Sammlung so hergibt.

Und schon werde ich fündig:

Wagners Götterdämmerung. Ja – das passt!

Mächtig und wuchtig donnert es dann von meinem grünen Hügel nach unten. Mit Macht schmettern Hagen und Siegfried ihre Arien.

Ob mein kleines Bayreuther Festspiel Kenny und seiner Partytruppe gefällt? Ich weiß es nicht. Jedenfalls ist nach meiner stark verkürzten, halbstündigen, aber monumentalen Opernbeschallung Schluss im Tal.

Der Januar kann endlich beginnen.

Nach zwei Wochen lassen dann auch allmählich die allgegenwärtigen *Bonn-Ane*-Rufe deutlich nach. Wir sind tatsächlich längst im neuen Jahr angekommen. Und alles geht seinen gewohnten Gang. Das Wetter wird deutlich durchwachsener, viele Wolken mischen sich in den sonst so klaren Himmel. Es wird drückend und schwül. Das makellose Blau muss einem verwaschenen Grau weichen. Es beginnt zu regnen.

Mit dem Regen kommen die Moskitos.

Sie surren und stechen.

Besonders schlimm ist es kurz nach einem Schauer in der Nähe einer Pfütze oder einer anderen ähnlichen Wasserstelle. Als ich Philomena, die Schwägerin von Kenny, besuche, werde ich von diesen Blutsaugern fast aufgefressen, denn sie haben es sich neben der kleinen Kuhtränke, die unter einem hohen Brotfruchtbaum ihren schattigen Platz gefunden hat, häuslich eingerichtet. Wie unheimlich dunkle, schwirrende Glocken hängen sie über dem Vieh, dem Stall, dem Haus, dem ganzen Tal. Ihre *rush hour* ist entweder morgens zwischen halb sechs und sechs oder abends zwischen halb sechs und sechs.

Regen Dich diese Biester nicht auf, frage ich Philomena.

Na ja, eigentlich schon. Aber kennst Du nicht das alte seychellische Sprichwort: Wenn Du Moskitos hast, hast Du keine Ratten.

Das überzeugt mich.

Philomena bückt sich und hebt Kokosbast auf, der aus dem Wipfel einer Palme gefallen ist. Dann sammelt sie noch etliche kleinere Äste und etwas vermodertes Laub und stopft alles in einen alten Zinkbottich.

Was hast Du denn damit vor, will ich wissen.

Das zünde ich jetzt an, meint sie und nestelt eine vorsintflutliche Streichholzschachtel aus ihrer Hosentasche.

Oh je, entfährt es mir, das brennt doch gar nicht. Das ist doch viel zu feucht!

Genau das ist der Trick, schmunzelt Philomena, und schon entsteigt dem Zuber ein dicker hellgelber, beißender Qualm.

Ayoyo – Hilfe! Ich lechze nach Luft, das ist ja scheußlich!

Du magst den Gestank nicht? Die Moskitos mögen ihn auch nicht, lacht Philomena. Ich schlage dennoch ein bisschen hilflos um mich, um die Quälgeister zu vertreiben. Ich erinnere mich an alte Hausmittel: Knoblauch essen zum Beispiel.

Was meinst Du, frage ich Philomena, sollte ich heute nicht eine Extraportion *lay* in das Abendessen hineinschmuggeln?

Aber ehrlich gesagt, *lay* – wie Knoblauch hier auf der Insel in Anlehnung an das französische Wort *l'ail* heißt – ist eigentlich ohnehin in jeder seychellischen Hausmannskost reichlich vorhanden. Obwohl: Das stimmt nicht ganz, denn ich erinnere mich an eine Phase vor vielleicht 15 Jahren, als hier plötzlich der Knoblauchnotstand ausgerufen wurde und die begehrte Stinkeknolle nur heimlich unter dem Ladentisch zu völlig überteuerten Preisen schwarz gehandelt wurde. Und die wurden auch bezahlt, weil Knoblauchzehen schlicht und ergreifend für einen authentischen kreolischen Geschmack unverzichtbar sind, genauso wie die Kupferkannen und die *marmit,* die alten gusseisernen Töpfe.

Also schiebe ich neugierig hinterher: Philomena, was kommt denn heute bei Dir auf den Tisch?

Bei uns gibt es *bouyon bred*, so die Antwort.

Das hätte ich mir ja eigentlich denken können.

Schließlich höre ich zu 75 Prozent genau das, wenn ich gelegentlich den einen oder anderen auf der Insel nach dem aktuellen Speiseplan frage.

Doch gerade im Januar, so scheint es mir, gibt es überall nur und ausschließlich *bouyon bred.*

Warum ist das so, will ich von Philomena wissen.

Ganz einfach, schmunzelt sie, nach all dem Festessen an Weihnachten und Silvester wird es Zeit für *pirze* – für die gründliche Reinigung des Körpers von übermäßigen sündigen Genüssen. Und während viele Zeitgenossen zu irgendwelchen Abführpillen und Entschlackungsmittelchen greifen, bleibt Philomena der alten seychellischen Tradition treu, die aus einem uralten Detoxprogramm mit Kräutertee und eben *bouyon bred* besteht.

In der Tat: *Bouyon bred* scheint selbst mir als Außenstehender besonders dafür geeignet, den Körper einem Neujahrsputz zu unterziehen. Nicht nur weil *bouyon* als Bouillon einmal kräftig durchspült, sondern auch weil *bred* den Stoffwechsel ordentlich ankurbelt. Wobei *bred* aber nichts mit dem englischen *bread* – dem Brot - zu tun hat. Stattdessen ist es ein fast magischer Sammelbegriff, unter den so allerhand seychellisches Grünzeug fällt, insbesondere diverse lokale Spinat-, Kraut- und Kohlarten, aber auch junge Pflanzentriebe, Sprossen und Blätter von Bäumen, Büschen und Sträuchern.

Und genau zu solch einem Gewächs führt mich Philomena gerade.

Schau her, fächelt sie mit einem zarten Ästchen, an dem unzählige winzige hellgrüne Ovale wackeln. Heute nehme ich für mein Essen *bred ti fey.*

Bred ti fey, das sind Zweige mit vielen kleinen Blättchen – *petites feuilles*, wie die Franzosen sagen würden, und genauso hat sich diese botanische Bezeichnung in den seychellischen Sprachgebrauch eingeschlichen. Doch das ist nicht der einzige Name, unter dem dieses eigenartige Gewächs bekannt ist. Philomena erklärt mir, dass es auch *bred mouroum* genannt wird, was in meinen Ohren afrikanisch und geheimnisvoll klingt. Und nicht anders schaut Philomena jetzt diesen mannshohen Grünling an, schüttelt nochmals an seinen knorpeligen Ästchen, wobei sie die Austriebe zwischen den Fingern zerreibt. Ein würziger Duft entströmt.

Der Meerrettichbaum!
Ungewöhnlich, unbekannt!
Ein Wunderwerk der Natur!

Dabei ist zunächst gar nicht so viel Wundersames an diesem Baum, zu dem eher die Bezeichnung Gestrüpp oder Gehölz passt. Er wächst überall, nistet sich auch gern an unwirtlichen Stellen zwischen Geröll und Felsen ein und säumt die Straßen. Gern findet er Verwendung als Strauchwerk und Hecken, als natürliche Grenzbepflanzung zwischen benachbarten Häusern, die vielleicht einen Tick zu eng stehen und zu dicht aneinander gebaut wurden.

Philomena bricht in Windeseile einige große Büschel ab und beginnt mit dem steilen Anstieg zu ihrer in den Hang gebauten kleinen Wellblechhütte. Entschuldigend und hilflos lächelnd lässt sie mich in ihrem Tropengarten stehen.

Es ist viel Arbeit, diese kleinen Blättchen abzuzupfen. Aber nur so lässt sich *bred ti fey* richtig verarbeiten.

Ich verweile bei diesem seltsamen Gewächs, das seinen Namen den nach Meerrettich schmeckenden Wurzeln verdankt. Aus den Samen lässt sich übrigens ein wertvolles Öl gewinnen, das nicht ranzig wird.

Doch die eigentliche Kraft der Pflanze steckt in den Fiederblättchen, deren Aromastoffe eine antibiotische Wirkung haben. Nicht umsonst werden also der *Moringa oleifeira* – so heißt dieses buschige Bäumchen korrekt in der botanischen Fachsprache – heilende Kräfte nachgesagt. Manche Forscher sprechen sogar schon von einem neuen Superfood, denn die Blättchen sind eine wahre Vitamin- und Proteinbombe und wirken wie ein natürliches Nahrungsergänzungsmittel.

Ob Philomena davon weiß? Wohl kaum.

Oben in der winzigen offenen Küche, die ein wenig abseits der kleinen Behausung zwischen einem roten Erdwall und einem bizarren Granitfelsen klebt, klappert bereits ein Topf.

Der Januar schleicht unter einem immer grauer werdenden Himmel dahin. Es ist noch schwüler geworden. Nachts huschen immer öfter heftige Schauer durch das Tal und klatschen ihre schweren Tropfen laut in die Palmen und auf das Blechdach unseres Hauses. Es gibt Tage, an denen sich die Sonne kaum oder nur kurz sehen lässt. Merkwürdig depressiv werde ich. Die Zeit dehnt sich wie ein alter Kaugummi, die Stunden schleichen dahin, legen sich mit ihrer Traurigkeit bleiern und lähmend auf Körper, Geist und Seele. Die Witterung macht träge und antriebslos. Die Natur ist grau, mir graut vor der Natur. Es fehlen Farben und Frohsinn.

Mit der Nachbarschaft verhält es sich ähnlich. Als hätte das eine mit dem anderen etwas zu tun, bemerke ich mit einem gewissen Wohlwollen, dass auch die Partylaune deutlich nachgelassen hat und die musikalischen Exzesse der Vergangenheit angehören.

Der Alltag besteht aus Arbeit, vor allem rund um Haus und Hof. In Terences Garten werfen nun dank dem regelmäßigen Guss von oben einige Kürbispflanzen ihre langen grünen Ranken aus. Der Ziegenstall von Mister Pillay hat offenbar ein neues Dach bekommen. Und Philomenas Wäsche ruht sich auf den stachligen Agavenblättern zum Trocknen aus. Wobei immer wieder vereinzelte Tropfen das Vorhaben vereiteln.

Am Abend kläffen die Hunde, aber nur ganz kurz, denn dann erhalten sie eine ordentliche Futterration, die sie schnell träge und schläfrig werden lässt. Zur Stille der Nacht gesellt sich der Friede der Natur.

Doch am letzten Sonntag im Januar ist alles anders.

Unten in Kennys Haus herrscht Aufruhr! Eine Frauenstimme keift und zankt, eine Männerstimme brüllt dagegen an. Glas zerbricht, und die Fetzen fliegen, im wahrsten Sinne des Wortes. Die Haustür spuckt bunte Röcke, Blusen, eine quietschgelbe Handtasche und ein Paar hochhackige Schuhe aus. Kurze Zeit später verlässt die Kleidersammlung im pinkfarbenen japanischen Kleinstwagen zusammen mit Kennys Freundin das Tal.

Dann krächzt und knackt es auf einmal, es fiept und faucht verdächtig. Da weiß ich: Es geht wieder los.

Nachdem sich Kenny von seiner Freundin – oder sie sich von ihm, so genau weiß man das nicht – getrennt hat, spenden ihm die bereits bekannten Kühlschranklautsprecher im Garten ein wenig Trost. Kenny hat aber dieses Mal nichts mit *sega* am Hut. Aufgelegt hat er eine CD von Alecia Beth Moore, die eine Menge mit seiner Angebeteten gemeinsam hat. Die Farbe ihres Autos ist nämlich identisch mit dem Künstlernamen der Sängerin: Pink.

Die Musik beginnt zu dudeln, zunächst in moderater Lautstärke. Fast gefällt es mir. Und irgendwie habe ich sogar den Eindruck, dass das namenseigene Rosarot des Popstars nicht nur das Grau in Kennys Gemüt, sondern auch das Grau am Himmel über dem Massiv des Morne Seychellois und der Anse Louis vertreiben soll.

Dann wird es lauter, sehr viel lauter.

Und dann schmettert Pink ihren Song durch das Tal, in die Berge und über das Meer.

Please don't leave me, please don't leave me
I always say how I don't need you
But it's always gonna come right back to this
Please, don't leave me… dadadada

So also ist das: Kenny hat Liebeskummer! Und jeder soll es wissen. Der Januar endet genauso, wie er begonnen hat. Mit Musik. Mit lauter Musik. Mit viel zu lauter Musik.

Als Pink – ihr Name ist wirklich Programm – das Grau des Himmels gegen eine sanftrosa Abendröte eingetauscht hat, indem sie zum achten Mal ihren Song in unglaublicher Inbrunst und Lautstärke wiederholt, weiß ich: Kenny hat nicht nur wieder den Regler auf 12 gedreht, sondern auch noch die Repeat-Taste gedrückt. Das kann ja heiter werden.

Aber dann erinnere ich mich an eine gute alte seychellische Bauernregel, die ich selbst erfunden habe:

Plärrt der Player dreißig Mal im Zimmer…
geht er nimmer.

Alles ist eben nur eine Frage der Zeit. Noch ein, zwei Stunden, dann wird Ruhe einkehren. Entweder geht die CD kaputt oder die Stereoanlage. Oder die Boxen. Und wenn wir Glück haben: alles auf einmal.

Bei der neunundzwanzigsten Wiederholung prasselt plötzlich ein gewaltiger Wolkenbruch hernieder.

Es kracht und krächzt, und dann knallt es.

Das war's: Der verdiente Tod für die bösen Kühlschranklautsprecher!

Danach höre ich nur noch das Rauschen des Regens.

Der Januar endet mit einem Mal überraschend still und ganz ganz leise.

bouyon bred ti fey

(für ca. 2 Portionen)

300 g *karang*-Fischfilet, falls nicht vorhanden: irgendein anderer filetierter Fisch
500 g *bred ti fey* (gezupfte Blätter), falls nicht vorhanden: Pak-Choi-Chinakohl, geputzt und in feine Streifen geschnitten, zur Not Blattspinat
2 Knoblauchzehen, fein gehackt
1 Zwiebel, fein gehackt
1 Stück Ingwer, ½ Daumen groß, fein gehackt
¾ Liter Gemüse- oder Hühnerbrühe
Öl und Salz

* * *

Fischfilet in etwas Öl kurz und scharf in einer Pfanne anbraten, salzen, vom Feuer nehmen und ruhen lassen. In einem größeren Topf Zwiebeln, Knoblauch und Ingwer in etwas Öl glasig dünsten. Dann Gemüse (*bred* oder andere Spinat- oder Kohlsorte) hinzufügen, umrühren, ziehen lassen. Anschließend gebratenes Fischfilet oben auflegen, nicht mehr umrühren und mit Brühe aufgießen. Deckel wieder schließen und ca. 10 bis 15 min. ziehen lassen.

* * *

Wichtig: Als Beilage unbedingt Reis servieren,
denn auf den Seychellen gilt:
Ein Essen ohne Reis ist kein richtiges Essen!

Februar

Wort bzw. (Aus-)Spruch des Monats: *lapli lapli!*
Gericht des Monats*: lantir kreol*
Getränk des Monats: *Takamaka-Rum für die Herren, Coco d'Amour für die Damen*

Vom Regen in die Traufe

Erst nur ein Tropfen. Dann schnell ein zweiter.

Dann ein großer. Dann ein ganz großer.

Und dann ganz viele.

Und dann geht es richtig los. Ein tropischer Regenschauer hüllt die Insel in sein rauschendes Gewand.

Nach einer halben Stunde reißt der Himmel wieder auf. Die Luft dampft, die Sonne beginnt, mit ihren unnatürlich gleißenden Strahlen die Pfützen aufzulecken, doch ich sehe, wie sich im Westen über Baie Ternay und Port Glaud bereits frische Wolkengebirge aufstauen, die ihre neue nasse Last in Kürze abladen wollen.

Und wieder prasselt es, weht und schüttet es.

Diesmal ist es kein kurzer Guss, diesmal dauert das Ganze länger, den Nachmittag, den Abend, die ganze Nacht über.

Am nächsten Morgen hört es auf zu regnen, aber es will nicht richtig Tag werden. Fast fühlt es sich so an, als ob das nächtliche Dunkel gar nicht weichen möchte. Auch nach Sonnenaufgang bleibt es düster.

Der Blick von der Terrasse hinab ins Meer und hinauf in den Himmel ist schaurig schön.

In der Küche muss ich Licht anmachen. Den Kaffee trinken wir zwar noch draußen, aber kurz bevor die Kanne leer ist, fallen schon wieder schwere Tropfen. Wir flüchten ins Haus.

So fühlt sich die Regenzeit an.

Eigentlich hatten wir vor, heute ein wenig im Garten zu werkeln. Daraus wird erst mal nichts und auch nicht während der kommenden fünf Tage.

Der Himmel über Mahé weint. Und er hört nicht auf. Es sind keine vereinzelten Schauer mehr, weder ein sanftes Nieseln noch ein erfrischender Guss. Es ist ein kapitaler Dauerregen, der da auf uns herunterkommt.

Wir sind niedergeschlagen. Niedergeschlagen… hat das etwas mit Niederschlag zu tun, mit diesen immensen Niederschlagsmengen?

Immer wieder muss ich mit einem Schirm, der eigentlich nichts nützt, raus auf die Terrasse, um dort unseren kleinen Regenmesser auszuleeren. Ich laufe im Bikini, damit nicht sämtliche Kleidungsstücke nass werden.

Regen, Regen, Regen: Erst sind es 18 Liter, dann 25, dann 31. Und dann läuft der Regenmesser über, das heißt, es müssen mehr als 45 Liter pro Quadratmeter heruntergekommen sein.

Innerhalb von nur einer knappen Woche hatten wir hier bereits mehr Regen, als laut offiziellen Klimatabellen im Februar eigentlich fallen dürfte. Ob das auch Mister Pillay bewusst ist? Er läuft wieder einmal an unserem Haus vorbei, grüßt mich mit einem freundlichen *bonzour*, winkt mir und den Wolken über mir zu. Und ruft beschwingt, indem er mit dem Zeigefinger in den Himmel sticht:

Lapli lapli – Regen, Regen!

Nach wie vor will es nicht aufklaren. Von Westen schieben sich weiterhin schwere und tief hängende Wolkenmassen in die Täler. Sie krallen sich in den bewaldeten Berghängen fest, verhüllen die Gipfel. Der Himmel hängt deutlich niedriger als sonst. Wirre und ausgefranste Nebelschwaden sind zum Greifen nahe.

Allmählich gehen mir die Vokabeln aus, um die tristen Farben zu beschreiben. Ich erinnere mich an den Loriot-Film *Ödipussi*, in dem die Nuancen zwischen einem frischen Steingrau, einem fahlen Aschgrau und einem satten Mausgrau ausdiskutiert wurden. Das trifft den Nagel ziemlich genau auf den Kopf.

Im Haus ist es stickig und feucht geworden. Nichts ist mehr trocken, nichts wird mehr richtig trocken.

Das Hygrometer streikt. Anstatt einen korrekten Wert anzuzeigen, vermeldet das Display nur noch *high*. *HIGH* – in alarmierend blinkenden Großbuchstaben, das heißt, wir liegen mittlerweile bei über 90 Prozent Luftfeuchtigkeit.

Knirschtrockene Töpfe und Pfannen, auf Hochglanz gebrachte Teller und Bestecke, schlierenfrei polierte Gläser? Keine Chance! Geschirrtücher aus Baumwolle oder selbst aus dem traditionellen Halbleinen versagen. Ich suche nach neuen Lösungen und finde Mikrofaserlappen, die eigentlich für streifenfreie Windschutzscheiben oder zum Wienern hochwertiger Autolacke gedacht sind. Mit diesen neonbunten Dingern gelingt mir zumindest eines: Ich muss nicht völlig vor mir selbst und erst recht nicht vor dem riesigen Feuchtbiotop – so nenne ich die Welt da draußen – kapitulieren.

Eine Pause auf unseren Liegestühlen unter freiem Himmel ist undenkbar. Also ab ins Wohnzimmer. Doch als wir uns dort in die ach so selten benutzten Sessel setzen – bääääh! Die Polster sind klamm und klebrig. Leise jammernd ziehen wir uns auf die vergleichsweise unbequemen Holzstühle im Esszimmer zurück.

Ob die Sonne überhaupt noch existiert? Ich habe berechtigte Zweifel. Irgendwann kommt dann wieder der Abend. Und ich denke, das ist gut so, denn wenn der Himmel nachtschwarz ist, sehen wir wenigstens das trübe Grau nicht mehr.

Sich nach dem Duschen mit einem Frotteehandtuch abzutrocknen, kommt einem schlechten Witz gleich. Immerhin, so überlege ich, kann ich auf diese Art und Weise kostengünstig für eine glatte und zarte Haut sorgen, denn ich spare mir bei diesem feuchtigkeitsspendenden Wetter die teure Bodylotion.

Die Krönung aber eines jeden Regentages ist das Zubettgehen. Die Bettlaken fühlen sich an wie klatschnasse Umschläge. Der Schlaf darin kommt einer Kneippkur gleich.

Über Nacht nimmt der Regen noch mal dramatisch zu. Eigentlich mag ich leises Geriesel, das mich säuselnd in das Reich der Träume begleitet. Doch auf die Alpträume, die das anschwellende Getöse auf dem Wellblechdach hervorruft, kann ich gut und gerne verzichten.

Am nächsten Morgen ist dann das Unglück passiert: Unser kleiner Hausbach ist über die Ufer getreten und hat sich in einen mächtigen Strom verwandelt, der sich so breit macht wie die gesamte Straße.

Ich sehe Mister Pillay, der sonst im Alltag am liebsten barfuß unterwegs ist, erstmals mit Gummistiefeln. Langsam kämpft er sich durch die Stromschnellen den Berg hinauf, sorgsam darauf bedacht, dass nicht zu viel Wasser in sein Schuhwerk schwappt.

Er sieht mich am Fenster stehen, winkt mir zu und formt die Lippen zu einem *lapli, lapli.* Dieses Mal wirkt es sehr besorgt, das Lächeln ist aus seinem Gesicht verschwunden.

Ich erahne seinen Ruf mehr, als ich ihn verstehe. Das Dauerprasseln hat einen derartig hohen Geräuschpegel angenommen, dass wir uns im Haus ein Schweigegelübde auferlegt haben. Jegliches normale Gespräch würde in ein stimmbandschädigendes, wechselseitiges Sichanbrüllen ausarten.

Ein weiteres Unglück bahnt sich an: Nach einer knappen Woche muss ich – ob ich will oder nicht – Wäsche waschen. Normalerweise trockne ich nasse Laken und Handtücher wie die Seychellois auf heißem Granit. Das wird heute definitiv nicht gehen. Ich muss auf ein Hilfsmittel der Zivilisation zurückgreifen: den Wäschetrockner.

Ich erinnere mich noch sehr genau an die mitleidigen Blicke aus der Nachbarschaft, als wir beim Einzug dieses Gerät ins Haus schleiften. Die Kommentare reichten damals weit über ein *ou fou* – „Ihr seid verrückt!" – hinaus. Ich konterte mit einem trotzigen *mon pa fou, mwan* – nein, ich bin alles andere als verrückt –, wohl wissend, dass meine Zeit irgendwann kommen würde.

Und genau jetzt ist sie gekommen. Mitten im Regen.

Ich stecke die nassen Laken und Handtücher in die verheißungsvolle Trommel. Doch als ich frohen Mutes die Bullaugentür zur selbigen schließen will, habe ich – ratsch! – plötzlich deren Griff in der Hand. So ein Mist! Ohne Verriegelung springt das Gerät nicht an. Kurzerhand greife ich zu einem Besen, der in der Ecke steht, und ramme den Stiel zwischen Trocknertür und Wand.

Sssssummmm Brummmm Sssssummmm…

Jetzt ist trockene Wäsche nur noch eine Frage der Zeit.

Von wegen.

Nach siebzehneinhalb Minuten bleibt der Trockner aus heiterem Himmel stehen.

Zuerst bin ich noch recht zuversichtlich, dass es sich nur um eine herausgesprungene Sicherung handelt. Aber nein.

Da ich auf den zweifelhaften Genuss verzichten will, in klammen Laken zu schlafen, wende ich mich hilfesuchend an meinen Mann, besser gesagt meinen Mann für's Grobe: Mister Fred. Seine Diagnose kommt auch prompt:

Verflixt, knurrt er, Du hast das Ding überladen. Die klitschnasse Fracht war einfach zu schwer.

Aber dann mutiert mein Mister Fred zum Meister Bauknecht, entleert die Trommel und findet an der Rückseite des Gerätes einen winzigen roten Notausschalter. Über den wird der Trockner reanimiert.

Währenddessen regnet es weiter.

Im Radio dudelt auf *Radio Paradise* der Oldie von Terry Jacks, der irgendetwas von *joy and fun* und *seasons in the sun* singt. Ich kann es nicht verhindern, aber aus meinem Inneren entspringt ein Lachen der Verzweiflung.

Der Wäschetrocknungsprozess wird zu einer knallharten, tagesfüllenden Managementaufgabe. Aber immerhin – sie gelingt.

Doch schon steht das nächste Problem vor der Tür: keine Internetverbindung! Nicht gut, gar nicht gut, denke ich. Wenigstens funktioniert das Telefon. Dankbarkeit für ein

Freizeichen! Dobin, ein guter Freund, ruft an. Er arbeitet am Flughafen als Sicherheitschef und macht sich Sorgen, ob wir im Regenwald auch wirklich wohlauf sind. Ja, eigentlich schon, antworte ich, bis auf das Internet.

Das ist normal, sagt Dobin, das Internet geht häufig nicht, wenn es regnet. Denen – und damit meint er die Telekommunikatiosgesellschaft *Cable & Wireless* – läuft einfach zu viel Wasser in die Verteilerkästen und Kabelschächte.

Ist da etwa ein Zwinkern in seinen Augenwinkeln?

Ich nehme es gelassen und versuche, mit alten Low-Tech-Methoden wie handgeschriebenen Notizzetteln und Textmarkerpassagen in Nachschlagewerken weiterzukommen. Es funktioniert sogar.

Wind ist aufgekommen. Der sonst so beschauliche kleine Garten hinter unserem Haus ist zerzaust, der Rasen gleicht einem gruseligen Morast und ist von Schlamm- und Wassermassen überflutet.

Die Palmen, die sonst so freundlich unser Häuschen bewachen, biegen sich bedrohlich in dem grau durchfurchten Himmel. Mit schrecklichem Geächze schaben sie am Dach, und ihre Blätter rauschen unheimlich. Genauso wie der Bach, der weiter und weiter anschwillt.

Selten habe ich meinen Mister Fred so besorgt gesehen. Mit dem Auto zum Einkaufen fahren? Das können wir vergessen. Da kommen wir nicht hin, viel zu gefährlich!

Mit einem Mal knackt und kracht es höllisch. Dann ein furchterregender Schlag, und wir sehen das Malheur. Der Wipfel unseres Terrassenbaumes ist abgebrochen und auf die Straße geknallt.

Die Folgen sind fatal. Eine Telefonleitung ist gekappt, zwei Strommasten sind gefällt. Wir sitzen im Dunkeln.

Wir rüsten uns für den Abend. Kerzen haben wir genug, diverse Leuchten und Taschenlampen ebenfalls. Und das mit dem Kochen, ha! Das ist ein Kinderspiel, denn wir haben schließlich einen Gasherd.

Ein Fischfilet ist schnell aufgetaut, jetzt noch eine Beilage dazu zaubern. Doch was ist das?

Der Reis – vermodert.

Die Kartoffeln – verfault.

Das Brot – verschimmelt.

Das Mehl – verrottet.

Die Nudeln – vergammelt.

Das hast Du gut hinbekommen, *lapli lapli* – Du und Deine Luftfeuchtigkeit.

Da fällt mir ein, dass ich noch ein Säckchen Linsen habe, und genau die helfen uns jetzt weiter. Zusammen mit dem tropischen Dreigestirn, einem Gemisch aus Zwiebeln, Knoblauch und Ingwer, werden sie zu einem schmackhaften *satini* – einem Chutney.

Linsen und die Seychellen, wie geht das zusammen?

Linsen und die Seychellen gehen eine genauso traditionsreiche Verbindung ein wie Linsen und Spätzle!

Gleich aus zwei unterschiedlichen Himmelsrichtungen kamen die kleinen Hülsenfrüchte auf die Inseln.

Da waren zunächst die Seefahrer aus Europa. Wenn es um die Verpflegung an Bord ging, hatten sie nichts zu lachen. Die

Entdecker und Pioniere der Seychellen hatten auf ihren monatelangen Reisen über die Meere schließlich keine Kühlräume in den Schiffsbäuchen. Mit auf die Reise durfte da nur, was einigermaßen lange haltbar und einigermaßen einfach zu lagern war. Hauptsächlich gab es einen speziellen Schiffszwieback aus Weizenmehl, der bereits vor der Reise an Land gebacken wurde. Er sollte eigentlich besonders lange haltbar sein, doch in der feuchten Umgebung auf hoher See wurde er schnell wurmstichig. Die natürlichen Feinde des Brotes waren neben Maden auch noch Mäuse. Meist kochte der Smutje nur einmal am Tag ein warmes, karges Mahl. Zu gepökeltem Fleisch und Hartkäse gab es in der Regel Bohnen und Linsen. Letztere wurden gleich zentnerweise in Leinen- oder Jutesäcken an Bord gebracht, denn die Haltbarkeit von Linsen ist ewig, oder sagen wir: Sie beträgt zumindest mehrere Monate und sogar Jahre. So kamen mehr oder weniger zeitgleich mit den ersten indischen Zuwanderern die Linsen auf die Seychellen. Indien ist eine Hochburg für Linsen, die dort *dhal* heißen. Ungefähr fünfzig Arten sind in Indien zu Hause, und ebenso mannigfaltig ist ihre Zubereitung: *maasor dhal* mit Kurkuma, *dhal makhani* mit Curry, *sambar* mit Kokosmilch, *palak dhal* mit Spinat, *khichuri* mit Reis und Gemüse, *tarka dhal* mit Tomaten und Chili, *khati dhal* mit säuerlichen Auberginen. Und so weiter und so fort.

In meinem kleinen Säckchen befinden sich *red split*-Linsen, rot und orange zugleich und geschält, Ursprungsland Türkei, aber gekauft auf den Seychellen in der Anse Louis beim Inder um die Ecke.

Und die kommen jetzt in meinen Topf!

Am nächsten Tag klart der Himmel endlich auf. Doch in meinem Kopf prasselt und rauscht es noch immer, so als würde mir ein böser Geist den Brausekopf einer voll aufgedrehten Dusche mit ihrer ganzen Wasserwucht direkt in den Gehörgang halten. Ich gehe ins Tal, um ein paar Einkäufe zu erledigen. Diesen Plan hatten ungefähr sieben Achtel der

Einwohner von Anse Louis, und so reihe ich mich in dem kleinen Laden in der Schlange vor der Kasse ein, an der ein unübersehbares Chaos herrscht. Keiner stellt sich hier brav an, jeder drängelt, stößt und schubst. Kassiert wird auf einem alten Holztresen zwischen hohen Bonbongläsern und Stapeln mit zerfledderten Zeitungen.

Elektronische Preiserfassung, Scanner, Barcode – alles Fehlanzeige. Der Inder hämmert wüst irgendwelche Zahlen in einen alten Taschenrechner. Wer unbedingt einen Kassenbon haben möchte, bekommt einen abgerissenen Zettel oder ein aufgeweichtes Stückchen Pappe, meist von einer ausgedienten Zigarettenschachtel, auf das schnell eine krakelige Zahlenkolonne geschmiert wird.

Da sehe ich Philomena. Sie ist bepackt mit etlichen Plastiktüten und verlässt gerade das Geschäft. Winken kann sie nicht, aber sie grüßt mich nickend, als sie ihren Heimweg antritt. Allein bin ich trotzdem nicht, denn eine andere Nachbarin drängt sich an mich heran. Es ist Patsy, eine Lehrerin, und da die Schule aus ist, hat sie endlich Feierabend.

Na, fragt sie mich, wie waren die letzten Tage?

Lapli, lapli, antworte ich.

Lapli, lapli, erwidert sie.

Damit ist der wichtigste Part unseres Gesprächs erledigt. Dachte ich. Denn plötzlich fragt sie mich unvermittelt:

Und? Was machst Du an Wällentain?

Ich stutze. Wer oder was ist Wällentain?

Mon pas konnen, antworte ich wahrheitsgemäß. Ich weiß es nicht.

Zu Hause angekommen, geht mir dieser Begriff nicht mehr aus dem Kopf. Plötzlich kommt mir die Erleuchtung: Klar! Nächsten Mittwoch ist der 14. Februar, also Valentinstag. Und der spricht sich auf Englisch nun mal *St. Valentine* – Wällentain!

Siegessicher gehe ich mit meinem Vorwissen zu Mister Fred.

Mister Fre-h-ed, himmle ich ihn scheinheilig an, was machst Du mit mir an Wällentain?

Och, das Übliche, sagt er souverän. Ich führe Dich zum Essen aus.

Immerhin. Diese Antwort war mehr, als ich erwarten konnte.

Endlich kommt er, der 14. Februar. Wenn schon sämtliche Buchten im Einheitsgrau versinken und wenn schon die Sonne nicht strahlt, dann will ich es wenigstens, so beschließe ich und mache mich auf zu Pauline, meiner Friseurin, die mich ein wenig aufhübschen soll. Ihr Haus, das hoch erhaben über der Anse La Mouche thront, versinkt in einem Blütenmeer. Der Grauschleier des Regens kann der Farbenpracht nichts anhaben, ganz im Gegenteil. Da leuchten die goldgelben Trompeten der Allamanda, daneben spitzen fröhlich die vorwitzigen, orangefarbenen Schnäbel der Papageienblume hervor. Im Hintergrund nicken die pinkfarbenen Schirmchen des Lampion-Hibiskus, überragt von den betörend duftenden Frangipani-Bäumen. Die klapprige Schiebetür von Paulines kleinem Salon ist überwuchert von einem Traum aus Violett und Aquamarin: Die samtige lilafarbene Prinzessblume, die einem Usambaraveilchen gleicht, hat sich hier genauso ausgebreitet wie die glyzinienähnlichen Ranken der himmelblauen Königsrebe.

In dem aberwitzig kleinen Friseurladen herrscht ein ähnliches Farbendurcheinander mit all den quietschbunten Shampooflaschen, den grellen Frotteehandtüchern und den schreienden Fashion-Postern. Pauline erscheint inmitten all dieser Farben fast dunkel und unheimlich. Die Friseurin stammt eigentlich aus Kamerun, hat einen seychellischen Marathonläufer geheiratet und ist hier auf Mahé hängen geblieben. Sie ist eine robuste Mittvierzigerin mit rauer Stimme, rustikaler Ausdrucksweise und ruppigen Umgangsformen. Als sie mich sieht, wirft sie mir nicht etwa einen galanten Willkommensgruß zu oder herzt mich wie sonst üblich auf beide

Wangen – nein, ihre rechte Hand landet klatschend auf meiner linken Pobacke:

How are you today, my darling?

Eigentlich, so erkläre ich Pauline, geht es mir blendend, denn heute Abend werde ich zum Dinner ausgeführt. Und dafür hätte ich gerne eine schöne Frisur.

Pauline schnaubt. Kaum möglich bei solch einer hohen Luftfeuchtigkeit, schimpft sie.

Das Wetter, so regt sie sich weiter auf, ist wirklich eine Katastrophe. Kein Vergleich zum vergangenen Jahr. Erinnerst Du Dich? Sie brüllt mich fast an: Weißt Du noch, wie viel Hitze und Sonne wir da hatten? Wir sind fast umgekommen, so heiß und trocken war es.

In der Tat, sie hat recht. Doch bevor ich irgendetwas Zustimmendes antworten kann, rupft sie an meinen Haaren herum und zerrt mich an ihnen zum Waschbecken. Die Haarwäsche, die sie mir nun verpasst, macht mich durch das Schrubben und Rubbeln unter dem Einsatz all ihrer scharfen Fingernägel fast bewusstlos.

Das Ergebnis aber kann sich sehen lassen. Leichte, luftige Locken hat mir Pauline gelegt, mit schneller und fester Hand eingedreht auf schwarzafrikanischen Drahtwicklern, die offenbar aus dem letzten oder vorletzten Jahrhundert stammen. Auch Pauline scheint zufrieden und nickt selbstgefällig: *zoli, zoli* – hübsch, sehr hübsch.

Und dann beugt sie sich zu mir herunter: Komm bald wieder, sagt sie, ich spiele gerne mit Deinen blonden Haaren. Sonst habe ich hier nämlich nur schwarzes störrisches Gestrüpp unter meinen Fingern.

Unser romantisches Valentinsdinner soll – so hat Mister Fred beschlossen – in der Plaine St. André stattfinden. Als ich Patsy, die neben Pauline wohnt, von seinem Plan erzähle, nickt sie anerkennend, fast ein bisschen neidisch. Das werde ich mal Steven erzählen, murmelt sie. Höre ich da einen drohenden Unterton? Ich kann mir allerdings nicht wirklich vorstellen, dass Steven, ihr Mann, auf diesen Vorschlag eingehen wird. Als Forstmeister und Besitzer einer Obstplantage ist er abends dermaßen müde, dass er höchstens den Weg vor den Fernseher und zum Kühlschrank schafft, nicht aber in ein Restaurant.

Es ist früher Abend. Wir machen uns auf den Weg an die Ostküste. Der Wind treibt düstere Wolken, die wie vergammelte Putztücher aussehen, wütend vor sich her. Das Meer beschwert sich, weil es wie eine alte zerrissene Aluminiumfolie die Anmut der Buchten zudeckt. Eigentlich ist das Wasser hier flach und friedlich, Hunde spielen gerne Fangen im seichten Nass. Doch heute ist alles zerfurcht und aufgewühlt, und am Horizont präsentiert sich das Riff als ein scharfer Krater, an dem die Wellen lecken und ihre bösartigen Zacken ins drohende Dunkel stechen. Widerspenstig rauscht es, wo doch sonst nicht mehr als ein sanfter Hauch durch den grünen Gürtel am Strand streicht.

Dann sind wir da. Zwischen zwei waldigen Hängen, die mit ihren Blättern und Regenschleiern die Bucht umarmen, ergießen sich die grünen Juwelen einer unberührten Dschungelvegetation über dem Tal. Unter alten und riesigen Brotfruchtbäumen duckt sich ein Pflanzerhaus, das seit 1792 über dieses romantische Fleckchen Erde herrscht. Es war einst Jean-François Jorre de Saint Jorre, der mit seiner Familie von La Réunion herüberkam und sich hier niederließ. Das weite ebene Halbrund bei Au Cap an der Ostflanke Mahés benannte er nach seiner Heimat Saint André.

Andächtig nähern wir uns dem herrschaftlichen Domizil und steigen die breite und einladende Freitreppe hinauf. Kaum auf den knarrenden Holzdielen der Veranda angekommen, steuern wir auf zwei majestätische Kolonialstühle zu, in denen wir eher liegend als sitzend in sanft eiernde Deckenventilatoren schauen und im Flair der guten alten Zeit versinken. Doch war diese Zeit damals wirklich so gut? Die Pflanzer, die auf den Seychellen landeten, hatten nicht viel zu lachen. Sie dachten zwar, sie hätten leichtes Spiel und könnten ähnlich erfolgreich Gewürze und Zuckerrohr auf den Seychellen anbauen wie auf der Île de France, dem heuten Inselstaat Mauritius, oder der Île de Bourbon, der heutigen Vulkaninsel La Réunion.

Doch nichts von alledem war der Fall! Der Ackerbau und erst recht die Viehzucht waren auf den Seychellen eine echte Herausforderung. Und sind es auch heute noch. Zu karg ist das Land, zu klein die Fläche zwischen Bergen und Meer, viel zu viel Stein, viel zu viel… einfach viel zu viel Plackerei. Von wegen: „*In those fortunate islands nature is mild and kindly.*“ Herr Ommanney, der 1952 in seinen *Shoals of Capricorn* so enthusiastisch über die Seychellen schrieb, irrte sich gewaltig, zumindest in den Augen der Altvorderen. Mild und freundlich war hier nichts, allenfalls der Rum. Und der wird uns auch sogleich serviert. Aber halt! Möchte Madame heute ausnahmsweise vielleicht doch lieber einen *Coco D'Amour*, weil Wällentain ist?

Klar, her damit!

Denn nichts passt besser zum Valentinstag als der sündigsahnige Kokoslikör aus der aufreizenden Flasche, die einer Coco de Mer – einer Meereskokosnuss – und damit einerseits einem Frauenunterleib, andererseits einem weiblichen Hinterteil nachempfunden ist. Deswegen heißt bei mir die Coco de Mer auch Popo de Mer…

Draußen rieseln die beiden Springbrunnen mit dem penetrant anhaltenden Dauerregen um die Wette. Wir aber wollen nicht drinnen in einem der geräumigen Esszimmer dinieren, obwohl die zahlreichen Gauben und Fenster mit ihren weit geöffneten Holzläden für ausreichend natürliche Ventilation sorgen. Nein, wir wollen auf der Gartenseite auf der umlaufenden Veranda bleiben mit Blick in eine kleine Allee mit Bilimbi-Bäumen, deren merkwürdige, direkt aus dem Stamm wachsenden Früchte wie klitzekleine grüngelbe Wiener Würstchen im Regen glänzen.

Und nun das Essen! Bislang dachte ich, dass die tropische Küche leicht und beschwingt daherkommt, dass sie sich den heißen Temperaturen und der schwülen Atmosphäre anpasst, dass es vor allem knackige Salate und luftig-fruchtige Chutneys, tropische Schärfe und exotisch marinierte Vielfalt sind, die in die Hitze der Inselwelt passen.

Heute Abend werde ich eines Besseren belehrt. Christelle, die Chefin, die aus Belgien stammt, bringt eine einmalige Cross-over-Mischung von Suppen und Eintöpfen auf den Tisch: Da duftet eine Hühnersuppe, in die sich Zitrone und Vanille hineingeschlichen haben, darauf folgt ein dampfendes Gemüse, dem Kürbis und Papaya mit eingemachtem Kraut und Wurzeln eine besonders deftige Note verleihen. Früher gab es hier sogar eine Pastete nebst Maultaschen mit Fledermausfüllung. Muss mich das gruseln? Vielleicht, aber just in dem Moment, in dem mir klar wird, dass Fledermäuse das einzige zu jagende Wild auf den Seychellen sind, relativiert sich mein Vorbehalt gegenüber diesem Genuss. Zumindest teilweise. Zu guter Letzt entscheide ich mich dann aber doch für einen rustikalen *king fish* mit Linsen-Ingwer-Stampf und Speck, weil es draußen so kalt ist. Regen, so weiß ich mittlerweile, ist für die Einheimischen nichts anderes als ein Synonym für Kälte. Und wie ich mittlerweile ebenfalls weiß: Mit Linsen kann man auf den Seychellen nichts falsch machen.

Christelle kommt an unseren Tisch. Und, will sie wissen, seid ihr zufrieden mit Wällentain?

Natürlich, sagen wir. Christelle bleibt stehen und will offenbar mehr wissen. Sagt mal, fragt sie vorsichtig forschend, wie feiert ihr in Deutschland eigentlich euren Valentinstag?

Mister Fred ist keck und forsch und antwortet selbstbewusst: Wir Männer bekommen nichts, aber die Frauen, die bekommen von uns Parfüm und Pralinen.

Bei dem Wort *Pralinen* horcht Christelle merklich auf: Wisst ihr eigentlich, dass es ohne süße Pralinen und ohne die Deutschen einen Teil der Seychellen nie gegeben hätte?

Jetzt sind wir es, die da aufhorchen.

Mehr Details, betteln wir.

Christelle setzt sich zu uns. Also, blinzelt sie und atmet vielwissend durch.

Es war einmal…

Nein, wir wollen keine Märchen hören.

Es war einmal – und jetzt unterbrecht mich bitte nicht – ein deutscher Koch. Ein begnadeter deutscher Koch! Er stand im Dienste des französischen Grafen von Plessis-Praslin. Und der war ein äußerst einflussreicher Mann. Zwischen 1761 und 1766 war er nämlich kein Geringerer als der Außenminister des Sonnenkönigs Ludwig des Vierzehnten, der ihn als Diplomaten zur Beobachtung der Lage nach Regensburg geschickt hatte.

Christelle legt eine Kunstpause ein, bevor sie fortfährt: Und weil das Konfekt dort, bestehend aus Mandeln, Zucker und Schokolade, dem Grafen so gut geschmeckt hat, durfte es sich bis in alle Ewigkeit nach ihm benennen: Praslin, Praliné, Praline.

Aha, entfährt es mir, und deshalb trägt auch die zweitgrößte Insel der Seychellen diesen Namen – weil sie so zuckersüß, so schmelzend zart und schön ist, oder?

Christelle zwinkert mir lächelnd zu.

Ganz so ist es nicht, räumt sie ein. Und dann berichtet sie, dass es im Jahre 1744 war, als Lazare Picault die Insel entdeckte und natürlich keine Pralinen vorfand, sondern stattdessen Palmen, und zwar jede Menge, und demzufolge den Namen *Ile aux Palmes* vergab. Allerdings geriet dieses wundervolle Fleckchen Erde anschließend für fast ein Vierteljahrhundert in Vergessenheit, bis der Kapitän Marion Dufresne die Insel wiederentdeckte. Und weil dieser seinem Vorgesetzten, dem Marineminister Gabriel de Choiseul, Herzog von Praslin und Verwandter des Pralinengrafs, eine ordentliche Schiffsladung Nutzholz aus dem Indischen Ozean mitbringen sollte, benannte er zu Ehren seines Dienstherren untertänigst die eigentliche Palmeninsel um in – na…?

Praslin!

Es ist spät geworden, und Mister Fred will zahlen. Als er sein Portemonnaie zückt, wabert ein unangenehmer Geruch über den Tisch. Von wegen Geld stinkt nicht! Geld stinkt sehr wohl, nämlich immer dann, wenn es auf den Seychellen für mehrere Tage oder gar Wochen regnet. Die an sich hübschen Scheine sind alles andere als tropenfest und beginnen in Windeseile zu modern. Also lieber schnell das Geld ausgeben!

Unser Valentinsdinner ist vorüber, und wir haben dank Christelles Erzählungen längst entschieden, dass es Zeit wird, Praslin wieder einmal einen Besuch abzustatten. Und an einem der nächsten Wochenenden ist es endlich so weit. – Obwohl der Name Praslin eigentlich richtig *Praaaalän* mit starker Betonung auf der ersten Silbe und sanfter Nasalierung der zweiten ausgesprochen wird, hämmert es in meinem Kopf ununterbrochen

Prassss-lin, Prassss-lin, Prassss-lin…

…so wie der unaufhörlich prasselnde Regen, der uns wieder begleitet, als wir über die ausgewaschenen Bergstraßen an die Ostküste und dann weiter nach Victoria fahren.

Dort verlassen wir zusammen mit einem heftigen Guss auf der Schnellfähre *Cat Cocos* den Hafen in Richtung Osten. Doch alles Schlechte hat auch etwas Gutes: Es sind nur sehr wenige Ausflügler unterwegs. Und das ist gut so, denn unser Ziel auf Praslin ist die Touristenattraktion Vallée de Mai – ein uralter Palmenwald, in dem hauptsächlich Coco-de-Mer-Palmen wachsen. Unter ihren zehn Meter langen Blättern wandern wir trockenen Fußes durch absolute Ruhe. Charles Gordon, der hier 1881 prüfen sollte, ob sich die Insel als militärischer Stützpunkt nutzen ließ, sprach gar von einer kirchengleichen Stille. Für ihn war klar, dass dieser Wald der biblische Garten Eden sein musste.

Dass dieser Palmenhain überlebte, grenzt eigentlich an ein Wunder, denn um 1770 wollte der raffgierige Charles Casulo, ein *anglais dégradé* – ein degradierter Engländer, wie ihn alte Quellen beschreiben – den Preis der Coco-de-Mer-Nüsse künstlich hochhalten und fackelte einen Teil des Palmenwaldes einfach ab. Auch die Siedler, die sich auf Praslin niederließen, machten viele der ursprünglichen Pflanzen mit ihrer Brandrodung zunichte. Zwischenzeitlich gab es sogar Pläne, mit Obstbäumen das Tal zu verschönern. Es flackerte auch die Idee auf, hier eine Kaffeeplantage anzusiedeln. Dann aber versank das Tal, das der damalige Besitzer nach dem Monat benannte, in dem er es gekauft hatte, in die Bedeutungslosigkeit. Ein gewisser John Horne sorgte für ein erstes Umdenken: „Die Verwüstung der Bäume in der Schlucht", so mahnte er, „wäre eine gröbliche Beleidigung für die Wissenschaft und eine Schande für die Zivilisation." Doch die seychellische Regierung, die 1945 das gesamte Terrain erwarb, hatte noch nicht viel mit Naturschutz am Hut. Das Schicksal des Vallée de Mai blieb weiter ungewiss. Erst 1983 wurde es zur World Heritage Site im UNESCO-Welterbe ernannt.

Das alles ist für mich momentan weit weg, in einer anderen Welt. Nah sind nur diese unsagbar majestätischen Pflanzen, die aussehen, als stammten sie unmittelbar aus dem Film *Jurassic Park*, und es würde mich nicht wundern, wenn gleich einige Dinosaurier dahergestapft kämen. Doch nichts von alledem geschieht – Stille, bis auf das Geräusch unserer Schritte, die sich raschelnd ihren Weg durch die dicke Schicht des trockenen Laubes bahnen. Die unsäglich dichten Baumkronen lassen keinen Regen durch. Dann plötzlich eine Windböe. Über uns schlagen die riesigen Fächer einer Coco-de-Mer-Palme zusammen. Ein Donnerhall! Ein Aufbäumen der Natur! Ein Geräusch, als würden Dutzende von schweren Holzplanken umfallen oder Wellblechbahnen aufeinanderprallen.

Das Vallée de Mai ist nicht von dieser Welt. Es ist ganz unheimlich. Und auch ganz schön. Einfach unheimlich schön.

Irgendwann nehmen wir die Fähre zurück nach Mahé. Vom Himmel ergießt sich der Regen aus weißen Fäden ins Meer. Der Ozean sieht aus wie eine riesige Milchpfütze, so weiß ist er. Doch plötzlich klart es auf. Als wir Mahé erreichen, sehe ich seit mehreren Wochen das erste Mal einen Streifen der untergehenden Sonne über den Bergen.

Endlich. Endlich!

Es hat aufgehört zu regnen.

Es ist der letzte Tag im Februar.

lantir kreol

(für ca. 2-4 Portionen)

2 Tassen rote Linsen plus ca. doppelt so viel Wasser zum Kochen
2 Knoblauchzehen, fein gehackt
1 Zwiebel, fein gehackt
1 Stück Ingwer, ½ Daumen groß, fein gehackt
Öl und Salz
(indische Variante: zusätzlich 1 kleine Chili-Schote)

* * *

Linsen in ein Sieb geben, unter fließendem Wasser abspülen, dann in der angegebenen Menge Kochwasser solange garen (ca. 15 min.), bis das Wasser verkocht ist und sie von selbst zerfallen. Sollte es zu viel Kochwasser sein, dann dies einfach abgießen. Parallel in einer Pfanne in Öl die klein gewürfelten Zwiebeln, Knoblauch und Ingwer garen. Ggf. Chili-Schote aufschlitzen, weiße Kerne herausschaben, anschließend das Fruchtfleisch ganz klein würfeln und nach Belieben davon etwas zum Zwiebelgemisch geben. Alles gut miteinander vermengen und mit Salz abschmecken. (Wer mag, kann auch die Linsen in Gemüse- oder Hühnerbrühe garen. Dann aber weniger Salz zum Nachwürzen verwenden. Statt der Chili-Schote lässt sich auch mit einem Spritzer „Sweet & Sour Chili Sauce" tropischen Kick in die Linsen zaubern.)

* * *

Passt als Beilage zu allen anderen kreolischen Gerichten!

März

Wort bzw. (Aus-)Spruch des Monats: ***Maybe tomorrow!***
Gericht des Monats: ***bouzwa dan fey bannann***
Getränk des Monats: ***kalou***

Die rot-grüne Koalition

Heute Morgen hat er sich endlich blicken lassen – zusammen mit den ersten Sonnenstrahlen, die uns seit einigen Tagen wieder zuverlässig kurz nach sechs Uhr in der Früh wecken.

Pickpick, hackhack, toktoktok, pickpick.

So hämmert es draußen in unserem Außenbad, wo kein Dach über Dusche und Waschbecken den Blick ins frühe Blau versperrt.

Pickpick, hackhack, toktoktok, pickpick.

An Schlaf ist nicht mehr zu denken. Ich stehe auf und schaue nach draußen.

Na, Herr von Richthofen, begrüße ich das kleine spatzenähnliche Vögelchen, das mit seinem knallroten Federkleid in merkwürdigen Verrenkungen am Spiegel hängt und wie wild auf sein vermeintliches Konterfei einhackt.

Herr von Richthofen lässt sich nicht stören und macht weiter. Den kleinen Piepmatz habe ich deswegen so genannt, weil er wie einst der Rote Baron im Sturzflug einem Jagdflieger gleich durch die Lüfte saust. Jetzt übt er sich in Selbstverteidigung, indem er sich auf Spiegelfechtereien mit seinem

Gegenüber konzentriert. Verscheuchen lässt sich Herr von Richthofen nicht, doch es gibt einen ebenso einfachen wie wirksamen Trick, um ihn wenigstens dazu zu bringen, sein nerviges Picken für kurze Zeit zu unterbrechen. Ich gehe in die Küche. Herr von Richthofen fliegt einen Looping, dann folgt er mir, indem er mit lautstarkem Gekreische außen um das Haus herum flattert und sich auf einer der Glaslamellen der halb offenen Fenster über dem Herd niederlässt. Trotzig wirft er sein kleines Köpfchen in den Nacken, stößt einen spitzen Schrei aus und beginnt mit seinem nachtschwarzen Schnäbelchen wieder:

Pickpick, hackhack, toktoktok, pickpick.

Um Herrn von Richthofen endgültig zum Schweigen zu bringen, lege ich ihm ein paar Reiskörner vor den Schnabel. Doch sie sind ihm nicht genug.

Pickpick, hackhack, tok…

Okay, ist ja gut! Es gibt noch ein Stück trockenes Brot, das sollte reichen. – Jetzt aber Abflug!

Herr von Richthofen ist nun endlich zufrieden; er knabbert sein Vogelfutter, gurrt und fliegt zunächst auf die filigranen Zweige des Flammenbaumes, dann auf das zitternde Blatt einer Ixora-Staude. Dort bleibt er über einer ihrer rot strahlenden Blüten hocken und blinzelt selbstgefällig in seine eigene heile grüne Wald- und Wiesenwelt, wohl wissend, dass ich mich im Hintergrund befinde und jederzeit Zugriff auf Reis und Brot für ihn habe.

Dieses Ritual wiederholt sich von nun an jeden sonnigen Morgen. Wie gut, dass nicht nur die Februar-Tristesse, sondern offenbar auch die Regenzeit vorbei ist. Der März begrüßt uns mit einem üppigen Farbenrausch. Die Luft ist klar und rein und sprüht vor Energie aus einem Himmel, den der wochenlange Regen mit seinem grauen Poliertuch blank gewienert hat. Das Licht ist von einer solchen Klarheit, dass es beinahe schmerzt und ich die Augen zusammenkneifen muss. Wenn ich hinab in die Anse Boileau schaue, sehe ich in auffälligem Kontrast zum sanften Schwung der Bucht jedes noch so kleine Detail gestochen scharf. Zu den weichen Umrissen von Strand und Hügeln gesellen sich plötzlich nie dagewesene Häuschen, Gärten und eine Straße, umrandet von strengen, exakten Linien, wie mit einem altmodischen Tuschefüller am Reißbrett gezeichnet, so präzise, so präsent und alles zum Greifen nah.

Ich gehe hinter das Haus. Wenn die Sonne noch nicht ganz über die hohen Santole- und Takamaka-Bäume geklettert ist, dann fließt die schönste Zeit des Tages mit erfrischenden Tautropfen und prickelnder Kühle durch den Garten. Herr von Richthofen ist schon vor mir da und schwirrt wie verrückt um einen kleinen luftigen Kokon, der zwischen den smaragdglänzenden Wedeln und den dunkelroten Samenperlen der *Fishtail*-Palme hängt. Der kleine fleißige Vogel hat aus trockenen Hälmchen, kleinen Ästen und dürrem Gras ein Nest geflochten, das ungefähr so groß ist wie eine 0,75-Liter-Wasserflasche. Direkt daneben wippt eine riesige Dolde des Pfauenstrauchs – rot.

Dahinter der Pagodenstrauch – rot.
Noch weiter dahinter die Ingwer-Alpinie – rot!
Davor die Zickzack-Heliconie – rot!!

Und über allem herrscht der riesige Flamboyant-Baum mit seinem wuchtigen Schirm – eigentlich auch rot. Aber seit einigen Wochen verblüht. Bis auf ein Zweiglein, das Herr von Richthofen gerade als Aussichtspunkt anpeilt.

Wohin ich auch schaue, ich sehe rot. Stimmt nicht ganz, denn eigentlich sehe ich grün und rot, rot und grün - so innig vereint, dass sich mir ein völlig unnötiger politischer Vergleich mit potenziellen Koalitionen aufdrängt.

Herr von Richthofen ist einer der prominentesten Mitglieder dieses Parlaments, das nach dem großen Regen auf der Insel regiert.

Mit seinem Nestbau ist unser Roter Baron dieses Jahr zeitig bei der Sache. Ein schneller Brüter sozusagen, denn eigentlich ist die Zeit für die Aufzucht seiner Jungen erst im Mai, Juni. Aber auch wenn er keinen Nachwuchs erwartet, der scharlachgefiederte Gesell ist eigentlich das ganze Jahr über anzutreffen, wie bei mir daheim auf Mahé, wo er *kardinal* oder *sren* gerufen wird. *Sren* klingt wie eine Abkürzung des französischen *tisserin* oder *tisserand*, dem Weber, und mit dem hat er tatsächlich eine Menge gemeinsam. Wer das nicht glaubt, schaue sich einfach seine kunstvollen Nester an – luftige und doch stabile Kokons, die das fleißige Vögelchen aus Gras, Reisig und kleinen Zweiglein webt.

Auf La Digue ist der kleine Piepmatz ebenfalls anzutreffen. Obwohl er dort sicher genauso schöne Nester webt, wird er im Volksmund völlig anders genannt – wohlklingend und melodisch: *taroza*.

Auf La Digue sollte man mal wieder ein verlängertes Wochenende verbringen, denke ich, doch eine kreischende Motorsäge schreckt mich aus meinen Tagträumen. Das muss Steven mit seinen Arbeitern sein! Er hat mir vor einigen Tagen berichtet, dass er im Auftrag des Umweltministeriums jenseits der Straße etliche viel zu hohe Schirmakazien fällen muss, die beim nächsten großen Sturm nicht nur auf fahrende Autos, sondern auch auf die Strommasten fallen würden.

Wäre er doch mal vor vier Wochen gekommen, denke ich und erinnere mich an das Desaster mit dem alten Terrassenbaum und der gekappten Telefonleitung.

Die signalrote Motorsäge frisst sich gnadenlos durch das grüne Wirrwarr, brüllt dicke Äste, Lianen und die eisenharten Brettwurzeln an und zerfetzt einfach alles, was ihr in den Weg kommt. Doch auf einmal ist Ruhe. Neugierig sprinte ich aus dem Garten hinab an die Straße. Steven sehe ich sehr wohl, doch wo sind seine Arbeiter?

Heute ist Montag, mault er, da sind alle krank oder besoffen oder krank, weil besoffen.

Und wann kommen Deine Leute wieder, will ich wissen.

Achselzucken. *Maybe tomorrow*. Abermaliges Achselzucken.

Im Tal ist heute auch nicht allzu viel los. Nur Terence sehe ich. Der klettert gerade eine Palme hoch. Lustig sieht es aus, wie er sich etwas wankend mit einem roten Kanisterchen in seinen roten Shorts den schmalen Stamm hinaufhangelt. Ob die rot-grüne Koalition hält? Doch es ist nicht die Politik, die Terence da auf die Palme bringt. Mitnichten! Er holt sich *kalou* – Palmwein. Und in der Tat: Der frühe Morgen ist die beste Zeit zum Zapfen. Terence ist mittlerweile oben im Wipfel der Palme angekommen, dort, wo aus dem Blattgefieder die schiffchenähnlichen Blütenstände hervorragen. Diese werden angeritzt, und darunter wird ein Gefäß angebracht, in das der milchige Palmensaft hineintropfen kann.

Aha, Terence tauscht gerade das volle Kanisterchen gegen das mitgebrachte leere aus und kraxelt vorsichtig wieder nach unten. Ob er wohl gleich etwas davon konsumiert? Terence hat mir neulich erzählt, dass es sich angeblich mit dem *kalou* ähnlich wie mit den bayerischen Weißwürsten verhält, die ich einmal mit auf die Insel brachte und die ich ihn probieren ließ. Bis zum Mittagsläuten sollte das frisch gemolkene Palmengesöff – will man es rein, süßlich und leicht moussierend genießen – weggetrunken sein. Aber ehrlich gesagt, ich zweifle, ob das nicht nur eine Alibibehauptung ist, denn *kalou* kann man auch sehr gut aufheben. Jede x-beliebige Flasche eignet sich dazu. Und die Zeit, die der Palmwein in der Flasche verbleibt und darin gären kann, bestimmt die unterschiedlichen Reifegrade – vom leichten Perlwein, dem *kalou dou*, bis hin zu einem schnapsähnlichen Gebräu, dem *kalou for*.

Aber Terence und der frische *kalou* müssen erst einmal warten, jetzt ist Steven dran.

Mensch, Steven, Du hast ja endlich einen neuen Pick-up, rufe ich anerkennend und umrunde andächtig den quietschgrünen Wagen. Plötzlich erschrecke ich mich fast zu Tode, denn am rechten Außenspiegel hockt doch tatsächlich Herr von Richthofen (oder einer seiner mir nicht näher vorgestellten Verwandten) und hackt mit Inbrunst auf sein Ebenbild ein.

Verrückter Vogel, meint Steven dazu. Aber eigentlich total normal.

Und zu seinem Wagen gewandt, seufzt er: Leider nicht das Modell, das ich ursprünglich wollte. Und dann auch noch ein Gebrauchter. Ich hatte eigentlich einen neuen und viel größeren Lkw in Aussicht, aber dann hat es nicht geklappt mit dem Kredit bei der Bank.

Wieso?

Die monatlichen Belastungen sind mittlerweile einfach viel zu hoch, gerade wenn Du Dir ein Auto kaufen willst. Wir haben zu viele davon auf Mahé, deshalb versuchen die da oben, Neuzulassungen mit überhöhten Darlehenszinsen zu verhindern.

Steven zuckt mit den Achseln. Was soll's. Und fügt mit fatalistischem Unterton auf Kreolisch hinzu: *Mank seren, may bengali.*

Auf Deutsch: Wenn Du Dir den Spatz nicht schnappen kannst, dann fange Dir einen Fink.

Und wie auf Kommando surrt Herr von Richthofen um unsere Köpfe herum: Schau, schau, da ist er wieder – unser *seren*, unser sperlingsgleiches Webervögelchen hat sich doch tatsächlich einen Platz in diesem schönen seychellischen Sprichwort gesichert. Weil's so schön ist, gleich noch einmal:

Mank seren, may bengali.

Diese hübsche Redensart gefällt mir – frei nach dem Motto: Irgendwas geht immer.

In den 1970er Jahren hatte Douglas Cedras dieses Bonmot auf der Insel mit einem Schlager populär gemacht. Es war die Zeit nach dem Militärputsch auf den Seychellen, als noch längst nicht alles rundlief und Mangelwirtschaft herrschte. Ja, das gab es wirklich, auch wenn man sich das heute gar nicht mehr so recht vorstellen kann.

Das Lied handelt von den dunklen Seiten im Paradies, von einem Mann, dessen Not so groß ist, dass er Fischköder isst und Seewasser trinkt. Dennoch gibt er nicht auf, weil er eine zweite Chance sieht: *Mank seren, may bengali.*

Und selbst dann, wenn er den Fink nicht erwischen kann, bleibt er optimistisch, denn – so geht der Songtext weiter – dann fängt er sich eben einen Kolibri.

Doch obwohl er diesen überaus beliebten Hit von der zweiten Chance komponiert hat, gab es für Douglas Cedras keine davon: Wie mir später Bernard, ein äußerst beliebter und erfolgreicher Rechtsanwalt, erzählt, wurde der Schlagerstar des Mordes an einer Radiosprecherin überführt. Bernards Ehefrau und Kanzleipartnerin Annette war diejenige, die die Anklage führte und Douglas Cedras für das Verbrechen lebenslang hinter Gitter brachte.

Weder Fink noch Kolibri gab es für ihn. Und auch kein *maybe tomorrow*.

Allmählich werden die Tage im März wärmer und wärmer. Zwar entlädt sich gelegentlich noch einer dieser berüchtigten Schauer über der Insel, bei denen ich denke, dass augenblicklich das Ende der Welt bevorsteht. Doch es folgt daraufhin keine Abkühlung. Und dann ist der Himmel wieder glasklar, und das Licht sucht seinesgleichen. Die Luft lädt sich mehr und mehr mit Hitze auf, auch nachts unter dem tiefschwarzen schillernden Sternenhimmel. Ich habe längst die uralten leichten Bettlaken aus den Restbeständen der Aussteuer meiner Großmutter herausgeholt. Knapp hundert Jahre hat das weiße Leinen auf dem Buckel, hat hier in fast zwei Jahrzehnten auf der Insel erfolgreich unzählige Kochwäschen überstanden und verschafft zumindest bei Temperaturen, die auch nachts nicht mehr unter 28 Grad fallen, eine gewisse Linderung.

Mir kommt wieder die Idee von einem Wochenende auf La Digue in den Sinn. Einfach um der Hitze des Tages zu entfliehen und stundenlang vor der Anse Source d'Argent im seichten Wasser zu dümpeln, nicht viel laufen zu müssen und stattdessen im leichten Fahrtwind die Küstenwege entlang zu radeln.

Mein Mister Fred ist überraschenderweise sofort einverstanden.

Als Steven vorbeikommt, um zum x-ten Mal den Arbeitseinsatz und die Baumfällarbeiten auf unserem Grundstück anzukündigen und zu koordinieren, sind wir es jetzt, die ganz selbstbewusst darauf antworten:

Maybe tomorrow!

Dann berichten wir ihm von Ausflugsplänen und dem Wunsch, die schönsten Granitfelsen der Welt wiederzusehen.

Steven erzählt uns, dass seine *belmer*, seine Schwiegermutter, auf La Digue wohnt. Sie hatte vor wenigen Tagen Geburtstag, und er fragt uns vorsichtig, ob wir ihr ein Geschenk von ihm mitbringen könnten. Nun, mit Schwiegermüttern sollte man es sich ja generell nicht verscherzen, das gilt auch auf den Seychellen. Und so willigen wir ein.

Am Tag vor unserer Abfahrt übergibt mir Steven umständlich ein reichlich zusammengeknülltes Etwas, das in ein ziemlich zerknittertes khakigrünes Packpapier eingewickelt ist.

Ist nur ein Blumenstrauß, meint er entschuldigend.

Oh, dann sollte ich ihn wohl gleich ins Wasser stellen, um ihn frisch zu halten.

Nicht nötig, erwidert Steven, wirklich nicht nötig. Es sind Seidenblumen.

Verwirrt rücke ich mit dem unförmigen Bündel ab. Erst später erfahre ich, dass hier – ausgerechnet hier, inmitten der überbordenden Natur auf den Inseln des Überflusses! - künstliche Bouquets so ziemlich das Höchste der Gefühle sind.

Wir sind gerade am Inter Island Key angekommen, als ich einen Anruf auf dem Handy erhalte.

Franziska speaking, melde ich mich mit meinem zweiten Vornamen, denn mit meinem ersten können die Seychellois nicht allzu viel anfangen.

Alo, wird mir geantwortet.

Ich habe mal wieder keine Ahnung, wer da mit mir spricht. Das ist so üblich hier auf den Inseln, eine Unart, die mich jedes Mal aufs Neue nervt.

Yes? Yes??

Alo, alo - hallo, hallo, grunzt es zurück.

Ki koz avek mwan? Wer spricht mit mir, will ich wissen.

Alo? Oui? – Hallo? Ja?

Eh, ou la! Hey, Du da! *KI KOZ AVEK MWAN??* Ich bin ziemlich gereizt.

Mwan – ich.

Aha, sehr aufschlussreich.

Ki sa?? Wer ist „ich"? Fast bin ich geneigt, das Handy einfach auszuschalten.

Dann endlich des Rätsels Lösung.

Na, ich! Ich, Steven.

Und dann erzählt mir Steven, dass uns seine Schwiegermutter als Dank für unseren Kurierdienst gerne heute Abend auf La Digue bei sich zu Hause zum Essen einladen würde.

Das klingt vielversprechend.

Bevor ich auflege, frage ich provozierend: Steven, sag mal, wann wirst Du Dir endlich eine gepflegte Telefonkultur aneignen?

Steven prustet in den Hörer: *Maybe tomorrow!*

Mit der Fähre pflügen wir durch das nachmittägliche Blau. Victoria wird immer kleiner. Über dem Wasser hängt ein leichter Vorhang aus Gischt und guter Laune.

Dann, auf dem offenen Meer, werden die Farben unnatürlich intensiv. Die Wellen verschmelzen zu einer fluoreszierenden Masse, die uns schließlich hinein in den kleinen Hafen von La Digue trägt. Der lang ausgestreckte Betonfühler des Bootsanlegers hangelt nach uns und fängt uns schließlich irgendwann ein. Wir sind angekommen – in einer anderen Welt.

Direkt an der Mole begegnet uns Herr von Richthofen, und zwar in der äußerst angenehmen Gestalt einer Hafenbar, die den schönen Namen *Taroza* trägt. Warum die Einwohner von La Digue den kardinalroten Webervogel so nennen, das weiß keiner so recht. Höre ich in dem Wort *taroza* etwa das spanische *arroz* – Reis? Wundern würde es mich nicht, schon allein wegen der Unmengen an Reiskörnern, die mein Herr von Richthofen mir bislang weggepickt hat. Aber es gibt noch eine andere Legende, die mit Reis zu tun hat. Angeblich hat ein Siedler seinem verhassten Nachbarn eine Schar Webervögel auf den Hals gehetzt, als dieser versucht haben soll, auf den Seychellen ein Stückchen Land zwischen Bergen und Meer in Reisterrassen zu verwandeln. Seit dieser Attacke hat nichts mehr in Sachen Reisanbau auf den Inseln funktioniert.

In der *Taroza*-Bar merkt man von all den Sorgen und Nöten nichts, und falls doch, kann man sie mit geeigneten Getränken hinunterspülen. Mittlerweile klopft der Feierabend an, und die See, über der sich die Sonne bald blutrot färbt, wird flaschengrün – so wie das kleine *Seybrew*-Bier vor mir.

Man muss ihn selbst am eigenen Leib erleben – den Unterschied zwischen La Digue und Mahé. Als wir die *Taroza*-Bar verlassen, werden unsere Schritte leichter, federnder. Und das hat nichts mit dem Alkoholgehalt des Sundowners zu tun. Fast komme ich mir vor, als wäre ich plötzlich in einer kleinen heilen Spielzeugwelt gelandet. Hier ein niedliches Geschäft, da ein winziger Gemüsestand, dort eine Bank im Miniaturformat.

Damit wir uns nicht missverstehen: Auch auf La Digue gibt es den ganz normalen Alltag, die Bank verfügt über einen modernen Geldautomaten, und wie überall wohnen in den malerischen Häuschen unter den beschaulichen Dächern nicht nur Glück und Freude, sondern auch Krankheit und Sorgen, Gram und Hass. Der Tourismus hat La Digue mittlerweile fest in der Hand, aber das grüne Dach des Inselwaldes, der bis hinab ans Wasser reicht, schickt sich an, uns vor der großen feindlichen Welt da draußen zu beschützen. Und trotz all der Tageshektik scheint doch tatsächlich – zumindest an der Kopramühle – die Zeit stillzustehen.

Für Tier und Mensch gleichermaßen.

Wir haben uns im Inselinneren in La Passe in einem kleinen *guesthouse* eingemietet. Die letzten Strahlen der späten Nachmittagssonne fallen orangefarben durch die Palmen und flirren zwischen den gefiederten Wedeln, als wir uns zu Fuß zu unserer Unterkunft aufmachen. Hühner scharren im trockenen Laub. Es raschelt und zirpt, knackt und knistert. Geheimnisvolle Geräusche, die von weit, weit weg an mein Ohr dringen. Und doch so nah sind.

Die Zeit fühlt sich an wie ein endloser Samstag, an dem nichts wichtig und nichts eilig ist. Kann es sein, dass nicht nur unsere Schritte, sondern auch unsere Herzschläge plötzlich langsamer werden – viel, viel langsamer?

Wie gesagt, auch auf La Digue ist die Neuzeit eingekehrt. Inzwischen sind viel mehr Autos unterwegs als früher, und die fahren auch nicht mehr so langsam wie früher. Als ich später auf der Straße Simone aus Deutschland und ihren seychellischen Freund Robert treffe, bestätigt der meinen Eindruck: Als ich noch ein kleiner Junge war, da gab es gerade mal drei Autos hier bei uns auf La Digue.

Und: Wie viele sind es jetzt? Robert kommt ins Grübeln. Mindestens zwanzig.

Am nächsten Morgen erfahre ich von ihm, dass es sage und schreibe 43 sind. Das klingt zwar überschaubar, ist aber erschreckend viel, wenn man weiß, dass das Straßennetz von La Digue nur wenige Kilometer umfasst.

Doch an diesem Wochenende dominieren nicht die Autos mein persönliches Bild von La Digue. Denn was sehe ich denn da, bevor das Dunkel mit seiner dichten, einlullenden Samthülle naht?

Auch hier regiert die rot-grüne Koalition. Mit einer so atemberaubenden Dominanz, dass es mir schon schwindlig wird, betören mich die liliengleichen Rispen der Gloriosa – rot.

Neben einem frühlingsgrünen Flokati aus *gazon*, zartem niedrigem Fiedergras, zeigen sich Korallenbüsche mit lippenstiftähnlichen Blüten – rot.

An festen und feisten dunkelgrünen Ranken wuchert der Knöterich mit üppigen Dolden – rot.

Weiter hinten in einem kleinen Garten strecken sich die grünstachligen Ärmchen des Christusdorns nach oben und winken mit ihren aufgesetzten Miniglocken – rot.

Das sich anschleichende Abendrot tut sein Übriges dazu.

Es wird Zeit, dass wir uns auf den Weg zu Stevens Schwiegermutter machen.

Irgendjemand hat da oben einen halben Mond in die Berge gehängt. Fast scheint es so, als schaukle seine Sichel zwischen den Sternen, die so unnatürlich groß sind wie funkelnder Strass. Obwohl keine einzige Straßenlaterne leuchtet, finden wir ohne Mühe die Einmündung zu einem wenig sichtbaren verschlungenen Pfad, der zwischen Bananenstauden und hohem *fatak*, einem schilfähnlichen Gras, hindurchführt. Plötzlich stehen wir vor einem alten Haus, das beinahe ängstlich auf kleinen Steinsockeln kauert.

Bonswar, bonswar – guten Abend, guten Abend, ruft es uns da entgegen. In der Tat, wir wurden erwartet. Madame Pool kommt uns bedächtig entgegen. Sie schreitet trotz ihres Alters würdig und anmutig die kleine Treppe aus Korallengestein zu uns herab, und ihre kleinen hübsch gedrillten Spirallöckchen wippen rechts und links ihrer flinken und lebenserfahrenen Augen.

Schön, dass ihr da seid! *Vini manze* - kommt zum Essen!

Doch zuerst überreichen wir ihr unser Mitbringsel. Obwohl es bei den Seychellois unüblich ist, in Gegenwart anderer verpackte Geschenke zu öffnen, entfernt sie das Papier von dem Kunstblumenstrauß und ist aufs Äußerste entzückt:

Zot zoli! Zoli, zoli!

Oh, sind die schön! So schön, so schön!

Sie zupft die roten Rosen, die zugegebenermaßen recht echt aussehen, in Form und dann mich am Ärmel.

Komm mit, ich zeige Dir, wo ich sie hinstellen werde.

Madame Pool ist aufgeregt wie ein kleines Kind. Sie zerrt mich in ein Zimmer, aus dem es mir muffig entgegenschlägt, so als würde hier nur selten gelüftet. Oder als würde sich hier so gut wie nie jemand aufhalten.

Madame Pool sieht mich erwartungsvoll an. Offenbar erwartet sie Anerkennung, Lob, Komplimente oder zumindest eine Äußerung des Wohlgefallens. Allerdings ist das, was ich hier sehe, in meinen Augen das reinste Gruselkabinett: eine Ansammlung hässlichster Kitschware. Hier finden sich kleine grässliche Porzellanhündchen, dort drollige Kulleraugenpüppchen und daneben eine Ladung Sammeltässchen, aus denen noch nie ein einziger Schluck Espresso getrunken wurde.

Madame Pool schaut suchend umher… Dann die Erlösung:

Ah, da ist sie ja, freut sie sich und hangelt nach einer überdimensionierten, in Regenbogenfarben schillernden Vase aus garantiert echt böhmischem Kristallglas, wie sie selbst die scheußlichsten Souvenirläden in Prag oder Karlsbad nicht auf Lager haben.

Die Rosen wissen nicht, ob sie sich in ihrem neuen Zuhause freuen oder fürchten sollen, ich jedenfalls bin heilfroh, als wir endlich dieses Nippes-Zimmer verlassen.

Gott sei Dank hat mir der Ausflug in das kreolische Allerheiligste von Kunst und Krempel nicht den Appetit verdorben, denn was da auf den Tisch kommt, lässt mein Herz gleich höher schlagen: rot und grün!

Und lecker obendrein: *bouzwa dan fey bannann* – ein Red Snapper, auf einem Palmwedel serviert, zuvor in einem Bananenblatt gegrillt, dazu eine feurig-fruchtige *sos kreol.*

Liebe Madame Pool, vielen Dank! Bitte kommen Sie uns doch auch mal auf Mahé besuchen. Wir würden uns sehr gerne bei Ihnen revanchieren, bitten wir sie.

Als sie daraufhin nichts antwortet und stattdessen nur schweigend lächelt, fragen wir noch einmal: Also, wann kommen Sie? – *Maybe next year.*

Sie lächelt erneut, wohl in der Gewissheit, dass es noch lange, sehr lange dauern wird, bis wir uns wiedersehen.

Schweigend gehen wir zurück, die Aromen der *kwizin kreol*, der seychellischen Tropenküche, in unserem Gaumen nachschmeckend. Was für ein fantastisches rot-grünes Abendmahl! Und welch ein Auftakt für den nächsten Tag, denn wie ein roter Faden zieht sich die rot-grüne Liaison durch den Rest unseres Aufenthalts. Wir radeln auf einem roten und einem grünen Drahtesel über die Insel. Lediglich ein gelber Korb auf dem Gepäckträger versucht leise, gegen die Farbenharmonie zu rebellieren.

Auch der Himmel meint, ein Wörtchen mitreden zu können. In das Grün der Palmen und Felder mischt sich immer mehr das Blau des Firmaments. Es wird heißer und heißer und wir suchen ein kleines Plätzchen für eine Rast.

Endlich!

Ein winziger Souvenirladen hat wohl ausgerechnet auf uns gewartet. Doch bevor wir uns ins schattige Innere flüchten, trinken wir. Nein – kein *kalou*, sondern einfach Wasser aus einem kleinen Brunnen. Und dabei stoßen wir doch tatsächlich wieder auf die rot-grüne Koalition. Wir beobachten einen grünen Gecko, wie er genüsslich ein rotes Kupferrohr ablutscht, als wäre es die köstlichste Schleckerei.

Als wir neben einem neongrünen Pareo auch noch feuerwehrrote Shorts für Mister Fred erwerben wollen – ganz in Gedenken an die Beinkleidung von Terence –, muss die

Verkäuferin mit Bedauern feststellen, dass die passende Größe leider aus ist. Doch *maybe tomorrow* wird neue Ware eintreffen.

Wir allerdings, so erwidern wir nicht ganz ohne eine gewisse souveräne Selbstgefälligkeit, sind *maybe tomorrow* nicht mehr auf La Digue.

Der grüne Gecko lächelt vielwissend…

bouzwa dan fey bannann

(für 2 Portionen)

300 g *Red-Snapper*-Fischfilet, falls nicht vorhanden: irgendein anderer filetierter Fisch mit weißem Fleisch, z.B. Zander oder Rotbarsch
2 Bananenblätter (über Internet erhältlich; falls nicht vorhanden, geht Alufolie)
1 Schuss Soja-Sauce
2 Knoblauchzehen und etwas Ingwer, in Scheiben
2 Chilischoten
½ Limette, in Scheiben
Öl, Salz und ein Hauch Korianderpulver

* * *

Fischfilet in 2 Stücke portionieren, Öl mit Salz, Koriander und Soja-Sauce vermischen, den Fisch damit einpinseln und von beiden Seiten mit Knoblauch, Chili und Limetten belegen. Dann auf Blätter bzw. Folie legen und als „Päckchen" packen. Auf den Grill geben bzw. in den Backofen auf den Rost legen und für ca. ½ Stunde bei 180° garen. – Wer es weniger scharf mag, lässt die Chilischoten weg und nimmt stattdessen einen Spritzer Sweet&Sour-Chili-Sauce aus dem Asia-Laden, die mit der Soja-Sauce vermengt wird.

* * *

Dazu passen *lantir kreol*, Reis und *satini papay*.

April

Ausspruch des Monats: ***soley karenm***
Gericht des Monats: ***kakatwa ek bennyen brenzel***
Getränk des Monats: ***delo***

Das blaue Wunder

Heute mache ich blau! Mitten in der Woche beschließe ich, dass ich den Schreibtisch gegen den Strand eintausche.

Der April hat in seinen ersten Tagen eine Hitzewelle auf die Insel geschickt. Über den fernen verbrannten Hügeln Afrikas haben sich Schwaden feuchtwarmer Luft gesammelt, die der Nordostwind mit seiner heißen Peitsche über den Seychellen ausschlägt. Das Thermometer klettert höher und höher, und in der Bevölkerung regt sich deutlich spürbarer Widerstand, überhaupt noch irgendeiner geregelten Verpflichtung nachzugehen. Es ist die Zeit der Lähmung, wenn selbst der kürzeste Fußweg zu einer enormen Anstrengung wird und den Entbehrungen eines 10.000-Meter-Laufs in nichts nachsteht. Es ist die Zeit auf der Insel, in der ich – übrigens mit geradezu penetranter, jährlich wiederkehrenden Regelmäßigkeit – allerorten höre, dass es noch nie (niemals im ganzen Leben!) so heiß war wie in diesem Jahr.

Ich habe also einen berechtigten Grund, mir hitzefrei zu nehmen. Wobei das nicht heißen soll, dass ich nur zu faul zum Arbeiten bin. Nein, ich mache blau, weil ich einfach einen blauen Tag verbringen möchte.

In der Anse Royale regt sich fast kein Lüftchen. Hin und wieder tanzen in der Bucht *kalpoti* – kleine unaufgeregt plätschernde Wellen, die durch etwas ablandigen Wind und eine gegenläufige Wasserströmung entstehen.

Ich bin allein.

In den frühen Morgenstunden trägt das Meer ein Kleid aus transparentem Aquamarin. Das Wasser ist ganz hell und durchsichtig, und am Strand ist es so klar, dass es wie flüssiges Glas um meine Füße schwappt. Von Blau kann noch keine Rede sein, denn der umspülte Sand mit seinem silbrig glitzernden Beige gibt den Ton an.

Je höher die Sonne klettert, desto intensiver wird das Farbenspiel in der Anse Royale. Es dominiert Royalblau. Aber eigentlich stellt sich dieses Königsblau erst weit draußen hinter dem Riff ein, denn davor haben die Türkistöne das Regiment übernommen: schimmernd, glänzend zwischen der grünen Welt des Landes und der himmelfarbenen Welt des Firmaments.

An diesem Vormittag habe ich mein persönliches blaues Wunder erlebt. Doch jetzt ist es so unerträglich heiß, dass ich fliehe. Die Sonnenstrahlen, das kristallene Meer und der gleißende Sand sind bedrohlich geworden. Ich suche den Schatten, den Schutz.

An dem kleinen Fischmarkt mache ich noch mal Halt. Ich will etwas einkaufen. Mir läuft der Schweiß in Strömen den Rücken hinab, und Johnny, dem *peser ater* – dem Fischer an Land – geht es nicht besser. Auf seiner Stirn und den Wangen haben sich wahre Sturzbäche gebildet.

So! So, so, so! – ruft er mir entgegen.

Von wegen so und so! Das französische Wort *chaud*, das sowohl mit warm als auch mit heiß übersetzt werden kann, steht Pate für *so* – und je öfter man diese harmlose kleine kreolische Silbe wiederholt, desto heftiger ist die Hitze.

Johnny will mir mitteilen: Es ist heiß! Einfach nur heiß!

Mir ist zu heiß, um Einspruch zu erheben.

Passend zu meinem blauen Vormittag kaufe ich bei Johnny ein *pake pwason kakatwa* – ein Bündel Papageienfische. Die sind nämlich ebenfalls blau. Genauer gesagt: Ihre Schuppen schillern in einem orange angehauchten Türkis.

Tatsächlich ist der *kakatwa* ein ganz eigenes kleines blaues Wunder. Sein papageienähnliches hellblaues Schnabelmaul mit den wulstigen Lippen hat ihm seinen Namen eingebracht.

Draußen am Riff ist der *kakatwa* zu Hause, ein einzigartiges Wesen, das es wie von Zauberhand fertigbringt, sein Geschlecht zu ändern. Und wenn ihm Männlein nicht passt und Weiblein auch nicht, dann kann er sogar einen sorgenfreien geschlechtslosen Zustand wählen. Steht er gerade nicht vor einer solchen schwerwiegenden Entscheidung, ist er ein farbenprächtiger, lebhafter Gesell, der sich gerne in den Korallenbänken tummelt. Will er schlafen, so legt er sich auf den Meeresboden und sondert aus seinen Lippen eine Art Schleim ab, der ihn wie ein Schlafsack einhüllt. Ihm nicht wohlgesonnene Artgenossen können ihn dann nicht riechen, und er darf sich über eine ungestörte Nacht freuen...

... bis er leider am nächsten Morgen den Fischern ins Netz geht. Die haben tatsächlich alle Hände voll zu tun, denn im April – wenige Wochen, bevor der Wind umschlägt und der heftige Südost-Monsun einsetzt – ist die hohe Zeit des Fischfangs. Und das nutze ich jetzt aus. Ich trage drei besonders schöne Exemplare, die auf einem Pandanus-Baststreifen aufgefädelt sind, wie eine Art Trophäe davon – mit großer Vorfreude auf ein leckeres Abendessen, denn das zarte weiße Fleisch ist meine Lieblingsdelikatesse.

Mein nächster Halt ist am Obst- und Gemüsestand von Jojos Farm zu Beginn der Les-Cannelles-Straße. Balou, das Fossil unter den Verkäufern, begrüßt mich bereits aus er Ferne winkend. Doch längst nicht so freudig und heftig wie sonst. Es scheint fast so, als würde er mit letzter Kraft seine Arme heben. Matt und schlaff sieht er aus.

So! So!! So!!!

Ja, die Sonne knallt und sticht - heiß, heiß, heiß!

Die unsägliche Hitze macht mich träge, und ich bin nicht fähig, auf die Schnelle zu entscheiden, was ich einkaufen soll.

Wie wäre es mit ein paar Auberginen, fragt Balou. Gott sei Dank, er nimmt mir die Entscheidung ab. Und nicht zuletzt, weil mich die knackigen Keulchen so aufreizend in einem satten blauvioletten Lack anstrahlen, nehme ich ein halbes Dutzend davon mit.

Balou nimmt völlig erschöpft mein Geld in Empfang und murmelt nochmals:

So! So!! So!!!

Und dann verdreht er bedeutungsschwanger seine vom *baka*-Genuss glasig gewordenen Augen nach oben Richtung Himmel:

Soley karemn!

Das klingt nicht gut, denke ich. Das klingt nach einer ansteckenden Krankheit, nach einer Seuche.

Doch mit dem Begriff *soley karemn*, der das französische *soleil* für Sonne und *carême* für Fastenzeit enthält, meinen die Seychellois nichts anderes als die heißeste Zeit des Jahres: eine gnadenlose Sonne, so kräftezehrend wie ein vorösterliches Opfer; eine Sonne, die meist dann vom Himmel sticht, wenn sich die Karwoche nähert.

Meine Zutaten für ein frugales Büßeressen habe ich ja bereits: sowohl meinen Fisch als auch ein anspruchsloses Gemüse. Vielleicht sollte ich die Auberginen etwas aufpeppen? Ich überlege kurzfristig, ob ich noch beim Sekaar-Shop anhalten soll, um mir für ein Upgrade eine ganz spezielle Zutat zu kaufen: einen Klotz *Kraft.* Kraft kann man schließlich immer brauchen, vor allem dann, wenn sie in einer quietschblauen Schachtel daher kommt. Aber Kraft ist nichts anderes als die Marke eines auf der Insel extrem begehrten Käseproduktes. Von Käse selbst zu sprechen, das fällt mir schwer, denn es ist eine undefinierbare Mischung aus Schmelz- und Schnittkäse, nach der die Einheimischen ganz verrückt sind. Und dabei sind die Seychellen alles andere als ein Käseland. Nix mit Gouda, Camenbert und Gorgonzola! Die Seychellen sind eine echte Diaspora, wenn man sich nach einem knusprigen frischen Käsebrot sehnt! Doch irgendein magischer Zauber geht von diesem Pseudo-Cheddar aus, der in jeder Inselküche seinen festen Platz hat. Einmal sind die Seychellois fast Amok gelaufen, als es einen Lieferengpass gab, doch Blau ist ja bekanntlich die Farbe der Treue – und so war es nur eine Frage der Zeit, bis sich *Kraft* wieder in den Regalen stapelte. Allerdings habe ich nie ganz kapiert, warum so ein Käse seine Daseinsberechtigung in den Tropen hat, bis mir eines Tages klar wurde: Das Zeug ist extrem haltbar, lässt sich so herrlich leicht reiben und zerbröseln, um dann im Omelett, auf der Pizza oder einem Gratin zu landen.

Soll ich? Soll ich nicht?

Soll ich mir nicht doch einen Auberginen-Auflauf machen?

Nichts da! Ich bin viel zu faul, um in der Mittagsglut einen weiteren Einkaufsstopp einzulegen. Ich werde mir schlichte, gebackene Auberginen zaubern, eine dieser seychellischen Köstlichkeiten, die mich immer wieder mit den Unzulänglichkeiten der tropischen Welt versöhnen.

Auch die Aubergine ist eines dieser kleinen blauen Wunder, die das Leben auf den Seychellen so lebenswert machen. Hier heißt sie *brenzel*, und ihre Bezeichnung – die heute noch in Südostasien und auch in Südafrika als *brinjal* existiert – stammt von *brinjela* oder *bringela* ab und hat indische und portugiesische Wurzeln zugleich. Ob es nun aber die Inder oder gar die Chinesen waren, die das nahrhafte und vielseitig verwendbare Nachtschattengewächs einst auf die Inseln mitbrachten, lässt sich im Nachhinein nicht mehr ganz klären. Fest steht: Die Aubergine erfreute sich in der chinesischen Küche bereits im 7. Jahrhundert äußerster Beliebtheit. Daran hat sich bis heute nichts geändert. Der größte Auberginenproduzent weltweit ist China mit einer Ernte von mehr als 25 Millionen Tonnen jährlich, dicht gefolgt von Indien mit circa 10 Millionen. Es wird also einer der indischen oder chinesischen Auswanderer gewesen sein, der in der zweiten Hälfte des 19. Jahrhunderts – in der heißen Phase der Zuwanderung aus diesen Ländern – ein zartes Pflänzchen mitgebracht hat und zu seiner großen, freudigen Überraschung feststellen durfte: Ja, das gedeiht hier auf den Seychellen prächtig.

Servieren werde ich mein Gericht aus Papageienfisch und Auberginen auf einem passenden Untergrund – dem Porzellan der Sham-Peng-Tong-Dynastie.

Sham Peng Tong? Nie gehört?

Ist auch kein Wunder, denn es handelt sich dabei nicht um hauchdünne, leicht zerbrechliche Vasen und Schalen, Teller und Tassen aus einer berühmten vergangenen Kaiserära, auf denen auf weißem Grund ein blauer Fisch aufgemalt ist. Stattdessen hat man es hier mit robuster, industriell gefertigter Keramik aus dem Reich der Mitte zu tun. Die chinesische Handelsfamilie Sham Peng Tong, die in der zweiten Hälfte des 19. Jahrhunderts aus Kanton auf die Seychellen kam, hat sie – vielleicht sogar zusammen mit den Auberginen – wohl mitgebracht. Anmutige Formen, edles Design oder zarte Muster – Fehlanzeige. Dass auf dem Boden in vornehmem Französisch *Fabriqué en Chine* steht, macht die Sache nicht eleganter.

Doch für mich hat dieses Geschirr Kultcharakter.

Es ist nicht nur unkaputtbar, sondern steht auch für eine lebenslange Nachkaufgarantie, was die unveränderte Auslage am Sham Peng Tong Plaza in Victoria seit Jahrzehnten beweist. Für mich zählt es nicht nur aufgrund des azurblauen Fischmotivs definitiv zu den vielen blauen Wundern auf der Insel.

Neben dem blauen Sham-Peng-Tong-Fisch gibt es aber ein noch wundersameres Tier auf Mahé. Es ist das sagenumwobene blaue Huhn, nach dem die kleine Bucht Anse aux Poules Bleues im Südwesten Mahés benannt ist. Hier soll es vor ein- oder zweihundert Jahren gelebt haben, bevor es schließlich ausgestorben ist.

An einem der nächsten Tage fahre ich selbst in diese Bucht, um der Sache nachzugehen. Es ist früher Morgen, die Bucht liegt noch im Schatten. Doch dann hüpft plötzlich Sonnenlicht über das Wasser und vertreibt den graublauen Dunst. Ein unwirkliches Licht! Ich streune durch den Wald am Strand, die Luft schwirrt seltsam. Welche Hühner es wohl waren, die hier vor langer Zeit ihr Zuhause hatten? War es eine wilde Tierart, wie zum Beispiel das Moorhuhn? Und gab es hier auch Sumpf? Eines steht jedenfalls fest: Flaches Gewässer sehe ich hier direkt vor mir. Nicht nur das Wasser der sanften, seichten Bucht, sondern auch Pfützen, auf denen unzählige geschliffene Glasscherben zu schweben scheinen, fließen in ein glitzerndes Mosaik zusammen. Ein kleines Dschungelflüsschen schlängelt sich durch das Unterholz. Leuchtende Flecken tanzen über sanfte Wellen. Hier und da sieht man verwunschene Tümpel, aus denen es geheimnisvoll gluckst. Ein Paradies für Wasservögel. Wer weiß, vielleicht war hier vor langer Zeit das seltene lilafarbene Sumpfhuhn mit seinem prächtigen bläulichen Gefieder und seinen himmelblauen Beinchen zu Hause. Und wenn ja, warum verschwand es? Wurde es ausgerottet? Wir wissen es nicht. Es bleibt ein Geheimnis, so wie die Bucht selbst.

Die Anse aux Poules Bleues ist ein merkwürdiger, verlassener, fast vergessener Winkel auf Mahé. Selbst die Küstenstraße wirkt hier seltsam fremd, stört aber nicht, im Gegenteil. Wie ein Geschmeide legt sie sich in die Landschaft. Rein und unverfälscht ist es hier; so wie die ständig neuen Farbnuancen, die mich in ihrer ungewohnten Kombination überraschen: fluoreszierende Sprenkel zwischen Blättern und Blüten.

Kein Wunder, dass sich hier an diesem malerischen Fleckchen ein Maler niedergelassen hat: Michael Adams, der vor über 40 Jahren aus England auf die Seychellen kam, fängt wie kein anderer den Zauber der Inseln in bunten Bildern ein.

Doch wo sind die *poules bleues*, die blauen Hühner?

Kein Gegacker, kein Scharren, keine auch nur so winzig kleine Spur des Federviehs. Ist es ihnen zu heiß? Verstecken sie sich im grünen, kühlen Tropendunkel?

Ich habe die Hühner nicht entdeckt. Doch ich bin sicher, sie strahlen in einem wundervoll blauen Federkleid. Selbst wenn es ganz normale Hühner sein sollten, ich bin sicher, Michael Adams hat mit Pinsel und Farbpalette etwas nachgeholfen.

Die Aprilhitze hat die Insel voll im Griff. Egal, mit wem ich auch spreche, es dreht sich alles nur um neue Temperaturrekorde. Mindestes sieben Achtel meiner Nachbarn und Freunde drohen, mehr oder weniger umgehend das Land zu verlassen, sollte nicht bald Abkühlung kommen.

Sie kommt nicht.

Freunde und Nachbarn bleiben. Trotzdem.

Schaue ich aufs Wasser hinaus, so kann ich immer weniger die Grenze zum makellosen Himmel ausmachen. Die beiden Blaus fließen ineinander, die flirrende Luft verwischt den Horizont. Es ist die Zeit, in der es auf den Seychellen nur noch eine Farbe gibt: *gro ble* – das fette, große Blau, das Marineblau, die Farbe des Meeres.

Es ist Karfreitag. Noch ist es Morgen, und die Badetasche wartet bereits an der Autotür, um mit uns zum Schwimmen zu fahren. Aber daraus wird nichts. Wir sind zu spät dran, die Straße ist gesperrt. Zunächst ist die Kreuzung blockiert durch eine Polizistin, die schon allein mit ihrer Körpermasse sämtliche Einmündungen abriegelt. Dann windet sich die riesige Schlange einer Prozession langsam den steilen Berg hinauf und ist nur noch hundert Meter von unserem Haus entfernt. Die Durchfahrt ist untersagt, ein Schwimmen gegen den Strom unmöglich. Immer wieder wird das schleichende Schlurfen der Gläubigen durch das eindringliche Murmeln von Bußgebeten und schwermütigen Chorälen unterbrochen.

Die Gemeinde steuert das kleine Kirchlein von La Salette an. Doch das Ziel ist weit. Und *soley karenm* ist auf dem Höhepunkt der Fastenzeit heißer denn je. Damit nicht genug. Der Priester ist in schwere liturgische Gewänder gehüllt.

Neben ihm läuft ein ausgemergelter Mann, den ich zunächst gar nicht richtig erkennen kann, weil er so stark vornüber gebeugt ist, dass er fast mit seiner Stirn den Asphalt berührt. Auf seiner Schulter trägt er ein wuchtiges Holzkreuz, das ihn zu Boden drückt.

Ich bin entsetzt. Der Arme keucht und schnauft und scheint jeden Moment einem Herzstillstand nahe. Er benötigt dringend etwas zu trinken, schreit es in mir. Ich renne zum Kühlschrank und hole die große blaue Plastikflasche mit dem Etikett von *Mont Josephine*. Dann flitze ich aus unserer Hofeinfahrt hinaus und halte sie ihm entgegen!

Ou bezwen delo? Brauchen Sie Wasser?

Ich rechne damit, dass der arme Kerl mir dankbar ist und umgehend in einem Zug die Flasche leert.

Doch es kommt ganz anders.

Der Priester faucht mich an und belehrt mich in klerikalem Französisch, das in seiner Härte und Kälte einen unerwarteten Gegensatz zu der Hitze des Tages bildet:

Non, pas maintenant. Il faut, qu'il souffre maintenant, comme notre Seigneur Jesus. Il ne veut pas de l'eau au moment.

Nein, nicht jetzt. Er muss jetzt leiden wie einst unser Herr Jesus. Er will im Moment kein Wasser.

Ehrlich gesagt, da bin ich mir nicht so sicher. Doch ich wage nicht, dem Priester zu widersprechen, und trotte wieder ins Haus.

Die Karawane zieht weiter. Na gut, dann trinke ich eben selbst. Und erlebe mein blaues Wunder, so rein und klar ist dieses Mineralwasser aus den Bergen. Immer wieder bin ich überrascht, wie viele leckere Sorten es auf den Seychellen gibt: so zum Beispiel aus den *Au Cap Springs*, den Quellen im südöstlichen Hinterland von Mahé. Oder aus der *Source d'Or* (Goldquelle), die auf Praslin liegt und deren Name eine ganze Menge mit Goldgrube zu tun hat, denn die Marketingexperten haben verstanden: Auf dem Etikett steht zu lesen, dass das Wasser den sauberen Hügeln rund um das Vallée de Mai entsprungen ist. Allein mit der Vorstellung, dass das Wasser aus dem Blätterwald der Coco-de-Mer-Palmen genauso einzigartig ist wie die Riesennuss selbst, will man für eine ordentliche Absatzsteigerung sorgen. Ähnliches gilt mit Sicherheit auch für das Wasser aus dem *Val Riche*, das im Nationalpark rund um den meist wolkenverhüllten Morne Seychellois, den höchsten der seychellischen Berge, gewonnen wird.

Am Flughafen und auf den internationalen Flügen von Air Seychelles darf man sich auf das *O'Seychelles* freuen, das aus Beolière im Nordwesten von Mahé stammt und in originelle viereckige Flaschen abgefüllt wird, die im Kühlschrank nicht umherkullern. Oder soll ich doch aus der *Source de Pasquerette* trinken?

Nein. Heute bleibe ich bei meiner wunderbaren tiefblauen Flasche (und zwar nicht nur bei einer einzigen), denn schon allein ihre Farbe verspricht mir Kühle und Erfrischung.

Wir befinden uns im heißesten Monat des Jahres.

Überall auf der Insel gibt es Karfreitagsprozessionen, überall schwitzen die Menschen und wanken wie in Trance einem gnadenlosen Priester hinterher. Auf ganz Mahé? Nein, in einem kleinen beschaulichen Ort zwischen Granitfelsen und einer Lagune sagt ein unbeugsamer Diener Gottes dieser Tortur den Kampf an.

In Plaisance vor den Toren Victorias hat Vater Louison das Regiment. Unbeugsam ist er deshalb, weil er solch eine kugelige Wampe vor sich herschiebt, dass ihm das Bücken und Knien unmöglich ist. Und genau aus diesem Grund hat unser cleverer Geistlicher, der aus dem Glutofen des Kongo stammt, eine ebenso geniale wie einfache Idee in die Tat umgesetzt: In seiner Gemeinde geht er den Kreuzweg nicht etwa hinauf, sondern schlicht und ergreifend hinab. Dafür fährt er mit seinem Pick-up zunächst den Berg hoch und beginnt oben mit ein bisschen Andacht und ein wenig Gesang hier und da und schleicht dann den Hang genauso langsam hinab, wie er ihn wohl auch hinauf gekrochen wäre. Jeder, aber wirklich jeder, kann sich also bei diesem Schneckentempo unter der brütenden Hitze sicher sein, dass alles seine Richtigkeit hat mit dieser Karfreitagsprozession – auch wenn sie in umgekehrter Richtung stattfindet.

Böse Zungen auf der Insel behaupten zwar, Pater Louison sei das langsamste Wesen im gesamten Indischen Ozean (ach was, im gesamten Universum), aber jeder ist mit ihm zufrieden – zumindest an Karfreitag.

In der Nacht donnern heftige Unwetter über die Insel. Doch diese Gewitter reinigen nicht die Luft. Der Karsamstag ist schwül und drückend. Die Sonne hat es nicht einfach, durch eine schwere und feuchte Wolkendecke zu dringen, und die Strahlen, die dennoch ihren Weg nach unten finden, stechen wie spitze Stacheln. Ich bewege mich wie im Delirium, und ich bin nicht die Einzige. Einige abermalige kurze Schauer, die sich erbarmen, machen das Ganze nur noch schlimmer. Die Erde dampft, und die Abkühlung bleibt nach wie vor aus.

Es ist eine Qual, mehr als nur eine kurze Hose und ein ärmelloses Top auf der Haut zu spüren. Der Stoff klebt in den schweißnassen Achseln und Kniekehlen. Mein Mister Fred flucht, als er in eine lange Hose schlüpft, doch es gibt kein Pardon. Es ist die Osternacht, und wir gehen in die Kirche. Für die Einheimischen ist eine heilige Messe weitaus mehr als nur ein Gottesdienst, der Besuch ist ein soziales Ereignis von großem Ernst. Und dementsprechend ernsthaft und wichtig ist die Auswahl der Garderobe: dem Anlass gemäße, festlich gediegene Kleidung. Da man uns ganz besonders beäugen wird, wollen wir nicht völlig aus dem Rahmen fallen und werfen uns in Schale. Die dreihundert Meter, die wir zu unserem Kirchlein in La Salette hinaufwandern, machen jedoch in wenigen schweißtreibenden Minuten fast alle Anstrengungen wieder zunichte.

Als wir ankommen, sind ein paar Männer dabei, trockenes Geäst für ein Osterfeuer aufzuschichten. Das Anzünden ist – so erfahren wir – alleine dem Priester vorbehalten, von dem jedoch keine Spur zu entdecken ist. Also warten wir. Und warten und warten. Währenddessen ist *Radio Bambou* auf Sendung, die seychellische Gerüchteküche. Normalerweise wird dann getratscht und gelästert, was das Zeug hält. Doch heute ist einzig und allein die unsägliche Hitze Thema, und jeder bestätigt, dass es noch nie – NIE IM GANZEN LEBEN – so heiß auf den Inseln war wie in diesem April.

Haben wir das nicht schon mal gehört?

Endlich kommt der Priester, schnaufend und triefend. Er zündet das Osterfeuer an, doch das will nicht brennen. Stattdessen qualmt und stinkt es gewaltig, und die Menge murrt. Der Priester hat ein Einsehen und steckt kurzerhand mit einem noch auf die Schnelle gesegneten Feuerzeug die Osterkerze an. Dann geht es endlich in die Kirche.

Dass es draußen trotz Dunkelheit noch immer sehr heiß ist, wussten wir ja bereits. Doch dass im Inneren des Gotteshauses so hohe Temperaturen wie im Cockpit eines Formel-1-Rennwagens beim Großen Preis von Abu Dhabi herrschen, das konnten wir nicht im Ansatz erahnen. Kein Hauch, keine Ventilation, nur jede Menge abgestandener Betstuhlmief ohne ein Quäntchen Sauerstoff, dafür aber reichlich menschliche Ausdünstungen.

Die Kirche ist übervoll, ein Großteil der Gläubigen auch.

Mir wird schwummrig. Die einsetzende Musik lenkt mich ein wenig ab, doch das altersschwache Keyboard ist verstimmt, und der Organist ist es ebenfalls, weil er sich ständig verspielt.

Die Übelkeit nimmt zu. Wie gut, dass ich meine Flasche Wasser dabeihabe.

Anderen geht es deutlich schlechter. In der Reihe vor mir ringt eine korpulente Mittfünfzigerin um Luft. Sie schließt die Augen und geht in die Knie, und das hat nichts mit andächtigem Beten zu tun. Ihre linke Banknachbarin fächelt ihr Luft zu, und die rechte holt aus ihrer Handtasche ein tiefblaues kleines Fläschchen hervor. Daraus träufelt sie sich einige Tropfen seltsamer Flüssigkeit auf die Hand, lässt schnell die Schwächelnde daran schnüffeln und benetzt anschließend deren Schläfen.

Fler-d-oranz, so heißt sie auf Kreolisch, diese geheimnisvolle Tinktur aus mediterranen Orangenblüten, die irgendwann um 1890 mit einem französischen Siedler oder dessen Frau auf die Insel kam. Sie wirkt wahre Wunder. Vor allem, wenn man daran glaubt. Nach diesem Prinzip arbeiten auch zwei südfranzösische Parfümproduzenten im Hinterland von Cannes: Sowohl das Unternehmen Monteux in Vallauris als auch das Haus Gazignaire in Pegomas hätten – so erzählt man sich hinter vorgehaltener Hand – längst dichtmachen müssen, wäre da nicht ihr Exportschlager *Fleurs d'Oranger*: Einzig und allein dessen immens hohe Nachfrage durch die Seychellois soll auch heute noch das wirtschaftliche Überleben der Destillerien sichern.

Die Gerettete schlägt die Augen auf, plustert und schüttelt sich wie ein nass gewordenes Huhn, zupft an ihrer Bluse herum und streicht den bunten langen Rock gerade. Sie schlägt drei Kreuzzeichen. Das kleine blaue Wunder mit seinem Inhalt hat wieder einmal geholfen.

Der Gottesdienst geht weiter.

Es wird feierlich und schön. Die mit Inbrunst gesungenen Lieder verzaubern uns, die Gemeinschaft vereint uns, und wir werden von einer innigen Freude ergriffen.

Allerdings entscheiden wir uns nach zweieinhalb Stunden, die Messe zu verlassen. Der Priester hat gerade angekündigt, fünf Säuglinge zu taufen. Das kann dauern. Und ich besitze kein *fler-d-oranz*. Hunderte von Augenpaaren verfolgen uns, deren Ausdruck von beleidigt bis verständnislos, von mitleidig bis verständnisvoll reicht. Die meisten aber verabschieden uns freundlich nickend und flüstern uns den Ostergruß zu: *jwaye pak* – *„Joyeuses Pâques!"* – frohe Ostern!

Tatsächlich: Wir fühlen uns gesegnet und beschützt. Das nachtblaue Firmament und das glitzernde, zum Greifen nahe Kreuz des Südens spenden vertraute Geborgenheit. Wir sind sicher: Der Herrgott wird nichts dagegen haben, dass wir hier den Gottesdienst in einen Dienst an Gott umwandeln und in innerer Andacht verweilen. Und ein bisschen Brot und Wein finden sich auch, um dem ersten Abendmahl vor rund zweitausend Jahren würdig zu gedenken.

Ostern ist vorbei, doch der Alltagsrhythmus will sich nicht so richtig wieder einstellen. Bislang wusste ich zwar, dass es eine Kältestarre gibt, aber eine Hitzestarre war mir bisher unbekannt. In heißen Wellen klettert glühende Luft den Berg hinauf und nistet sich in den Spalten zwischen den Granitfelsen ein. Wie eine Würgeschlange legen sich die Temperaturen über 30 Grad um den Brustkorb und drücken langsam zu. Irgendwann aber lockert sich dieser Griff, und das beklemmende Gefühl weicht dem sanften, aber bestimmten Druck einer herzlichen Umarmung.

Trotz – oder vielleicht gerade wegen – der Hitze sind es schöne, wunderschöne Tage. Ich sauge die gleichmäßig heiße Luft in mir auf, schmecke sie und lasse sie auf der Zunge zergehen. Sie wirkt wie ein alter schwerer Rotwein und entfaltet mit jedem Schluck mehr ihr Aroma. Das Meer ähnelt glatten blauen Kacheln aus Emaille, die es sich zwischen den Buchten gemütlich gemacht haben. Das Wasser hat eine magische Anziehungskraft. Träge schwappt es in einem einschläfernden Rhythmus.

Das Meer ist unnatürlich blau. Blauer als jeder künstliche Anstrich eines Schwimmbads. Ich schwimme weit hinaus. Und ich kann weit, weit hinunter schauen, bis auf den Grund. Ohne Schnorchelbrille! Kleine Büschel mit Seegras, die wie auf Mini-Sanddünen sitzen, winken mir freundlich zu. Dazwischen flitzen neonblaue Minifische in herrlich anmutigen Schwärmen hin und her. Einige Seeigel hocken als vorwitzige Stachelkugeln dazwischen, aber so tief unten, dass ich mir keine Sorgen machen muss, in die pechschwarzen Nadeln hineinzutreten.

Nie habe ich ein so weiches und klares Wasser erlebt.

Von den Einheimischen hat jeder so seine eigene Art, mit der Hitze umzugehen. Die Busfahrer haben – wie der kongolesische Priester aus Plaisance – eine genial einfache wie auch wirksame Methode gefunden, um in Ermangelung einer Klimaanlage für Abkühlung zu sorgen. Sie lassen nicht nur beim Ein- und Aussteigen, sondern auch während der Fahrt einfach alle Türen der Busse offenstehen und nehmen auch gerne in Kauf, dass zum Beispiel bei einem Bremsmanöver ein paar Insassen hinauspurzeln.

Brutal?

Nö, sagt ein Busfahrer, den ich hier namentlich nicht nennen möchte, wir sind sowieso genug auf der Insel, und dabei grinst er diabolisch.

In der Tat: Vor den Bussen nehme ich mich in Acht, denn nicht nur in, sondern auch mit ihnen erlebt man wirklich schnell sein blaues Wunder. Sie sind meist breiter als eine Fahrbahn, rasen wie die Henker, schneiden die Kurven, veranstalten waghalsige Überholmanöver und fahren so dicht auf, dass man nicht wagt zu bremsen, sondern stattdessen die gefährliche Flucht nach vorne sucht. Sie sind tatsächlich blau, doch die meisten sind so heruntergekommen, dass der einstmals glänzende Lack matt und fahl geworden ist. Wie viele es von diesen fahrenden Geschossen auf den Seychellen aktuell gibt – man weiß es nicht genau. In Indien von der Firma Tata gebaut, sind sie eigentlich viel zu groß für die kleinen Straßen auf Mahé und Praslin. Nur dort und nirgendwo sonst im Archipel verkehren sie.

Und vor allem, weil sie eben eine Nummer zu groß für die kleinen Seychellen sind, bauen sie ständig Unfälle. So ist eine diskrete Anzahl von Tata-Bussen täglich außer Gefecht gesetzt, weil sie kaputt sind, in der Werkstatt repariert werden müssen, keine Ersatzteile zu beschaffen sind oder weil sie einfach im Straßengraben liegen und mangels Abschleppwagen nicht geborgen werden können.

Ungefähr 250 Busfahrer träumen auf insgesamt täglich 1500 Fahrten davon, die Karriere eines Michael Schumacher oder Jenson Button einzuschlagen. Für den, der es wagt mitzufahren, ist die Sache ein billiges Vergnügen: Eine einfache Fahrt kostet schon seit Menschengedenken 5 Rupees, etwas weniger als 0,30 Euro. Während der letzten Jahrzehnte ist dieser Preis trotz der Erhöhung der Mehrwertsteuer und trotz aller Währungsschwankungen und Preiserhöhungen absolut stabil geblieben. Wer aussteigen will, klingelt entweder an den entsprechenden Schaltern oder brüllt einfach, falls die Klingeln nicht gehen, der Busfahrer pennt und in absehbarer Nähe ein auf der Fahrbahn aufgemalter *bus stop* oder irgendein anderer geeigneter Platz zum Anhalten in Sicht ist:

Devan! Da vorne!

Und ich: Ich steige lieber gar nicht erst ein.

Ich gehe lieber ans Wasser, dieses Mal in die flachen Teiche der Anse La Mouche. Es ist ein Sonntag am späten Nachmittag. Ich dümple im seichten Nass – zum Schwimmen eigentlich viel zu flach, aber zum Relaxen ideal! Mein Gesicht ist der Sonne zugewandt. Der Po darf sich wie bei der Prinzessin auf der Erbse auf das weichste aller Sandkissen im Wasserbett kuscheln.

Ich vergesse Zeit und Raum.

Drüben an dem ehemaligen Restaurant *Oscar* hat ein verliebtes Pärchen sein Lager aufgeschlagen. Von weit her klingen leise romantische seychellische *love songs*. Ein natürlicher, zarter und unaufdringlicher Friede breitet sich aus. Er schafft diesen Moment, in dem nicht nur ich, sondern alles um mich herum mit der Welt im Reinen ist.

Die Sonne geht unter.

Das Leben kriecht vor sich hin. Wie beim großen Regen geht bei großer Hitze alles etwas langsamer. Je älter der April wird, desto mehr verzichtet er auf Regen und auf das eine oder andere Lüftchen sowieso. Die Zeit der Kalmen ist gekommen, die Flauten beherrschen den Äquatorgürtel. Und auch die Seychellen zählen nun zu den windstillen Gebieten, die sich klammheimlich auf den Monsunwechsel von Nordwest nach Südost vorbereiten. Doch noch ist es nicht so weit. Und das ist gut so, denn jetzt ist die beste Zeit zum Schwimmen, Schnorcheln, Tauchen. Und zum Island Hopping.

Als ich unsere Tickets in der Stadt abhole, treffe ich Bernard. Ich wedle stolz mit unseren Reisedokumenten und erzähle, dass wir uns für zwei, drei Tage auf eine andere Insel absetzen wollen. Er fragt inquisitorisch, wie eben Anwälte fragen: *inner, outer or outlying?*

Damit spielt Bernard auf die Einteilung der ungefähr 120 Inseln an, nämlich in Innere, Äußere und Abgelegene Inseln.

Ich berichte, dass wir nach Bird Island wollen, und meine siegessicher: *outlying*, oder?

Von wegen: Bird ist zwar diejenige Insel, die von Mahé aus am weitesten im Nordwesten liegt. Und vom südlichsten Zipfel, dem Aldabra-Atoll, liegt sie sogar ganze 1200 Kilometer entfernt. Aber deshalb ist Bird noch lange nicht *outer*. Und *outlying* erst recht nicht.

Bernard versucht zu erklären. Die Inseln, so doziert er, werden in erster Linie nicht nach ihrer Lage, sondern nach ihrer geologischen Beschaffenheit unterschieden, also nach Granitinseln und Koralleninseln. Und erst dann kommt die weitere Klassifizierung, je nachdem, wie weit sie von der Hauptinsel Mahé entfernt sind.

Wenn Du mehr darüber wissen willst, so Bernard, dann schnapp Dir die seychellische Verfassung. Darin findest Du das gesamte Hoheitsgebiet unseres Landes exakt beschrieben.

Dumm nur, dass ich gerade die Gesetzessammlung nicht zur Hand habe, sage ich zu Bernard. Dieser hat ein Einsehen mit mir und erteilt mir eine kleine Lektion in Geografie und seychellischer Landeskunde:

All granitic islands are Inner Islands, but not all Inner Islands are granitic.

All Outer Islands are coralline, but not all coralline Islands are Outer Islands.

All Outlying Islands are coralline, but not all coralline islands are Outlying Islands.

All outer Islands are Outlying Islands, but not all Outlying Islands are Outer Islands.

Some Outlying Islands are Inner Islands.

Some coralline islands…

Oh hell, what's the point, rufe ich.

Verflixt, was ist der springende Punkt, worauf willst Du hinaus?

Bernard lächelt nur und verabschiedet sich mit dem Hinweis auf den Beginn einer dringenden Sitzung in der Anwaltskammer und einer der üblichen Bemerkungen über die schreckliche Hitzeperiode. Dann lässt er mich ratlos zurück.

Die Landkarte hilft mir weiter – wenn auch nur ein bisschen. Bird Island ist zwar eine Koralleninsel, so wie alle Äußeren Inseln. Da sie aber vergleichsweise nah bei Mahé liegt und in nur einer halben Flugstunde zu erreichen ist, darf sie sich dennoch zu den Inneren Inseln zählen.

Das kleine 19-sitzige Flugzeug schnurrt auf seinem Weg durch die Lüfte wie eine Katze, die es sich auf dem endlos weichen Samtkissen zwischen Himmel und Meer bequem gemacht hat. Ich fühle mich schwerelos. Als wäre ich im All:

Oben blau, unten blau. – Heute blau, morgen blau.

Tatsächlich, das viele Blau macht mich ganz betrunken. Ein regelrechter Farbenrausch!

Dann endlich die Landung auf dem kleinen Inselchen, das aus der Vogelperspektive wie ein sorgsam zusammengekehrtes Häufchen aus Sand, Korallen und grünem Geäst aussieht.

Die Hitze ist hier noch intensiver als auf Mahé, sie injiziert ihr Phlegma in meine Blutbahnen. Ich wehre mich nicht mehr. Schon gar nicht in der blauen Stunde. Im Rauschen des Meeres, dem feinen Singen der Bäume, dem Rufen der Vögel, der klingenden Stille meine ich, plötzlich Gershwins *Rhapsodie in Blue* zu hören. Warum auch nicht? Beschwingte Leichtigkeit, gepaart mit einer unglaublichen Melancholie – abgrundtief wie da draußen das Blau, das vor Bird am *drop-off* mit einem Mal über zweitausend Meter in die Tiefe stürzt.

Wenn der April bislang mein blauester Monat war, so ist für mich Bird Island das blaueste Wunder, das ich je erlebt habe.

Die Mischung aus Azur, Aquamarin und Ultramarin, Indigo, Kobalt und Türkis ist geradezu unwirklich. Ich lasse mich Ewigkeiten im Wasser treiben, den Blick zum Land und in den Himmel. Danach sitze ich am Strand, sitze am Rand des Universums und schaue hinaus aufs Wasser.

Es ist so blau da draußen am Horizont, dass mir eine englische Redewendung in den Sinn kommt.

One day, I am going into the blue yonder.

Eines Tages – so könnte man die Wendung wörtlich übersetzen – gehe ich in das jenseitige Blau, in das blaue Jenseits. Jenseits hat dabei nicht direkt etwas mit dem Tod zu tun. *The blue yonder* steht hier eher für ein unbestimmtes Ziel, etwas bislang Unerreichtes, dessen Umrisse im blauen Dunst nur unscharf auszumachen sind. Doch plötzlich spüre ich es ganz deutlich: Irgendwann breche auch ich zu einem wunderbaren Ort auf, von dessen Existenz ich jetzt vielleicht noch gar nichts ahne.

Oder habe ich in Bird Island bereits diesen Ort gefunden? Wer weiß…

kakatwa ek bennyen brenzel

(für 2 Portionen)

2 ganze *kakatwa* oder eine entsprechende Menge an Papageienfisch-Filet (über Internet erhältlich; falls nicht vorhanden, dann z.B. frische Forellen oder Kabeljau-Rückenfilet im Ganzen nehmen); für die Panade etwas Mehl; außerdem Butter zum Braten

1 dicke Aubergine und etwas Salz

1 Ei, etwas Mehl, ca. ½ Glas Bier, Salz und Kurkuma nach Belieben für den Teig

Öl und Küchenpapier zum Ausbacken

* * *

Aubergine in ca. 5-7 mm dicke Scheiben schneiden, salzen und warten, bis Wasser austritt; dieses dann abtupfen. Ei trennen, Eiweiß zu steifem Schnee schlagen, Eigelb mit Bier schaumig rühren, soviel Mehl einrühren, bis ein leicht zähflüssiger Teig entsteht, dann Eiweiß unterheben, Salz und Kurkuma dazugeben und nochmals leicht aufschlagen. In einer großen Pfanne Öl (noch besser: Kokosfett/Palmin) erhitzen, dann Auberginenscheiben in Teig wälzen und vorsichtig goldgelb ausbacken. Auf Teller mit Küchenpapier geben und entfetten. – Fisch säubern, salzen und in Mehl wenden. In einer Pfanne bei mittlerer Hitze in Butter backen.

* * *

Dazu passt ein Dip, ein *satini* (Chutney aus geraspelten Früchten) oder eine fruchtige *sos kreol* aus geschmorten Zwiebeln, Ingwer, Knoblauch, Chili, Kreuzkümmel und passierten Tomaten.

Mai

Wort bzw. (Aus-)Spruch des Monats: ***grigri!***
Gericht des Monats: ***kari zourit***
Getränk des Monats: ***Kaffee oder Tee?***

Black Magic Man

Wie fast überall in der mir bekannten Welt ist auch auf den Seychellen der 1. Mai ein wichtiger Feiertag. Schon Tage zuvor haben sich die Buchten herausgeputzt. Luftballons und Girlanden zieren die Geschäfte und schmücken die Restaurants. Auch in der Kirche von Anse Royale herrscht hektische Betriebsamkeit, denn der Präsident hat sein Kommen angesagt. An der Kreuzung zu Les Canelles sind links und rechts wie von Zauberhand eine Festwiese und ein Jahrmarkt entstanden. Kleine Verkaufsstände haben sich brav in Reih und Glied aufgestellt. Dazwischen befindet sich ein monströses hölzernes Etwas auf Bambuspfeilern, das eine gewagte Dachkonstruktion abgibt, halb mit Palmblättern, halb mit Wellblech gedeckt. Offenbar soll es so etwas wie eine Bühne abgeben. Auch hier sieht man die unverwüstlichen Requisiten, ohne die tropische Ausgelassenheit gar nicht erst entstehen würde: Girlanden und Luftballons.

Der Tag beginnt mit einem furiosen Sonnenaufgang, großer Hitze und perfektem Feiertagswetter, doch schnell schieben sich mächtige dunkle Wolkengebirge von Osten herein.

Von Osten? Tatsächlich! Der Wind hat nach einem halben Jahr zum ersten Mal so richtig gedreht!

Das wird jetzt öfter passieren, denn der *vannswet*, wie der Südost-Monsun auf Kreolisch heißt, klopft an. Zunächst ganz sachte, leise. Dann immer häufiger, lauter. Und schließlich wird er, so weiß ich schon jetzt am ersten Tag im Mai, gegen Ende des Monats stetig und stark die Inseln belüften.

In die hitzegeschwängerte Luft schleicht sich hin und wieder ein schüchterner kühler Hauch ein. Fast kommt es mir so vor, als hätte jemand im hintersten Winkel der Welt eine Tür zu einem Kühlhaus kurz auf- und dann schnell wieder zugemacht. Mit diesem leisen Wind kommt ein feiner leichter Regenschleier wie aus einem Zerstäuber.

Die Berge sind eingehüllt in einen dichten Nebel. Noch immer nieselt es. Ob der Regen wohl stärker wird? Besser wir fahren nicht in die Anse Royale, denn momentan sieht es ganz nach durchweichten Maifeierlichkeiten unter klatschnassen Palmen auf matschigem Sandboden aus. Wir beschließen also, zu Hause zu bleiben.

Dann ganz plötzlich ein Hoffnungsschimmer!

Ein Regenbogen über dem Bergmassiv! Und das Nieseln ist weniger geworden. Jetzt raffen wir uns doch auf zu einem traditionellen Maiausflug. Er besteht aus einer Wanderung über das Grundstück. Obwohl wir meinen, jeden Quadratzentimeter zu kennen, entdecken wir doch stets etwas Neues. Die *karanbol* werden reif und die Bäume schmücken sich mit ihren orangefarbenen Sternfrüchten. Und auch im Santole-Baum ist etwas los: Wie Tennisbälle hängt das Obst in den Ästen, mit seinen kleinen, samtig behaarten Kugeln, die herrliche Saftspender sind. Das wissen auch diejenigen, die nebendran hängen: dösende fliegende Hunde.

Es regnet übrigens nicht mehr.

Wir hören – wie altmodisch! – ganz still und andächtig die Ansprache des Präsidenten zum 1. Mai im Radio. Patriotisch ist sie, vielleicht sogar motivierend:

This year is dedicated to patriotism, making Labour Day special. Greater love for our country is inspiring us in all that we do. We continue our march on the road of progress. United we remain strong.

Die Rede dauert zum Glück nicht allzu lange. Die Quintessenz ist einfach: Arbeiter, widmet euren Einsatz, eure Leidenschaft unserem Land! Dann haben wir Erfolg. Gemeinsam sind wir – nein, bleiben wir – stark!

Darauf trinken wir ein kühles *Seybrew*.

Auf der Terrasse.

Denn es ist weiterhin kein Regen mehr in Sicht.

Als sich der Tag zu Ende neigt, als die ersten dunklen Finger des Abends in den Palmen spielen, maunzt es plötzlich auf der Terrasse. Zwei bernsteinfarbene Augen schauen mich flehend an. Eine kleine schwarze Katze hat den Weg zu uns gefunden. Noch etwas verschreckt, hat sie sich unter dem Geländer versteckt. Aber der Hunger macht ihr Mut. Ihr Miauen wird kräftiger, fordernder.

Eine Dose Thunfisch schafft Abhilfe.

Und eine neue Freundschaft.

Weil Katzen einen Namen brauchen, uns aber nichts Besseres einfallen will, nennen wir sie ohne Rücksicht auf ihr Geschlecht einfach: die Schwarze.

Dann folgen stille Tage. Sie gleiten wie die Perlen einer Kette durch die Hand, seidig, schimmernd und glatt. Die Stunden im Schatten einer majestätischen Palme werden zur Ewigkeit, Nebensächlichkeiten wie das Rascheln ihrer Blätter gewinnen an Bedeutung und füllen das Herz.

Die Schwarze, übrigens ein Kater, ist längst Dauergast bei uns geworden. Ihr Tagesablauf ist weitaus einfacher strukturiert als unserer. Entweder frisst sie, oder sie hockt träge auf einem unserer Korbsessel und putzt sich. Oder sie schläft im Schuhschrank, das Höchste der Gefühle.

Eines Tages, genauer gesagt am Feierabend eines warmen, sonnigen und luftigen Mittwochs, der in Deutschland als die „Kalte Sophie" bekannt ist, schrecken wir auf: Reifengequietsche vor unserem Haus, Motorengestotter und schließlich das Geräusch der fast versagenden Handbremse eines uralten Autos.

Zwei ratlos dreinblickende Männer steigen aus und öffnen knarrend die Motorhaube.

Hello, Sir, ruft der eine und meint damit meinen Mister Fred, der sich auch sogleich an den Ort des Geschehens begibt. Ich beobachte das Ganze zusammen mit der Schwarzen aus respektvollem Abstand und bleibe auf der Terrasse. Frauen haben bei der Behebung einer Autopanne ohnehin nichts zu suchen, das ist Männersache… in Deutschland wie auch auf den Seychellen.

Do you have a screwdriver?

Sorgenvolle Falten erscheinen auf der kakaofarbenen Stirn des Fahrers.

Einen Schraubenzieher?

Mein Mister Fred marschiert schnurstracks in die Garage und kommt wieder zurück. Aber nicht etwa mit einem Schraubenzieher, sondern mit einem kleinen Kanisterchen.

You don't need a screwdriver!

Eine klare Ansage, die die beiden Männer recht kleinlaut werden lässt. Dann schließt mein Mister Fred vorsichtig die klapprige Motorhaube, öffnet stattdessen den reichlich verrosteten Tankdeckel und füllt sorgsam einige Liter Benzin nach.

Die Karre springt sofort an.

Fahrer und Beifahrer staunen nicht schlecht. Sie tuscheln irgendetwas auf Kreolisch, dann zieht der eine einen zerknüllten 100-Rupee-Schein aus seinen verschlissenen Shorts und will ihn meinem Mister Fred überreichen.

Doch der winkt ab. Ist schon in Ordnung, sagt er, aber seht zu, dass ihr gleich zur nächsten Tankstelle fahrt.

Versprochen?

Aber ja doch!

Doch die beiden steigen noch nicht wieder ein. Woher er denn gewusst habe, dass nichts am Motor fehlt, sondern nur Benzin?

Mein Mister Fred lächelt vielwissend.

Da deutet der eine plötzlich Richtung Terrassenpforte, wo noch immer die Schwarze liegt und mit ihren durchdringenden Pupillenschlitzen alles beobachtet.

Auf einmal haben es die beiden sehr eilig. Ich höre noch, wie der Fahrer beim Einsteigen mit gehetztem Blick auf die Schwarze und meinen Mister Fred flüstert: *Black magic man.* Und der Beifahrer erwidert verschreckt: *Oui, grigri.* Dann donnert das altersschwache Auto die Bergstraße hinauf.

Grigri, das sollte ich fortan noch öfter hören. Das ist die unsichtbare Macht, die auf den Seychellen alles zusammenhält: eine Mischung aus Aberglauben, magischem Kult und übersinnlichen Kräften. Die wichtigsten Requisiten sind hellseherische Fähigkeiten, im Optimalfall Hühnerknochen und Federn, sonstiger Budenzauber und natürlich: eine schwarze Katze. Die ist auch hier auf den Inseln ein unverzichtbarer Helfershelfer der Hexen und Zauberer. Zusammen mit unserer Schwarzen hat also mein Mister Fred einen *grigri* geschaffen, mit dem er sofort die wahre Ursache der Autopanne erkannt hat und auch beheben konnte.

Fürwahr, mein Mister Fred ist ein echter *black magic man!*

Zwei Tage später wiederholt sich fast das gleiche Spektakel: Dieses Mal erwischt es einen Pick-up, der etwas schwach auf der Brust ist. Wieder bleibt das Gefährt direkt vor unserer Hofeinfahrt stehen, wieder bitten zwei Männer um Werkzeug. Wieder bringt mein Mister Fred mit siegessicherem Grinsen einen Ersatzkanister mit Benzin.

Und wieder überwacht die Schwarze das ganze Geschehen.

Als dann das Gleiche zum dritten Mal innerhalb einer Woche passiert (dieses Mal erwischt es den pinkfarbenen Kleinstwagen von Kennys Exfreundin), weiß auch ich: Das ist *grigri*.

Mein *black magic man* kann auch in diesem Fall helfen. Und die Schwarze weicht nicht von seiner Seite.

Wenig Tage später kommt Steven vorbei.

Steven, hallo! Wie geht es Dir? Was verschafft uns die Ehre?

Zugegeben: Etwas wundern wir uns schon, denn Steven kommt selten unverhofft und lässt sich meistens sehr bitten, wenn es um Baumfällarbeiten oder Schlingpflanzenbeseitigung geht. Beides hatten wir gerade nicht in Auftrag gegeben.

Steven räuspert sich etwas verlegen, dann schaut er vorsichtig auf die Terrasse. Natürlich räkelt sich dort gerade die Schwarze genüsslich in der Sonne und betreibt hingebungsvoll Fellpflege.

So it's true, sagt Steven.

Was ist wahr, wollen wir wissen.

Ich habe gehört, dass Mister Fred ein… äh… ein… ähem… *black magic man* ist!

Mein Mister Fred und ich zwinkern uns zu. Die Sache mit den übersinnlichen Kräften bei der Autopanne hat sich also schon in der Nachbarschaft herumgesprochen.

Mister Fred und ich zwinkern uns noch mal zu.

Aaaach soooo, meine ich. Ja, wusstest Du das denn nicht, Steven?

Steven stutzt. Irgendwie ist ihm das Ganze nicht geheuer, das merke ich sofort. Und als ich ihn dann zu einem Softdrink auf die Terrasse bitte, den er sonst nie ablehnt, zögert er:

Not today. Maybe tomorrow.

Der Mai auf den Seychellen ist schön, wunderschön. Er bringt eine unglaubliche Farbenpracht auf die Inseln, vor allem während der Sonnenuntergänge. Zwischen orangefarbenen Himmelsstreifen segeln türkisfarbene Wolkenboote. Auf das Meer regnen unzählige rotglühende Funken. Die Abende werden frischer, denn so ganz allmählich macht sich aus den Abgründen dieser Welt der Südost-Monsun auf den Weg zu uns. Dort, wo jetzt auf der Südhalbkugel der Winter beginnt, sammeln sich kühle Winde, die ganz allmählich hier auf den Inseln ankommen. Doch noch zögern sie, und der Nordwest-Monsun gibt nicht kampflos auf. In der Nacht braust das Meer mit all seiner Kraft gegen die Felsen in der Anse Louis, stärker denn je, so als gäbe es kein Halten mehr.

Dann kommt der Vollmond. Ich bemerke, dass die Nachbarn etwas schneller als sonst an unserem Haus vorbeigehen, den Blick stets leicht verängstigt auf die Schwarze gerichtet, deren Lieblingsplatz nach wie vor an der Terrassenpforte ist, von der aus sie das Sträßchen und die Passanten beobachtet.

In der Vollmondnacht jaulen die Hunde. Und der *katiti* ruft, der seychellische Turmfalke, der sich gerne bei uns in den Höhen des Hausdaches aufhält. Beides eindeutige Anzeichen dafür, dass in der Geisterstunde ein *nanm*, ein irrende Seele, ein Gespenst, sein Unwesen treiben wird. Oder dass sich sogar ein *dondosya*, ein auferstandener Toter, eine rastlose Leiche, auf den Weg macht. Der Friedhof von Anse Boileau ist schließlich nur einen Steinwurf von unserem Haus entfernt, und darin wohnt ja bekanntlich ein *black magic man*…

Der *dondosya* ist zusammen mit den Sklaven der Yao, einem Volksstamm aus der Region des Malawisees, vor ungefähr 200 Jahren auf die Seychellen gekommen. Genauso wie der restliche Aberglaube auf den Inseln entstammt auch dieser dem innersten Afrika und ist immer noch tief in der christlichen Bevölkerung verwurzelt, zum Leidwesen so mancher Priester.

Am nächsten Tag hupt es unten vor der Hofeinfahrt. Ich sehe den kleinen blauen Flitzer von Patsy, Stevens Frau, und beginne schon, mich zu wundern, warum sie im Auto sitzen bleibt, als sie noch einmal hupt.

Okay, okay, ich komme ja schon!

Hi Patsy, komm doch rauf auf die Terrasse.

Doch Patsy bleibt wie festgeklebt auf ihrem Fahrersitz und schaut mich störrisch an.

Was ist los, will ich wissen.

Patsy zögert. Und dann erklärt sie mir umständlich, sehr, sehr umständlich, dass sie es nicht wagt, das Seil vor der Hofeinfahrt auszuhängen und mit dem Auto reinzufahren, wie sie es sonst immer macht.

Aber wieso denn, Patsy?

Patsy zögert wieder.

Ich weiß ja nicht, traut sie sich schließlich mit halblauter Stimme zu sagen, ich weiß ja nicht, ob Mister Fred Elektrizität in dieses Seil gelegt hat.

Ich stutze. Und das nicht nur wegen dieser ungewöhnlichen Formulierung.

Eigentlich ist Patsy eine junge patente Frau, Mitte 30, mit einer modernen Weltanschauung. Als Lehrerin in der Schule von Anse Boileau wird sie doch wohl wissen, wie und wo Strom fließt.

Oder?

Aber offenbar hat Steven, ihr Ehemann, ausführlich von den Zauberkräften meines Mister Fred erzählt. Ich bemühe mich gar nicht erst, ihr den *black magic man* auszureden, sondern hänge nach einigen prüfenden Blicken das Seil vor der Hofeinfahrt aus. Patsy parkt vorsichtig ihren Wagen und steigt dann mit einer reichlich zerfledderten Plastiktüte aus.

Schau mal, was ich Dir zum Kochen mitgebracht habe, ruft sie stolz.

Die Tüte ist schwer und irgendwie schwabbelig.

Ein *zourit* – ein Oktopus – befindet sich darin!

Ich freue mich riesig, denn für mich ist alles, was aus Oktopus zubereitet wird, der Inbegriff der wahren kreolischen Küche! Vergeblich hatte ich in den vergangenen Tagen nach den Oktopusfängern Ausschau gehalten. Das sind zähe Burschen, Einzelgänger, die draußen kurz vor dem Riff stundenlang im seichten Wasser tauchen. Meist sind sie mit einem alten angespitzten Stück Baustahl bewaffnet, mit dem sie in irgendwelchen Korallenbänken herumstochern, um die intelligenten Kraken aufzuscheuchen und mit einem einzigen gezielten Stoß zu erlegen. Zuvor haben sie in aller Herrgottsfrühe am Strand in mühevoller Kleinstarbeit mit blanken Händen dunkle Krebslöcher im weichen Sand ausgehoben, um an geeignete Köder heranzukommen.

War der Fang erfolgreich, so marschieren die Jäger am Straßenrand gut sichtbar mit ihrer Beute zum nächsten Fischstand, um dort ihre frische Ware schnellstmöglich zu verkaufen. Ich habe mir angewöhnt, immer dann, wenn ich einen der Jungs auf dem Weg dorthin sehe, direkt zu fragen:

Zourit a vann? Oktopus zu verkaufen?

Nichts lieber als das!

Heute aber erspart mir Patsy diese Prozedur. Einen fetten Kerl hat sie mir da in den Beutel gepackt, bestimmt zwei Kilo schwer, im Gegenwert von ungefähr 300 Rupees. Als ich mich daranmache, sie auszuzahlen, winkt sie ab. Geht schon in Ordnung, sagt sie. Einzige Bedingung: Du machst aus den einen vier Beinen einen schönen Oktopussalat und aus den anderen vier ein echtes *kari zourit.*

Versprochen?

Oje! Ein Oktopus-Curry! Das schmeckt zwar himmlisch, ist aber, wenn man es richtig auf die uralte seychellische Art zubereitet, eine Heidenarbeit, weil dabei selbst gemachte Kokosnussmilch ein absolutes Muss ist. Im Geiste sehe ich mich schon auf einem alten wackligen Schemel sitzen, vor mir ein in den Boden gerammter Stock, darauf eine *grat* – eine Reibe in Form eines meist rostigen gezackten Metallblattes, über das ich dann die geöffnete Kokosnuss stülpe und in stundenlanger Raspelarbeit das weiße Innere ausschabe, in eine Schüssel gebe, in heißes Wasser einweiche und schließlich in einem Tuch auspresse. Ein Muskelkater im Unterarm und eine Sehnenscheidenentzündung sind vorprogrammiert. Und außerdem stellt sich mir die quälende Frage: Wie bekomme ich vorher überhaupt die Kokosnuss auf?

Ich werde Patsy lieber nicht sagen, dass ich noch eine kleine Konservendose mit importierter Kokosmilch aus Malaysia im Küchenschrank habe.

Patsy erklärt mir noch, dass sie den Oktopus bereits für mich geputzt hat. Auch den harten Schnabel und den Beutel mit der *kaka zourit*, der Tinte, hat sie schon entfernt. Ich bedanke mich dafür.

Obwohl, sage ich zu ihr mit einem Augenzwinkern, vielleicht hätte unser *black magic man* die schöne schwarze Tinte noch für irgendetwas brauchen können.

Patsy findet das gar nicht witzig und macht sich schnell davon.

Ich gehe in die Küche und widme mich meinem achtbeinigen Kameraden, der vor mir als schlüpfriges Etwas im Spülbecken liegt. Merkwürdig, was da in ihm vorgeht. In seinen Tentakeln pulsieren seltsame Farbschübe, es pumpt und pocht, so als würde er noch voller Leben stecken. Aber es ist die ungeheure Kraft, die selbst dann noch in dem Meeresgesellen steckt, wenn er schon längst nicht mehr lebt.

Die Schwarze ist mir heimlich in die Küche gefolgt, schnuppert aufgeregt, streicht mir schnurrend um die Beine und blickt erwartungsfroh Richtung Oktopus. Doch ich bleibe standhaft. Nix gibt's!

Das Telefon klingelt. Patsy ist dran.

Fast hätte ich vergessen, es Dir zu sagen, sprudelt es aus hier hervor, den Oktopus musst Du unbedingt einfrieren, und wenn es auch nur für eine Nacht ist.

Wieso das denn? Ist er frisch zubereitet nicht viel besser?

Um Himmels willen, dann wird er zäh wie Leder. Der hat noch so viel Power in seinem Körper, dass er völlig angespannt ist. Wenn Du ihn aber kurz in die Tiefkühltruhe gibst, dann brichst Du ihm die Muskelkraft und er wird im Kochtopf ganz weich. Am zartesten wird er…

Patsy hält inne.

Na, fragt sie mich siegessicher, wie wird er denn ganz besonders zart?

Indem man einen Korken mitkocht, frage ich vorsichtig.

Patsy prustet lauthals los.

Das ist doch Quatsch! Das ist doch *grigri*, lacht sie und setzt nach: Nein, Du musst einfach ein Stück einer ungeschälten grünen Papaya mit ins siedende Salzwasser geben. Dann…

Ich höre Patsy leicht schmatzen und schlecken.

… dann schmilzt er auf der Zunge.

Ale, bye bye! – sagt sie in einer herrlichen Mischung auf Kreol und Englisch und hängt auf.

Das sage ich auch, aber zu dem Oktopus und versenke ihn im ewigen Eis meines Tiefkühlfaches.

In der Nacht frischt es auf. Aus Osten rauschen plötzlich heftige Windstöße heran, die mit viel Getöse alles durcheinanderwirbeln. Auf der Terrasse gehen einige Windlichter zu Bruch. Ob die Dinger wohl deswegen Windlichter heißen, weil sie dem Wind zum Opfer fallen? Noch bevor ich mir selbst eine

Antwort auf diese etwas einfältige Frage geben kann, naht ein Gewitter. Doch es ist völlig anders als die Gewitter, die wir an Ostern erlebt haben. Es bringt Frische und eine ganz eigenartige Kühle, die auf der Haut prickelt. Die Luft riecht würzig nach Gras, Grün und Garten.

Der seychellische Winter naht.

Doch was heißt hier Winter?

In der Tat werden die Tage kürzer, die Sonne ist mittlerweile so weit gewandert, dass sie nicht mehr durch die hohen Bäume verdeckt ist, sondern jeden Abend mit einem rauschenden Farbenspiel im Meer versinkt.

Winter?

Es sind nur zwei oder drei Grad weniger, aber:

Statt der schwülen Hitze weht eine konstante Brise.

Statt der hohen Luftfeuchtigkeit pocht jetzt Trockenheit an die Tür. Selbst die Wäsche freut sich.

Statt der plötzlichen und heftigen Regenfälle legen sich inzwischen ab und zu, ganz sanft und leise kommend, feine feuchte Schleier über das Land.
Mit Bernard, den ich beim Einkaufen in der Stadt treffe, philosophiere ich über den Wetterumschwung. Er, der einem guten Tropfen nie ganz abgeneigt ist, erklärt mir nun den Unterschied zwischen Nordwest- und Südost-Monsun mit einem herrlich süffigen Bild:

The north-west sits like a heavy red wine, the south-east is pure champagne.

Ich fahre auf dem Rückweg bei *Archipelago Wine & Spirits* in der Anse Aux Pins vorbei und besorge mir ein paar Flaschen dieser edlen Brause. Doch noch bevor wir eine davon zum Sundowner öffnen können, ruft es fragend von der Straße, ob wir denn da seien.

Bonzour! Zot la?

Ja, wir sind zu Hause! Die Stimme verrät mir, dass es der alte Mister Pillay ist, der den Weg zu uns gefunden hat. Etwas überrascht bin ich schon, denn noch nie hat er sich näher an uns herangewagt. Ein freundlicher, aber distanzierter Gruß – mehr war bisher nicht drin.

Ich strahle Mister Pillay an und frage, wie ich ihm weiterhelfen könne. Aber er macht mir unmissverständlich klar, dass er nicht mich sprechen möchte, sondern meinen Mister Fred. Und die Begründung liefert er auch gleich mit: Er habe gehört, mein Mister Fred sei ein *bonnonm dibwa.*

Ein *black magic man!*

Der gute Mann aus dem Wald – so die wörtliche Übersetzung der geheimnisvollen kreolischen Bezeichnung – versteht sich aber nicht nur auf Hellseherei und Hexerei, sondern vor allem auch auf die überlieferte alte Heilkunst, auf die Wirkung von magischen Kräutern und auf die übernatürliche Kraft von Zaubertränken und Wundertees.

Und genau deshalb war Mister Pillay die steile Bergstraße zu uns hinaufgewandert!

Als eingespieltes Beobachterteam verfolgen die Schwarze und ich neugierig, was Mister Pillay mit meinem Mister Fred zu besprechen hat. Zielstrebig gehen die beiden zu einer kleinen buschigen Hecke, die einen hübschen grünen Gürtel vor unserem Küchenfenster abgibt. Die Schwarze maunzt mürrisch, denn es ist einer ihrer Lieblingsschattenplätze. Ihr passt es offenbar gar nicht, dass mein Mister Fred einige kapitale Zweige mit der Gartenschere abzwickt und sie Mister Pillay feierlich überreicht. Daraus, so das Resultat meines Lauschangriffs, möchte sich Mister Pillay einen Tee gegen seine Bauchschmerzen machen.

Yapanna hatten wir unwissentlich um unser Haus gepflanzt, weil es einfach schöne kleine, unproblematische und schnell wachsende Pflanzen sind, die mit ihren länglichen, grün und weiß schattierten Blättern dichte Büsche abgeben. Doch die Wirkung ihrer ätherischen Öle hatten wir maßlos unterschätzt: Diese dienen als antiseptisches Allheilmittel gegen Magen-Darm-Infekte, Husten, Grippe und Fieber und wirken auch noch vorbeugend gegen Krebs.

Mister Pillay war aber noch nicht zufrieden.

Auch das gezackte *grobonm*, das nach Weihrauch riecht und in riesigen Wellen über die Granitfelsen wuchert, wird um etliche Ranken kürzer gemacht. Die Schwarze knurrt.

Mister Pillay scheint zwar insgesamt etwas glücklicher: *I bye loryo*, sagt er, das ist sehr, sehr gut, und wiegt vorsichtig sein mittlerweile stattliches Büschel hin und her.

Doch noch immer hat sein Blick etwas Forderndes, und er schaut begierig auf die Terrasse, auf der etliche größere Pflanzenkübel mit Küchenkräutern stehen.

Ausgerechnet hier, an dem Topf mit dem mühevoll aufgepäppelten Basilikum, will sich Mister Fred nun zu schaffen machen. Die Schwarze faucht. Ich auch. Ich gehe dazwischen. Nein, davon gebe ich nichts her!

Tokmarya, das Inselbasilikum, brauchen wir nämlich selbst, aber nicht etwa für Tee, den sich Mister Pillay bei einer aufkeimenden Erkältung daraus machen möchte. Nein, die intensiv nach Minze und Lakritze duftenden Blättchen der hier verbreiteten tropischen Sorte *horapa* schmecken einfach fantastisch zu Kürbis-Chutney, gegrilltem Fisch und natürlich zu den geliebten Tomaten, die in Kürze auf der Insel Hochsaison haben werden.

Doch heute ist erst einmal der Oktopus dran.

Der Oktopus überrascht! Am Tag zuvor hatte ich ihn nach Patsys Anweisungen gekocht. Auch die Schwarze kam auf ihre Kosten, denn ich hatte die allzu großen Saugnäpfe entfernt, die meine schmatzende Katze glücklich machten. Heute nun landet die Delikatesse in einer Gemüsemischung mit Masala, *kari pile* – den Blättern des Currystrauchs – und besagter gekaufter Kokosnussmilch. Exotik pur! Der Oktopus ist ganz zart und mild im Geschmack. Und dennoch ein richtiges Energiebündel. Er steckt voller wertvollem Eiweiß, sättigt und macht dem Fettstoffwechsel Beine. Überhaupt: Auf acht Beinen zur Bikinifigur, das ist doch mal was!

Ich bin zufrieden: *Mon vant i plen* – mein Bauch ist voll! Ich bin satt! Ich bette mich träge in einen Liegestuhl und döse vor mich hin. Irgendwann höre ich aus dem Hintergrund, dass jetzt ein schöner Kaffee oder Tee zur Verdauung nicht schlecht wäre. Doch ich bin ja so faul! Als ich nicht sofort antworte, macht mein Mister Fred einen klugen Vorschlag: Wir machen einfach einen Ausflug in die Teetaverne!

Wir verlassen die Küstenstraße bei Port Glaud und biegen ostwärts in die Berge ab. Schnell und steil steigt die Straße von Sans Souci an, eine Kurve folgt der anderen. Langsam schrauben wir uns nach oben. Wo sind plötzlich die Palmen? Wo sind die farbenfrohen, üppigen Hibiskussträucher oder die Frangipani-Bäume mit ihrem betörenden Duft? Andererseits: Die Luft zwischen den hohen Bäumen und den mächtigen Bergen ist voll von wundersamen herben Aromen, die nach feuchtem Moos, modrigem Waldboden und würzigem Holz duften. Windseufzer spielen in den Luftwurzeln der Banyan-Bäume. Riesige Farne lecken mit ihren Blattzungen am Unterholz.

Auf ungefähr 500 Metern Höhe schmiegen sich ein paar kleine Gebäude in die Hänge. Auf dem winzigen Parkplatz sind wir die Einzigen. Das Ganze trägt den klangvollen Namen *Seychelles Tea and Coffee Factory*, doch Kaffee ist heute Fehlanzeige. Mein Mister Fred ist ziemlich enttäuscht. Der *black magic man* hätte sich nämlich nur zu gerne im Lesen von Kaffeesatz geübt. Dafür schmeckt der Tee umso besser. Dass wir ihn überhaupt genießen dürfen, haben wir zwei Herren der Neuzeit zu verdanken: Bill Henderson und Francis Drybrough sorgten vor erst ca. 50 Jahren dafür, dass aus Kenia reichlich Teepflanzen auf die Insel kamen und die kleine Fabrik 1962 mit ihrer Produktion loslegen konnte.

Die Gegend um die höchsten Berge der Seychellen – Morne Seychellois und Morne Blanc – ist wie geschaffen für Teeplantagen.

Zugegeben, besonders groß sind sie nicht, aber für die Deckung des Eigenbedarfs auf der Insel reichen sie allemal. Zwischen den steilen Felsmassiven gibt es ideale geschützte Lagen, die zwar einerseits kuschelig warm sind, andererseits aber keine direkte Sonneneinstrahlung auf die empfindlichen Blätter der Teebüsche durchlassen. Und es ist schön feucht hier oben, aber dennoch nicht zu feucht, denn das mögen wiederum die Wurzeln der Teebüsche nicht.

Eigentlich sind die Teebüsche ganz schöne Sensibelchen, denke ich mir und habe Respekt davor, dass die Seychellois so gut damit umgehen können.

Zwischen den einzelnen Hängen fallen dichte Teppiche von fein gefiedertem *gazon* hinab, ein niedriges, buschiges Gras in lichtem Hellgrün, das an die Farbe saftiger Almwiesen erinnert. Kleine Rinnsale gurgeln, und wir sehen Farne und Moos - immer wieder Moos. Wir atmen gierig die herbe Luft, in die sich Zimtnoten eingeschlichen haben. Nur wenige Schritte von uns entfernt schlagen Arbeiter die begehrte Rinde von den Stämmen und legen sie unter die hohen Schattenspender zum Trocknen. Ganz in ihrer Nähe sind die Tee-Pflückerinnen unterwegs, um den *first flush* zu ernten.

Der herbe Duft der Teesträucher vermischt sich mit dem warmen, exotischen Parfüm von Zimt und der fruchtigen Frische von *sitronnel*-Gras, das mit seinen sanften Wuschelköpfen die Ränder der Hügel einhüllt.

Ein feuchter Hauch legt sich um uns. Ist es ein leichter Sprühregen, oder ist es nur Nebel? Die gefühlte Temperatur sinkt für mich unter 20 Grad. Bestimmt ist es deutlich wärmer, aber zum ersten Mal auf den Seychellen sehne ich mich nach einem langärmligen Pullover. Fast wünschte ich mir, ich könnte mich in einer dieser kleinen Schutzhütten aus Wellblech aufwärmen, aus denen die bunten Röcke der Arbeiterinnen wehen.

Wir fahren zurück, mit etlichen Schachteln Tee versorgt. Mein Favorit ist der aromatische Vanilletee, Mister Fred bevorzugt einfachen Schwarztee, den er mit etwas braunem Zucker aufpeppt – klassischer *black tea* also, wie es sich eben für einen *black magic man* gehört.

Zuhause angekommen, wartet schon wieder die Schwarze auf uns. Sie ist etwas enttäuscht, dass wir ihr keine Abfälle von den Fischern mitbringen, wie wir es sonst gerne machen. Stattdessen habe ich für Patsy ein wenig Tee als Dankeschön für den Oktopus besorgt. Patsy hat wie viele Seychellois von den einstigen britischen Kolonialherren die Angewohnheit übernommen, sich am späten Nachmittag nach getaner Arbeit mit einer dampfenden Tasse Tee vor dem Haus sitzend zu entspannen. Um ihr mein Mitbringsel noch pünktlich zum *5'o clock tea* überreichen zu können, muss ich mich sputen.

Der seychellische Feierabend gesellt sich allmählich zu uns. Ich höre das beruhigende malmende Geräusch von Mörser und Stößel, ein untrügliches Zeichen, dass in der Nachbarschaft *piman* – frischer Chili – zerstoßen wird. Außerdem höre ich Töpfe scheppern, Deckel klappern und das Zischen von Fett. Es sind die ersten Vorbereitungen für das Abendessen, eingelullt in *sega*-Musik, das unbekümmerte Lachen der Kinder und einen ewig plärrenden Fernseher.

Allmählich wird es Zeit, wieder zu gehen. Wie gerne würde ich noch für ein Weilchen mit Patsy dem schönsten aller seychellischen Zeitvertreibe nachgehen: dem *yapyap*, dem *radio bambou*, dem gepflegten Tratsch. Doch die Dämmerung kennt kein Erbarmen. Erst ist sie nur ein gräuliches Blau, dann ein sattes Violett, und in wenigen Minuten wird sie zu einem schweren Anthrazit. Es wird höchste Zeit für mich aufzubrechen, wenn ich nicht in stockdunkler Nacht den Heimweg antreten will.

Patsy schaut etwas besorgt.

Soll ich Dir einen meiner Söhne mit nach oben schicken, fragt sie.

Wieso das denn?

Na ja, das ist vielleicht sicherer, aber eigentlich…

Patsy unterbricht sich selbst.

Eigentlich was?

Eigentlich, fährt sie mit gesenkter und sehr nachdenklicher Stimme fort, eigentlich ist es ja gar nicht nötig.

Ach, wieso nicht?

Und dann höre ich eine Antwort von Patsy, die mehr wert ist als jede seychellische Lebensversicherung und die mich durch mein weiteres Inseldasein begleiten wird:

Dir wird eh nichts passieren, niemand wird Dir etwas tun, keiner wird Dir komisch kommen.

Du bist schließlich die Frau vom *black magic man!*

kari zourit

(für ca. 4 Portionen)

1 Oktopus
1 mittelgroße Aubergine
1 Zwiebel, dazu Ingwer (daumengroßes Stück)
2 Zehen Knoblauch (mindestens!)
2 TL Curry-Gewürzmischung (Masala). dazu Salz und Öl
3-5 Curryblätter (falls vorhanden, gibt's im Asia-Laden)
400 ml Kokosmilch, ggf. zusätzlich etwas Milch und Sahne

* * *

Oktopus gibt es meist tiefgefroren im gut sortierten Supermarkt. Oktopus aufgetaut in einem großen Topf in reichlich Salzwasser ca. 1,5 bis 2 Stunden kochen, dann ist er nämlich wirklich weich. Danach in kaltem Wasser abschrecken und die Arme zwischen Daumen und Zeigefinger nehmen und dann nach unten abstreifen, so dass man auf diese Weise die Saugnäpfe entfernt. Wer mag, kann sie auch dranlassen. Wer einen frischen Oktopus ergattert, sollte ihn säubern und für ca. 24 Stunden einfrieren, denn so „bricht" die Muskelkraft und der Oktopus wird schön zart. Die gegarten Oktopusarme in kleine Stücke schneiden und beiseite stellen. Zwiebel, Knoblauch, Ingwer, Aubergine in kleine Würfel schneiden und in Öl anbraten. Mit Curry/Masala bestäuben, kurz weiterbraten, so dass Röstaromen entstehen. Gewürfelten Oktopus dazu, ggf. die Curryblätter zerbrechen und ebenfalls dazu. Kurz aufkochen lassen, dann Kokosmilch und ggf. Sahne/Milch dazu, Salz nach Belieben, Platte aus und nachköcheln lassen, nach ein paar Minuten Deckel drauf. Wem es zu scharf oder zu flüssig ist, einen Esslöffel Frischkäse oder Crème fraîche dazu und gut darin verrühren. Oder eine gekochte Kartoffel hineinreiben

Juni

Wort bzw. (Aus-)Spruch des Monats: *Selebre Sesel!*
Gericht des Monats: *dizef*
Getränk des Monats: *diven*

Festspielwochen

Auf den Juni freuen sich alle. Nicht nur weil endlich die große Hitze vorbei ist. Oder weil das Paradies mal eben Pause macht und so etwas wie die touristische Nebensaison beginnt. Man freut sich auch, weil stattdessen Hochsaison für viele einheimische Leckereien ist, weil ein Feiertag auf den nächsten folgt und weil meist daraus viele verlängerte Wochenenden entstehen.

Mir geht es da nicht anders. Auch ich freue mich auf und über den Juni.

Das Motto einer der vielen Feiertage im Juni lautete vor ein paar Jahren: *Selebre Sesel!* – feiern wir die Seychellen! Stolz und glücklich wurde es nicht nur auf Plakate und Fahnen geschrieben, sondern auch auf die klapprigsten Busse und die kleinsten Inselflieger. Dort ist es heute noch zu lesen.

Es soll mich während der kommenden vier Wochen auf Schritt und Tritt begleiten. Und so feiere auch ich unweigerlich die Seychellen, es geht gar nicht anders.

Das erste Highlight des Monats war über all die Jahre der *senk zen*, der 5. Juni. Er wurde mit großer Inbrunst zelebriert, dann 2017 abgeschafft, um die verfeindeten politischen Lager zu versöhnen. Früher hieß er auch *Liberation Day*, Tag der Befreiung. Zuerst dachte ich, es würde sich um eine Art Gedenktag handeln zur Abschaffung der Sklaverei. Doch das ist völlig falsch. Denn dieser Feiertag trug zur Verklärung der jüngeren Vergangenheit bei: Am 5. Juni 1977 fand ein nicht ganz unumstrittener Staatsstreich statt.

Es war ein schwüler Sonntag, und aufgeheizt war auch die Stimmung auf Mahé. James Mancham, der erste Präsident der Seychellen, der noch nicht einmal ein Jahr lang in Amt und Würden war, befand sich in England zu einem Staatsbesuch. Vermutlich saß er gerade bei einem fürstlichen Bankett, bei dem es reichlich Wein zu trinken gab und jede Menge Pomp. Denn das liebte James Mancham sehr. Für ihn – so munkelt man – sollte die Zukunft der Seychellen eng an die koloniale Vergangenheit anknüpfen. James Mancham meinte zu wissen, dass ein Leben in geregelter Abhängigkeit von den großen europäischen Geldgebern England und Frankreich das Beste für die Seychellen war. Was er aber nicht wusste: Sein Premierminister Albert René hatte Putschpläne und war mitten in den Vorbereitungen, den geplanten Staatsstreich in die Tat umzusetzen. Ziel war der Sturz des amtierenden Amtsinhabers – der offenbar selbst am allermeistem von den Annehmlichkeiten eines Kolonialherrenlebens profitieren wollte – und die Einführung eines Einparteiensystems nach sozialistischem Vorbild.

An einem dieser Jahrestage des 5. Juni, an dem dieser damals noch gefeiert wurde, an dem die Hauptstadt mit sich selbst, diversen Gedenkzeremonien und Kranzniederlegungen beschäftigt ist, will ich vor der Geschichte fliehen und fahre ein paar Kilometer südwärts in die Anse Soleil – die Sonnenbucht. Dort treffe ich mich mit Sandra. Sandra, die treue Seele! Was hätten wir damals nur ohne sie gemacht? Als wir vor fast 20 Jahren in unser Häuschen hoch oben über der Anse Louis einzogen, hatten wir nichts außer zwei Bettmatratzen und einem großen Esszimmertisch aus schwerem

Takamaka-Holz. Kein einziger Stuhl befand sich in unserem Besitz! Sandra war es, die uns aus der Patsche half. Damals führte sie noch das winzige, aber quicklebendige *Splash Café* direkt an der Abzweigung zur Anse Soleil und hatte immer ein paar Klapphocker in Reserve.

Nicht schlecht, der 5. Juni, oder, sinniert Sandra und blinzelt verträumt in die Sonne.

Weil wir freihaben? Meine Antwort ist eher eine Frage.

Sandra schweigt.

Eigentlich habe ich was gegen Staatsstreiche, gegen Einparteiensysteme sowieso und gegen Gewalt, wende ich ein.

So richtig wirklich schlimm war es ja nicht, wendet Sandra ein, Du kennst doch die Seychellois, die sind eher friedlich. Und auch fast ein bisschen zu faul, um gewaltsam große Umstürze zu organisieren.

Da hast Du allerdings Recht, muss ich gegenüber Sandra zugeben. Aber zwei Tote…

Ja, das waren definitiv zwei Tote zu viel. Und doch: Die ganze Angelegenheit – mitternächtliche Straßensperren, Patrouillen, die Verhaftung des unbeliebten Vorsitzenden des seychellischen Gerichtshofs, die Besetzung des winzigen Radiosenders – das war doch patriotisch, pathetisch, filmreif!

Filmreif?!

Wenn das einer sagen darf, dann Sandra!

Sandra ist schließlich die Schwester von Tom Hanks.

Ich widerspreche Sandra nicht, schon alleine deshalb, weil ich sie mag. Und weil ich mag, wie sie auf den Seychellen lebt. Seit sie 1993 auf die Insel kam, kokettiert sie nicht etwa mit ihrer prominenten Verwandtschaft, sondern lebt ein einfaches Leben inmitten vieler Tiere und mit großem Respekt vor der Natur. Sie beschützt nicht nur ihre Adoptivkinder, sondern alle hilflosen Lebewesen, und seien sie auch noch so klein, wie zum Beispiel Igel oder Fledermäuse.

Wie wäre es mit einem Schlückchen *diven* – einem schönen Wein? Sandra holt eine Flasche hervor.

Warum nicht? Es ist ja Feiertag.

Sandra prostet mir zu. *Happy 5th June*, strahlt sie mich an. *Selebre Sesel!*

Ich lächle zurück, doch deutlich verhaltener. Denn was nach dem 5. Juni 1977 auf den Seychellen passierte, war nicht immer ein Grund zur Freude. Trotz einiger sozialer Verbesserungen führte der Umstürzler Albert René den Inselstaat mit strenger sozialistischer Hand. Autoritäre, gar diktatorische Züge ließen die Inseln in einer eintönigen Planwirtschaft versinken. Harte Währung war Mangelware, der Schwarzmarkt blühte. In den Geschäften gab es bis auf *napa* nicht viel zu kaufen. Und *napa* bedeutete einfach nur: Gibt es nicht. Gibt es nicht heute. Und gibt es auch nicht morgen. Und gibt es wohl auch nicht im nächsten Jahr. *Napa* – vom französischen *il n'y a pas* abgeleitet – war jahrzehntelang ein zuverlässiger Begleiter im Inselalltag, den auch ich noch mehr, als mir lieb war, kennenlernen durfte bzw. musste. Sandra war es, die mir Ende der 1990er Jahre kurz nach unserem Einzug ins Inseleigenheim mit Luxusprodukten wie Salz, Öl und Knoblauch aushalf, sodass wir wenigstens unseren Fisch braten konnten.

Happy 5th June, wiederholt Sandra voller Inbrunst. Ich lächle abermals, noch etwas gequälter als beim ersten Mal. Da knufft mich Sandra in die Seite: Mensch, jetzt hab Dich nicht so. Die sozialistische Ära war ein Geschenk für die Insel!

Wieso das denn? Wegen *napa* doch wohl kaum.

Doch, sagt Sandra zu meiner großen Überraschung. Genau wegen *napa:* Denn *napa* Massentourismus, *napa* Pauschalreisen nach Ballermann-Manier und *napa* große Hotels. Das hat nämlich Albert René mit seinem Sozialismus alles verhindert. Weißt Du noch, erinnert mich Sandra: kein Hotel höher als die Palmen!

Sie trinkt einen Schluck ihres kühlen Weißweins.

In vino veritas! Sandra kaut regelrecht auf dem lateinischen Sprichwort herum, das ich wegen ihres starken amerikanischen Akzents fast nicht wiedererkenne.

Und dann lehnt sich Sandra zurück, nimmt ein wenig die Gesichtszüge eines Philosophen an und erklärt souverän: *The years following the coup were like a factor 40.000 sunblock that protected Seychelles from the ugliness of 1970's building styles.*

Die Jahre nach dem Staatsstreich waren wie ein gigantischer Sonnenblocker mit Lichtschutzfaktor 40.000 gegen die mörderischen Strahlen von Billigurlauben und hässlichen Bettenburgen aus Beton.

In vino veritas, erwidere ich und habe fast das Gefühl, dass der Wein tatsächlich ein bisschen Wahrheit ans Feiertagslicht bringt.

So habe ich das Ganze noch gar nicht gesehen.

Danke, Sandra!

Ein paar Tage später fahre ich nach Victoria, und die Geschichte des 5. Juni begleitet mich durch den Stau. Ich reihe mich brav in den Stop-and-go-Verkehr ein, der von den nahen Hafenbecken magisch angezogen wird. Endlich schaffe ich es, den *Unité*-Roundabout mit seinem brummenden Kreisverkehr kurz vor dem Yachtclub unbeschadet zu überstehen: Ich bin in der Avenue des 5. Juni! Obwohl es sich um eine gut ausgebaute Fahrbahn handelt, die fast schon Züge einer Umgehungsstraße hat, geht hier wieder gar nichts mehr. Entnervt schaue ich nach links und rechts und wieder nach links. Richtig, hier sollte doch das Denkmal des *zonm lib* – des befreiten Menschen – zu Ehren aller Seychellois stehen, die sich einst gegen die koloniale Unterdrückung auflehnten. Doch wo ist dieses metallene Kerlchen mit seinen hoch gereckten Armen und der zerrissenen Kette? Weg! Nicht mehr da! Nicht, dass ich es so richtig vermissen würde, aber irgendwie war diese Statue recht originell. Sie sah aus wie eine Kreuzung aus einer Schaufensterpuppe und einer dieser hölzernen Gelenkgestalten, an denen Künstler Proportionsstudien vornehmen. Nur eben aus Metall, genauer gesagt, aus robusten, miteinander verschweißten Metallplatten.

Wo ist er also hin, der *zonm lib*?

Er hat Platz gemacht für ein kleines Pärchen aus Bronze, dessen weit in die Ferne schweifender, heroischer Blick so gar nicht zu dem zarten Körperbau der beiden passen will. Irgendwie erinnern mich ihre Gesichter an die überlegenen, siegessicheren Mienen der monumentalen Denkmäler im Arbeiter- und Bauernstaat. Was tragen sie über dem Kopf? Es sieht aus wie ein Baldachin oder ein Schirm aus *vya*, dem riesenblättrigen Pfeilblatt, das sich gerne in Schattenregionen und Feuchtgebieten ausbreitet.

Aber hier, hier ist ja noch nicht mal ein Springbrunnen in der Nähe.

So ganz erschließt sich mir der Sinn dieses Denkmals nicht. Aber schön sieht es dennoch aus.

Wieder einmal treffe ich Bernard in der Stadt. Ich berichte ihm von meinen denkwürdigen Denkmalentdeckungen. Doch irgendwie ist er völlig abwesend und geht mit keiner Silbe darauf ein.

Bernard?

Bernaa-hard?!

Bernard strahlt mich an: Sie sind wieder da!

Ich verstehe gar nichts. *Was* ist wieder da?

Bernard strahlt noch mehr. *In arive! Dizef!*

Na, *sie* sind wieder da!

Dizef! Des œufs! The eggs!

Die Eier.

Unser Gespräch klingt für jeden Außenstehenden wie eine Nonsens-Unterhaltung, wie eine dadaistische Wortblödelei. Aber weit gefehlt!

Mit *dizef* meint Bernard nämlich nicht irgendwelche Eier, sondern die Eier der Rußseeschwalben. Jedes Jahr kommen im Mai zwei, drei Millionen von ihnen nach Bird Island und beginnen im Juni, in den kargen Mulden und sonnenversengten dürren Strandwiesen zwischen Meer und Wald zu brüten.

Und so gehört im Juni Bird Island den Vögeln. Die Lodge bleibt dann geschlossen: Wenn die Vögel Hochsaison auf Bird Island haben, haben die Touristen hier nichts verloren. Doch einmal hatte ich Glück und durfte die Ankunft der Seeschwalben miterleben: ein unglaubliches Spektakel! Wie schwere Wolken ballen sich die Schwärme über dem Wasser, und je mehr ankommen, desto dunkler wird der Himmel. Ungemein eindringlich ist ihr anschwellendes Rufen.

Ker-wack-a-wack. Keer-waack-aaaa-waahaack!

Beinahe unheimlich, verzweifelt schreien sie. Und auch nachts kommen sie nicht zur Ruhe. Sie kreisen in einem fort über dem Blau.

Bernard, frage ich, warum fliegen die Schwalben in einem fort über dem Meer? Warum landen sie nicht?

Sie warten mit dem Eierlegen, bis alle da sind, lautet seine Antwort. Ab und zu holen sie sich die kleinen Fische aus dem Wasser. Draußen auf offener See ist der Tisch reich gedeckt, und vor dem Brütgeschäft heißt es noch, Kraft zu tanken.

Und irgendwann geht es dann los.

Die Schwalben lassen sich nieder, dicht an dicht.

Es folgt Ei auf Ei. Millionenfach.

Und, fragt mich Bernard neugierig, hast Du auch schon Seeschwalbeneier gegessen? Ich schüttle den Kopf. Da fummelt er in seiner Plastiktüte herum, die er geschickt im Schatten seiner Aktentasche versteckt hält. Er reicht mir ganz behutsam eines der darin befindlichen kleinen Beutelchen, begleitet von einem fast zärtlichen Blick. Sechs Eierchen befinden sich darin, etwas kleiner als normale Hühnereier. Die Schale ist von einem leicht grünen Schimmer überzogen, mal mehr, mal weniger gleichmäßig, dazwischen ist sie immer mal wieder getupft, gemasert, gesprenkelt – so wie wir früher im Kindergarten mit Wasserfarben und einer alten Zahnbürste feine Ornamente gespritzt haben.

Um die Ankunft der kleinen Kostbarkeiten auf Mahé wird jährlich ein Wirbel gemacht, der allenfalls mit den Huldigungen der Weinliebhaber bei der Ankunft des Beaujolais Primeur zu vergleichen ist. Aufgelesen werden die Eier auf Bird jeden Morgen in den ersten Stunden des Tages von einer Handvoll Inselarbeitern, die dort die Stellung halten. Die Männer fahren mit einem alten Trecker in den Norden der Insel, wo die Schwalben nisten. Allerdings ist nicht die ganze Kolonie zum Sammeln freigegeben. Robby, der Wildhüter auf Bird Island, hat genau festgelegt, wo und wie lange gesammelt werden darf. Erst in Eimern, dann sorgfältig in Kisten verpackt, kommen die Eier schließlich mit dem kleinen, bereits erwähnten Passagierflugzeug auf Mahé an, während sich schon an geheimen Verkaufsstellen lange Schlangen gebildet haben. Es wird gerempelt, geschubst und sich vorgedrängelt. Bis zu fünf Rupees kostet ein Ei – zehn davon also über drei Euro! Nicht gerade billig. Und hier noch eine andere Rechnung: Gehen wir mal von zwei Millionen Eiern aus. Umgerechnet auf die seychellische Gesamtbevölkerung, die derzeit etwa 90.000 Einwohner betragen dürfte, springen nicht mehr als zwei Dutzend Eier jedes Jahr für jeden Seychellois heraus. Okay, in dieser Rechnung sind auch jedes Baby und jeder Einwohner, der gar keine Eier, sondern lieber Fast Food mag, enthalten – dennoch: Das ist nicht viel!

Erst jetzt wird mir klar, was für ein wertvolles Geschenk mir Bernard gemacht hat.

Wie schmecken sie denn am besten, die *dizef*?

Täusche ich mich, oder läuft Bernard allein schon bei meiner Frage das Wasser im Mund zusammen?

Wie wäre es mit einem Salat aus Avocadospalten, hart gekochten Vogeleiern und einem süßsauren Limetten-Pfeffer-Dressing?

Oder was hältst Du von *dizef dyab* – von Teufelseiern? Was genau das ist, verrät mir Bernard einstweilen nicht, ich kann

mir aber vorstellen, dass es sich um irgendeine höllisch scharfe Variante handelt.
Oder einem *lonmnet irondel* – einem Schwalbenomelette – in das zu den geschlagenen Eiern natürlich, wie könnte es anders sein, unbedingt geriebener *Kraft*-Cheddarkäse hineingehört.

Ich fahre nach Hause und entscheide mich für die einfachste, aber bestimmt beste Eierkreation: die Eier nicht zu weich und nicht zu hart gekocht, der tief orangefarbene Dotter zart und cremig, lauwarm. Ich würze nur mit etwas Salz und Pfeffer, ansonsten bleiben die Eier pur. Der Geschmack ist unvergleichlich: pikant, kräftig, ohne aufdringlich zu sein. Er vereint die Unendlichkeit des Ozeans, die Weite der weißen, unberührten Strände, das klare Licht, das grenzenlose Firmament, dazu die würzige Salzluft, gepaart mit den Aromen des Meeres wie Seegras, Algen, Korallenbänke und kristallklares Wasser.

Aber ist so ein Seeschwalbenei tatsächlich ein Genuss ohne Reue? Ich sehe die wilden Blicke von engagierten Naturschützern aufblitzen. Klar, dass sie etwas gegen die alljährlichen Sammelaktionen haben. Es lohnt sich aber, genauer hinzuschauen, um die Eigenarten der Seeschwalben zu verstehen. Die Seychellois haben schnell gelernt, dass diese Vögel immer dann ein zweites, manchmal sogar ein drittes Ei legen, wenn ihnen das erste genommen wird. Und ich erinnere mich genau an die Worte von Robby, dem Wildhüter, der auf Bird Island nach dem Rechten sieht: Die Natur hat das ideal eingerichtet. Wir können ohne schlechtes Gewissen einen Teil der Eier sammeln, ohne das ökologische Gleichgewicht zu stören. Und sobald die ersten Küken geschlüpft sind, lassen wir die Vögel in Ruhe.

Hoffen wir, dass er recht hat. Und wenn ja:

Hoffen wir, dass es so bleibt.

Der Juni geht in die zweite Hälfte. Der Wind nimmt zu. Es wird kühler. An manchen Abenden fröstelt es mich regelrecht. Etwas weiter im Norden, in den Bergen von La Misère, fällt das Thermometer in der kühlsten Stunde der Nacht, nämlich der letzten Stunde vor Sonnenaufgang, gar unter zwanzig Grad! Doch bei uns daheim im Südwesten schützen uns hohe Bäume und mächtige Granitfelsen vor dem zunehmenden Wind.

Die Schwarze murrt. Ihr Katzenleben spielt sich plötzlich drinnen im Haus ab, denn es hängen nun oft Nebelschwaden und durchdringende, wenn auch nur leichte Regenschauer in der Luft. Fette Wolkenbrüche bleiben zwar aus, aber ein feuchtes Fell – das geht ja gar nicht!

Der letzte richtige Strandnachmittag mit endlosen Stunden im seichten Wasser, mit gleißenden Sonnenstrahlen, die auf den Wellen tanzen, muss gefühlt eine ganze Ewigkeit her sein. Es gibt Tage, an denen die Ostküste zum Fürchten aussieht: aufgewühlt, voller Seegras, abweisend und fahl.

Es kommt die Zeit, in der die Tage noch kürzer, die Nächte noch länger werden. Das merkt man am Äquator nicht? Oh doch! Auch wenn es sich nur um Minuten oder Viertelstunden handelt – plötzlich geht die Sonne später auf, dafür aber eher unter.

Wir haben Winter auf der Südhalbkugel.

Oder zumindest das, was als Spätherbst durchgehen könnte. In unserem Garten färben sich plötzlich die Bäume! Der *Golden Apple* macht seinem Namen alle Ehre, aber nicht wegen seiner tiefgelben Früchte, sondern durch seine güldenen oder zumindest messingfarbenen Blätter. Und der weit ausladende *bodanmyen* – der Terrassenbaum – wirft nicht etwa mit lautem Getöse seine hartschaligen Mandeln ab, sondern riesige purpurfarbene Blätter. Unser ganzer Hof ist über und über damit bedeckt. Nieselt es, verwandelt sich diese Schicht in eine gefährlich schlüpfrige Angelegenheit. Wegfegen ist gar nicht so einfach! Da hilft nur eines: ein *balye zig* - ein Besen oder besser gesagt: *der* Besen, wenn nicht sogar der Nationalbesen der Seychellen. Eigentlich ist er nichts anderes als eine handgefertigte überdimensionale Kratzbürste, die aus den Mittelrippen von Palmwedeln hergestellt wird. Als Griff dient eine ausgetrunkene Coladose, die sich wie eine Manschette um die Enden der Zweige legt. Um aus dem Besen ein angriffslustiges Werkzeug zu machen, werden die oberen Borstenenden mit einer Schere gleichmäßig in der Länge eingekürzt. So sieht ein richtiger Scharfmacher gegen den Dreck aus!

Philomena ist es, die uns diesen einfachen Trick bei- und einen neuen Besen vorbeibringt.

Denn auch im Paradies gibt es einen Alltag mit Haushalt und Co.

Kurz vor der äquatorialen Wintersonnenwende gehen die seychellischen Festspielwochen in die nächste Runde:

Es ist der 18. Juni.

Selebre Sesel!

Wieder ein Feiertag, wieder ein freier Tag!

Er soll daran erinnern, dass im Jahr 1993 eine neue Verfassung in Kraft trat und offiziell das unbeliebte und längst nicht mehr zeitgemäße Einparteiensystem gegen ein Mehrparteiensystem ausgetauscht wurde. Nach dem Fall des Eisernen Vorhangs und vor allem nach dem Zerfall der UdSSR galten die alten Feindbilder nicht mehr. Auch die Seychellen waren reif für mehr Demokratie.

Doch seit kurzem – oder genauer formuliert: 2016 – ist alles anders mit dem 18. Juni. Dieser Tag, der sich früher *National Day* nannte, heißt ab sofort *Constitution Day*. Und der nächste wichtige Tag im Reigen der Festspielwochen – der 29. Juni und einstige *Independence Day* – heißt dafür jetzt *National Day*.

Tropische Konfusion, aber was macht das schon!

Hauptsache Feiertage, freie Tage!

Allerdings schön der Reihe nach. Jetzt genießen wir erst einmal den 18. Juni! Und der erwacht als Bilderbuchtag. Der *vannswet* hat sich inzwischen häuslich eingerichtet, ist nicht mehr ganz so penetrant und plötzlich, sondern als stetiger Luftzug aus Südosten mein ständiger Begleiter. Wir entschließen uns, einen faulen Tag an der windstillen Westküste zu verbringen, denn im Osten ist das Wasser einfach zu kabbelig. Oder sollen wir nicht doch nach Victoria fahren? Dort wird heute das neue Parlamentsmuseum eröffnet. Wir könnten uns auf eine Zeitreise durch die letzten Jahrzehnte begeben und uns unzählige Fotos, Porträts und Schriftstücke anschauen, die die Meilensteine der seychellischen Demokratie darstellen.

Mit einem Museum im herkömmlichen Sinne hat das Ganze zwar nicht sehr viel gemeinsam, eher ist es eine Ausstellung oder ein Dokumentationszentrum. Aber immerhin: Die Hauptstadt ist um eine kleine Museumsattraktivität reicher, und das ist gut so, denn davon gibt es nicht allzu viele auf den Seychellen.

Wir entscheiden uns aber trotzdem für Natur statt Kultur und dümpeln im stillen Wasser von Port Launay, wobei wir das umtriebige *Ephélia*-Hotel im wahrsten Sinne des Wortes links liegen lassen. Als wir nach Hause kommen, hat sich ein weiterer Terrassenbaum seiner Blätter entledigt, und zwar – *nomen est omen* – ausgerechnet auf unserer Terrasse. Wieder muss unser Kratzbesen ran – und: mein Mister Fred.

Letzterer entpuppt sich als heißer Feger, der kehrt und fegt, fegt und kehrt, bis schließlich alles fein säuberlich zur Seite geräumt ist. Die Schwarze freut sich über einen weichen Laubhaufen, den sie annektiert und in den sie sich auch sogleich schnurrend hineinbettet.

Dann ist auch schon Abend, und wir genießen einen traumhaften Sonnenuntergang auf der traumhaft sauberen Terrasse. Kaum habe ich es mir im Liegestuhl bequem gemacht, da klingelt bereits das Telefon. Bernard ist dran. Er klingt erschöpft. Er erzählt mir, dass ihn die seychellischen Festspielwochen ganz schön mitnehmen, denn als ehemaliges VIP-Mitglied der Nationalversammlung hat er eine ganze Menge Repräsentationspflichten zu erfüllen, Reden zu schreiben, Reden zu halten und anderen Reden zuzuhören.

Ein Kontrastprogramm muss her! Und so macht mir Bernard ein ganz besonderes Angebot:

Was hältst Du davon, wenn ich mit Dir anlässlich unseres dritten Junifeiertages eine exklusive Stadtführung mache?

Der dritte Junifeiertag, das ist ein ganz besonderer, das weiß ich ja bereits. Der *National Day!*

Kurz zur Wiederholung: Der *National Day* hieß früher *Independence Day:* Tag der Unabhängigkeit. Er geht zurück auf eines der wichtigsten Ereignisse – wenn nicht sogar das allerwichtigste – in der Vergangenheit der Seychellen, von ihrer Entdeckung einmal abgesehen. Warum das so ist, könnte natürlich ein Geschichtsbuch nach dem anderen füllen, aber es geht auch kürzer:

Nachdem der Portugiese Vasco de Gama bereits 1502 erstmals seinen Fuß auf die Seychellen gesetzt hatte, gaben sich anschließend Franzosen und Engländer die Klinke in die Hand. Jeder wollte die Inseln sein eigen nennen, aber so wirklich gehörten sie keinem. Die Franzosen machten dann mit diesem Machtvakuum Schluss, indem sie die Seychellen im Jahr 1770 kurzerhand als französische Kolonie an die Leine legten. Natürlich passte das den Engländern als aufstrebender Kolonialmacht überhaupt nicht. Kein Wunder also, dass es künftig ständig Stress zwischen ihnen und den Franzosen gab: Gleich siebenmal wechselte offiziell das Machtverhältnis zwischen den beiden Sparringspartnern. Das Leben auf den Inseln war aber gar nicht so sehr davon betroffen, man arrangierte sich einfach nicht nur mit einem, sondern mit zwei Herrschern. Ein Meister dieser Kunst war der Gouverneur de Quincy, der stets jeweils eine englische und eine französische Flagge nebst passender Uniform bereithielt, je nachdem, welche Nationalität gerade einmal wieder im Hafen von Mahé einlief.

1811 erbarmten sich dann die Briten und machten den Machtspielchen ein Ende, indem sie die Inseln regelrecht von den Franzosen zurückeroberten und 1835 schließlich die Sklaverei abschafften. 1903 machten die Seychellen einen weiteren Schritt in Richtung Emanzipation: Sie wurden eine eigenständige britische Kronkolonie und waren nicht mehr nur das Appendix von Mauritius. Jetzt war endlich Ruhe mit dem Gezerre um die Macht – ganze 73 Jahre lang. Dann gelang am 29. Juni 1976 der große Wurf: die Unabhängigkeit! Vorausgegangen war in den vergangenen Jahrzehnten eine schleichende Entwicklung zu mehr Selbstständigkeit durch erste seychellische Parteien, erste Wahlen.

Als ich höre, wer hinter der ersten Partei steckte, muss ich schmunzeln. Leider gibt es diese Partei nicht mehr, weder auf den Seychellen noch in Deutschland. Es war die Vereinigung der Steuerzahler. Und genau die hat sich gegen die sogenannte große weiße Aristokratie der privilegierten Kolonialherren zur Wehr gesetzt. Damit nicht genug, es folgten die *Seychelles Peoples' United Party* unter France Albert René (dem späteren Putschisten, so erinnern wir uns) und die *Seychelles Democratic Party* unter James Mancham. Dieser war dann auch der erste Präsident nach Erlangung der Unabhängigkeit.

Bernard beginnt die Stadtführung genau an der Stelle, an der ich bei meinem letzten Victoria-Besuch ins Grübeln geraten bin: an dem neuen Denkmal in der Avenue des 5. Juni.

Eigentlich ein recht hübsches Pärchen, meine ich, aber so ganz verstehe ich nicht, warum sie ein riesiges Blatt über sich tragen.

Bernard lächelt, sagt aber nichts.

Oder ist es ein Fallschirm oder gar ein kaputter Regenschirm?

Oder ein wehendes Handtuch?

Bitte etwas mehr Respekt, mahnt mich Bernard lachend, das Denkmal heißt *Liberty!* Und das ist kein Blatt und auch kein Schirm, sondern die Nationalfahne! Denn unter ihrem Schutz befinden wir uns in Freiheit!

Na, da bin ich aber beruhigt! *Selebre Sesel!*

Mittlerweile schlendern wir gemächlich auf der Francis-Rachel-Straße Richtung Stadtmitte, wo mir Bernard noch mehr Interessantes und Denkwürdiges zeigen will.

Kennst Du eigentlich Francis Rachel?

Ich schüttle den Kopf.

Dabei siehst Du ihn vermutlich jeden Tag. Oder genauer gesagt, sein Grab.

Und dann erzählt mir Bernard, dass Francis Rachel einer der beiden Toten des Putsches vom 5. Juni war. Beerdigt wurde er auf dem kleinen Friedhof in der Anse Boileau. Und tatsächlich: Durch die hohen Schirmakazien sind die kleinen weißen Kreuze und Grabsteine bis auf unsere Terrasse zu sehen.

Die Straßen sind fast menschenleer, denn das Volk hat sich im *Stad Linite* – dem Stadium der Einheit – zusammengefunden, wo es der *National Day Parade* begeistert Beifall klatscht: Militär, ein Motorradkorso aus Indien und Darbietungen von Delegationen aus Frankreich und Mauritius sorgen für ein farbenprächtiges Spektakel. Dazu ein bisschen tropische *umtata*-Musik, wie die Blasmusik gerne auf Kreolisch genannt wird, und fertig ist *Selebre Sesel!*

Wir genießen hingegen die ungewöhnliche Stille der Stadt.

Gefällt Dir denn nun das neue *Liberty*-Denkmal, möchte Bernard wissen. Doch, sage ich, eigentlich ganz schön, nur ein bisschen klein, oder?

Was erwartest Du? Victoria ist eine der kleinsten Hauptstädte der Welt. Da sind dann eben auch die Denkmäler eine Dimension kleiner. Wer braucht hier schon ein Monument wie den Eiffelturm oder den Big Ben?

Du hast recht, sage ich und deute auf den Uhrenturm vor uns, der wie eine Miniaturausgabe des berühmten Londoner Wahrzeichens aussieht. Natürlich weiß ich längst, dass hier nicht etwa der Big Ben kopiert wurde, sondern einer der weniger bekannten Uhrentürme Londons: In der seychellischen Hauptstadt steht nämlich „nur“ die Replik des

Clock Tower, der sich in London an der Kreuzung der Victoria Street und der Vauxhall Bridge Road befindet, alles in der Nähe von Victoria Station.

So viel Victoria!

Und genau das war auch der Grund, warum der einstige seychellische Gouverneur Sir Ernest Sweet-Escott ein ähnliches Teil für die Seychellen in Auftrag gab, nämlich als Denkmal für Queen Victoria für die seychellische Hauptstadt Victoria.

Ich will schon schnurstracks auf den silbernen *Lorloz* – so nennt sich der Uhrenturm auf Kreolisch – zusteuern, da zupft mich Bernard am Arm, deutet nach rechts und zieht mich über die verwaiste Straße, auf der sich sonst ein Auto nach dem anderen staut.

Genug mit Uhren und so. Dem Glücklichen schlägt eh keine Stunde, schon gar nicht hier auf den Seychellen.

Und als ich etwas ratlos umherschaue und mich nochmals dem *Lorloz* nähern will, wird mein Stadtführer etwas deutlicher.

Vergiss es! Der da, und Bernhard macht eine beinahe verächtliche Kopfbewegung in Richtung Uhrenturm, der da läutet sowieso nicht. Oder besser gesagt: nie! Kann er nämlich gar nicht, weil seinerzeit das Originalpendel beim Entladen des Schiffes ins Hafenbecken plumpste, nicht geborgen werden konnte und der Nachbau durch einen einheimischen Ingenieur komplett missraten ist.

Seychellen und Uhrmacher, das geht wohl nicht zusammen, denke ich mir und bin dafür umso neugieriger, warum mich Bernard in den Schatten eines kleinen Parks gezogen hat und dann um ein Gebäude herumgeht, das kein geringeres ist als der *Supreme Court*, das höchste Gericht der Seychellen.

Schau her, sagt Bernard und deutet auf eine völlig unspektakuläre Frauenstatue, hier steht sie, unsere *ti tant*. Doch besagte kleine Tante ist keine Geringere als diejenige, zu deren Ehren der *Clock Tower* errichtet wurde: Queen Victoria.

Warum wurde sie denn in den Hinterhof verbannt, will ich wissen und wundere mich über den ungewöhnlichen Platz zwischen Häuserwänden und Eingangsfronten.

Von wegen Hinterhof! Das, sagt Bernard mit einer ausladenden Handbewegung, war früher alles andere als ein Hinterhof. Als das Gerichtsgebäude gebaut wurde, war hier noch ein majestätischer Vorplatz, der sich zum Meer erstreckte.

Verächtlich blickt Victoria drein. Nein, eigentlich schaut sie uns nicht etwa an, sondern eher an uns vorbei, schürzt ihre Lippen, kräuselt ihre Nase – ganz so, als sei sie von irgendetwas oder irgendjemandem reichlich angewidert, vermutlich von ihrem spröden, alles andere als attraktiven Standort.

Na ja, ich weiß nicht so recht, gebe ich zu bedenken.

Na hör mal, das hier soll immerhin die kleinste Victoria-Statue der Welt sein, brüstet sich Bernard.

Ich aber finde, die steinerne Königin sieht eher so aus, als sei hier dem Denkmalerbauer das Geld ausgegangen, so mickrig wirkt das Abbild der Monarchin.

Bernard zwinkert mir zu.

Komm mit, es gibt noch mehr zu sehen!

Wir gehen wieder um das Gerichtsgebäude herum und versinken im schattigen Nichts. Der kleine Park könnte dringend eine Gärtnerhand vertragen, wenn nicht sogar ein Facelifting. Da starren mich plötzlich aus dem Blätterdach tote, aber durchdringende Glubschaugen an, die einem Mann aus Marmor gehören. Weit aufgerissen und streng, beinahe tadelnd ist der Blick. Ob auch er sich über seinen Standort entsetzt? Dieser ist ja ähnlich wie bei Queen Victoria keine 1A-Lage, hier unter irgendwelchem drittklassigem Gestrüpp und verhedderten Palmenwedeln.

Wäre da nicht eine recht ausladende Gedenktafel, auf der die Büste steht, würde das Denkmal kaum bemerkt. Der Herr, dem es gewidmet ist, wirkt mit seinem Rüschenkragen, steifer Robe und onduliertem Haar wie ein versteinerter Richter.

Klar, wir befinden uns ja auch vor oder genauer gesagt, hinter dem Gericht.

Ein Richter? Bernard macht sich lustig über mich.

Ein Richter ist er nicht!

Und dann erzählt mir Bernard die Geschichte von Pierre Poivre, dem guten alten Herrn Peter Pfeffer, der als einstiger Gouverneur der Insel Mauritius vor fast 250 Jahren auf die Seychellen kam und hier ein wichtiges Gewürz einführte.

Ich wittere Morgenluft: Ihm haben wir also den Pfeffer zu verdanken!

Wie kommst Du denn auf *die* Idee? Bernard tut gerade so, als wäre es völlig an den Haaren herbeigezogen, Herrn Pfeffer für die Einführung von Pfefferbäumen auf den Seychellen verantwortlich zu machen.

Nein! Pierre Poivre brachte - - - Bernard macht eine genussvolle Kunstpause in seinen Ausführungen - - - ZIMT auf die Inseln und war damit für den ersten wirtschaftlichen Aufschwung der Seychellen verantwortlich.

Wind kommt auf, an den schwarzen Granithängen hinter der Stadt ballen sich rauchgraue Wolken. Es wird Zeit für den Nachhauseweg. An der Ostküste grüßen die letzten türkisfarbenen Himmelsstreifen, eingenistet zwischen den Bergen.

Doch bevor ich die Stadt verlasse, fragt mich Bernard: Wie haben Dir denn die *dizef* geschmeckt?

Ich erzähle ihm von meinem Geschmackserlebnis. Und davon, dass ich mich gar nicht traue, die Kostbarkeiten aufzuessen.

Solltest Du aber! Solange sie frisch sind, schmecken sie einfach am besten. Zur Feier des Tages könntest Du Dir doch ein *kari dizef* machen, ein Eier-Curry. Und weil wir hier gerade bei Pierre Poivre stehen, versuche doch mal *das* dazu!

Wie neulich nestelt Bernard etwas aus seiner Tasche, und wieder ist es ein kleines Beutelchen.

Das sind Pfefferkörner!

Ein paar davon solltest Du im Curry mitkochen, das gibt eine ganz besondere Note. Probiere es einfach aus! Dazu passt ein *diven blan* – ein Weißwein, leicht pfeffrig-pikant, aus unserem nächstgelegenen Weinanbaugebiet.

Während ich noch überlege, ob Bernard damit die Reben Südafrikas meint oder vielleicht auf irgendeinen experimentierfreudigen Hobby-Winzer anspielt, der in den Hängen von La Misère einen Versuchsweinberg angelegt haben könnte, gibt er mir noch den Rat, die Pfefferkörner vor dem Kochen im Mörser zu zerstoßen.

Ein paar Wochen später sollte ich dann noch viel genauer erfahren, was es mit diesen Pfefferkörnern auf sich hat.

Für heute aber war es genug.

Wieder zurück hoch oben über der Anse Louis neigt sich auch dieser dritte Junifeiertag dem Ende zu. Vor uns steht eine leer gewischte Schale, die kaum noch erahnen lässt, dass sich darin ein hinreißendes *kari dizef* befand. Die Sonne gießt ihre letzten Strahlen ins Meer und Mister Fred den letzten Rest aus der Flasche mit dem *Sauvignon Blanc* ins Glas.

Plötzlich frischt es merklich auf. Ein heftiger Windstoß aus Südost schlägt eine Tür zu und eine andere auf. Fensterlamellen klappern, Palmenwedel rascheln. Über uns rauscht es gewaltig, schaurig schön. Und dann rieselt es leise von oben herab: Myriaden von kleinen, kleinsten und allerkleinsten Blättchen des Flamboyant-Baumes segeln auf uns hernieder, bedecken den Tisch und wieder einmal mehr den Terrassenboden.

Mein Mister Fred weiß, was er zu tun hat. Dieses Mal aber greift er nicht zu dem störrischen *balye zig*, sondern zu dem viel sanfteren *balye fatak*, einem Besen, der aus den schwingenden Rispen des schilfähnlichen *fatak*-Grases gebunden wird. Mister Fred kennt sich eben aus.

Feierabend am Feiertag.

Ich rufe: *Selebre Sesel!*

So gehen die Festspielwochen auch als Kehrwochen zu Ende.

dizef

(für 2 - 4 Portionen)

dizef djab (Teufelseier):

4 Eier, hartgekocht
½ sehr reife und weiche Avocado
1 grüne Chili-Schote bzw. fertiges *piman*
(siehe Kapitel „August“ – Menge nach Belieben)
Salz und schwarzen Pfeffer, grob gemahlen aus der Mühle

Hartgekochte Eier der Länge nach halbieren, Eidotter entfernen und zusammen mit der weichen Avocado in einen hohen Rührbecher geben. Dann Salz, klein geschnittene Chili bzw. *piman* dazu und alles mit dem Stabmixer pürieren. Masse dann anschließend zurück in die Eiweiß-Hälften füllen.

Dazu passen Chips (siehe Kapitel „Juli“).

kari dizef (Eier-Curry):

4 – 6 Eier, hartgekocht
1 Karotte
Zwiebel, Knoblauch, Ingwer, klein gewürfelt
1-2 TL Senf sowie 1 TL Senfsaat (KEINE Senfkörner)
Milch/Sahne oder ähnliche Alternative (z.B. Alpro Soja Cuisine)
Salz, Curry, Öl, Kreuzkümmel, gemahlener Koriander, Pfeffer

* * *

Zwiebel, Knoblauch, Ingwer, Karotte klein würfeln und in Öl weich dünsten, Curry-Pulver darüber stäuben, Senf dazu und mit Milch etc. ablöschen, so dass eine cremige Masse entsteht. Eier würfeln, dazu geben und vorsichtig durchrühren, dann Gewürze nach Belieben dazu. Dazu passt Reis.

Juli

Wort bzw. (Aus-)Spruch des Monats: *gooooooool!*
Gericht des Monats*: banana chips und bread fruit chips*
Getränk des Monats: *Sewbrew*

Fußball in der kleinsten Hütte

Eines Morgens, als wir zum Einkaufen fahren, trauen wir unseren Augen nicht. Ganz in der Nähe unseres Hauses ist etwas Seltsames passiert. Da weht nämlich eine riesige Deutschlandfahne. Sie kommt mir mindestens genauso groß vor wie die Fahne, die auf der Kuppel des Deutschen Bundestages weht. Wohl deshalb, weil sie nicht nur eine winzige Hütte verhüllt, sondern auch noch die herrlich rot blühenden Ixora-Büsche, eine Horde kläffender Hunde und mindestens ein Dutzend gackernder Hühner.

Hoppla! Wir stutzen und halten an, um uns das außergewöhnliche Spektakel etwas genauer zu betrachten. Fragend schauen wir uns an: Man wird doch nicht wohl zu unseren Ehren hier im Busch geflaggt haben? Wir wollen der Sache auf den Grund gehen, steigen aus dem Auto aus und rufen neugierig: *Alo? Hello!*

Unter der Fahne raschelt es, dann bewegt sich etwas, und schließlich taucht aus dem Tuch ein kahlköpfiger, froh gelaunter älterer Herr mit einem kugelrunden ebenholzschwarzen Bauch auf. Er stellt sich uns als Thomas vor, bleibt aber brav oben auf seiner kleinen Veranda stehen, ohne uns auf der kleinen Treppe entgegen zu kommen.

Merkwürdig, denke ich. Unser Fahnenjunker verzichtet sowohl auf die englische Aussprache *Tommäs* als auch auf die auf der Insel gebräuchliche Abkürzung *Tom*.

Yes, I am T h o m a s, wiederholt er.

Thomas – *you know? Like* Thomas MULLER.

Aha, hinter Thomas MULLER kann sich doch nur einer verbergen: Thomas Müller, der Stürmer von Bayern München. Und plötzlich fällt es mir siedend heiß ein. Klar, wir haben ja Fußballweltmeisterschaft! Ausnahmezustand in Deutschland und Ausnahmezustand auf der Insel: Da werden Wimpel in die Autos gehängt, Trikots getragen und Public Viewings bei denjenigen organisiert, die über den neuesten Flachbildschirm verfügen. Das Fußballfieber grassiert und macht auch vor der kleinsten Hütte auf den Seychellen nicht halt. Nur: Bislang hatte ich hier noch nirgends eine deutsche Fankultur bewundern können. Die Seychellois sind nämlich vor allem zunächst einmal begeisterte Anhänger sämtlicher afrikanischer Teams. Und wenn dann schließlich erfahrungsgemäß die Elfenbeinküste, Ghana und Co. ausgeschieden sind, unterstützen sie die südamerikanischen Teams und die englische Nationalmannschaft.

Doch jetzt stehe ich tatsächlich einem waschechten Deutschland-Fan gegenüber, der allerdings meine Präsenz völlig ignoriert und sich deutlich mehr für meinen Mister Fred zu interessieren scheint, denn er beginnt sofort eine typische Männerfachsimpelei mit ihm.

Frankreich gegen Deutschland steht als Nächstes an. Unser seychellischer Thomas Muller tippt 2:1 für Deutschland und ist sich sicher, dass Thomas Müller alle beiden Tore schießt. Mister Fred sieht das nicht so, er ist weitaus pessimistischer.

Plötzlich riecht es angebrannt. Ich tippe Thomas Muller auf die Schulter und deute fragend in die Richtung, in der ich seine Küche vermute. Erschrocken stürzt er davon, aber nicht, ohne uns noch vorher ein *please wait* zuzurufen.

Wir bleiben also brav unter der Deutschlandfahne stehen und warten. Dann kommt Thomas zurück. Er kaut genüsslich, leckt sich die Finger und streckt uns eine *kokozye* entgegen - eine „gesägte Nuss“, aus keiner geringeren Nuss als der Coco de Mer gefertigt. Der Länge nach aufgetrennt, ergibt die Nuss das Abbild eines ebenmäßigen weiblichen Hinterteils in Form von zwei natürlich geformten Pobacken. Diese haben dann jeweils zwei getrennte Kammern, die sich hervorragend zum separaten Servieren seychellischer Köstlichkeiten eignen. In beiden strahlen goldgelbe Chips um die Wette mit der Sonne.

Frisch gemacht, freut sich Thomas. Ihr müsst sie mal probieren. Links, das sind Bananenchips, und rechts, das sind welche von der Brotfrucht… Lecker! Knusprig!

Als ich nochmals zugreifen will, verfinstert sich das Gesicht von Thomas ein wenig.

Die brauchen wir noch heute für den Fernsehabend!

So, so, auch hier stehen die Seychellen in nichts dem deutschen Klassiker nach: Fußball in der Glotze, das heißt Männer in Doppelrippunterhemden, viele Chips und noch mehr Bier. Ich will von Thomas wissen, ob es wirklich so ist.

Klar, so ist es! Die Nachbarn kommen, und wenn ihr Lust habt, dann kommt einfach mit! Ihr seid auch eingeladen! Jeder bringt etwas zu trinken mit, eine Kiste *Seybrew* habe ich aber schon kalt gestellt, lacht er.

Dabei deutet er auf ein altes blaues Fass, das voller Eiswürfel ist und in dem jede Menge gekühlte Gläser und Flaschen oder besser gesagt, Fläschchen stecken.

Die Miniatur-Bierflaschen, von denen hier die Rede ist, bergen ein wahres Kultgetränk der Insel in sich. Bei dem Bier namens *Seybrew* handelt es sich um ein frisches Helles, das nach dem deutschen Reinheitsgebot gebraut wird. Kein Wunder, gibt es doch eine recht praktikable Kooperation mit der Kulmbacher EKU-Brauerei, die hier für gleichbleibend guten Geschmack sorgt. Zwar sind die Flaschen lächerlich klein, doch das ist wohlüberlegt. Bei Außentemperaturen von mindestens 27 Grad bleibt die Kühle erhalten. Bei mir für genau siebeneinhalb Schluck, wenn ich direkt aus der Flasche trinke. Und das ist ausnahmsweise auch den Frauen erlaubt! Jeder, der sich schon einmal ein *Seybrew* in ein Bierglas eingeschenkt hat, merkt sofort: Das ist Unsinn, weil jedes handelsübliche Bierglas größer ist als die *Seybrew*-Flasche und damit der Sonne eine viel zu große Angriffsfläche bietet. Merke: Kultiviertes Aus-dem-Glas-Trinken ist alles andere als tropentauglich, außer man mag warmes, schales Bier.

Am Abend machen wir uns also auf zu Thomas. Das Auto lassen wir stehen, wir laufen den steilen Berg hinauf und hören schon aus der Ferne ein ohrenbetäubendes Gejohle und Gegröle. Das Spiel hat noch gar nicht angefangen, doch die Stimmung ist offenbar gut. Wir haben neben Getränken noch für Abwechslung in Sachen Knabberzeug gesorgt. Beim Inder um die Ecke gab es heute hausgemachte *muolouk* – in Fett ausgebackene Teigwürmer, mit Kreuzkümmel und Koriander gewürzt, bei denen es kein Halten mehr gibt, wenn sie ganz frisch sind. Außerdem haben wir noch ein paar Devotionalien im Gepäck: Weil wir nichts von der deutschen Nationalmannschaft auftreiben konnten, überreichen wir aus unserer Asservatenkammer ein paar nette Mitbringsel an den stolzen Gastgeber: einen Bayern-München-Kugelschreiber, der den „Stern des Südens" plärrt, einen Bayern-München-

Button und einen Bayern-München-Flaschenöffner. Den schnappt sich Thomas umgehend und versorgt uns erst einmal mit eiskaltem *Seybrew*. Das ist auch gut so, denn im Innern seiner Hütte ist es unerträglich heiß. Das ist wohl auch der Grund, weshalb die bereits erwähnten Doppelrippunterhemden fehlen, denn zu Thomas' nacktem Bauch gesellen sich auch noch die nackten Bäuche von Terence und Steven.

Dann endlich folgt der heiß ersehnte Anpfiff.

Anschließend passiert das, was auch in Deutschland passiert: hitzige Diskussionen um vermeintliche Abseits, Aufjaulen und Genöle bei Foulaktionen, Schimpfkanonaden bei scheinbaren Fehlentscheidungen des Schiedsrichters. Dazwischen Anfeuern (*ale ale!*) und Fluchen (*kouyon kouyon*).

Ich als Frau werde weitgehend ignoriert.

Eigentlich bin ich eh viel zu müde für dieses Fußballspiel, und das Bier und die stickige Luft geben mir den Rest. Dann endlich die Erlösung. Als ich fast am Wegnicken bin, erbebt die Hütte von einem unsäglichen

Gooooooooool!

Tor, heißt das.

Und Thomas Muller oder Müller heißt der Torschütze.

Die *Seybrew*-Flaschen kreisen, die Männer klopfen sich gegenseitig auf die Schultern. Nie war das Leben einfacher und schöner als in diesen Minuten.

Ich werde weiterhin ignoriert. Ist auch ganz schön, weil ich nämlich unterdessen still und heimlich die Inselchips dezimieren kann. Die schmecken einfach himmlisch! Besser als all das, was wir bei der deutschen Sportschau und den Bundesligaübertragungen so in uns hineinstopfen.

Ich dämmere in meinem muffigen Plüschsessel vor mich hin und sehe hier und da im sogenannten Wohnzimmer weitere Utensilien, die unseren Nachbarn als eingefleischten Fußballfan outen. Als dann endlich Halbzeit ist, frage ich Thomas, ob sein Herz denn wenigstens teilweise auch für einen Verein der Seychellen schlägt, denn hier sind jedes Wochenende ungefähr zwei Dutzend ernst zu nehmende Teams am Fighten.

Logisch, sagt Thomas Muller, es kann nur einen geben: Saint Michel!

Und so lerne ich schnell: Was Bayern München für die deutsche Bundesliga ist, das ist Saint Michel für die seychellische Fußballwelt. So sehen tropische Sieger aus! Dieser Verein gewinnt pausenlos, schickt haufenweise Spieler in die seychellische Nationalmannschaft, die 1979 gegründet wurde, und macht Furore. Na ja, ein bisschen jedenfalls.

Ich gähne.

Thomas Muller schickt mir einen vernichtenden Blick durch den Raum, der mich aber nicht trifft, denn stattdessen trifft Thomas Müller zum zweiten Mal das gegnerische Tor.

Ich bin gerettet.

Und kurze Zeit später treten wir im allgemeinen Freudentaumel den Heimweg an. Steven und Terence begleiten uns ein Stück des Weges, irgendwie deutlich fröhlicher als wir – gerade so, als hätte nicht die deutsche, sondern die seychellische Nationalmannschaft einen Fußballsieg davongetragen. Steven erinnert uns dann allerdings in sehr ernstem Ton daran, dass es beim nächsten Spiel, dem Halbfinale, schließlich gegen Brasilien geht.

Das wird kein Spaziergang, murmelt er sorgenvoll und pfeift dann durch die Zähne. Was meint ihr, wollen wir das Spiel zusammen anschauen?

Warum nicht!?

Die Tage sind luftig und ruhig. Es passiert nicht viel. Ab und zu streichen leichte Regenschauer über die Insel und hängen ein silbergraues Seidentuch über die sonst so grün-bunte Natur. Die Schwarze geht ihrem geregelten Katzenleben nach, spielt Fangen mit den Geckos oder lümmelt im Schuhschrank herum. Sie ist ein bisschen genervt, weil es frischen Fisch momentan nur selten gibt, viel zu selten. Das passt ihr gar nicht. Aber der heftige Südost-Monsun macht es den Fischern immer schwerer, regelmäßig hinauszufahren. Gott sei Dank habe ich einen ordentlichen Vorrat eingefroren. Ein paar Filets vom *bordomar*, wie der Blutsnapper auf den Seychellen genannt wird, sind noch da, und ein *kapten blan*, ein weißfleischiger Fisch, schlummert ebenfalls im Tiefkühlfach. Zur Not geht auch Thunfisch aus der Dose, der sich als Dip ganz hervorragend zu den leckeren Chips anrichten lässt. Nur… bei Thomas Muller schmeckten sie irgendwie besser. Ein Versuch, die krossen Dinger nachzuahmen, hat mir nur undefinierbare Bananenpampe beschert, die gut und gerne – hätte ich sie in ein Gläschen abgefüllt – als passabler Babybrei durchgegangen wäre.

Eines Nachmittags bekomme ich einen lang ersehnten Anruf von Marlene aus dem *Pineapple Studio*. Sie erklärt mir, meine maßgeschneiderte Tunika sei fertig und ich könne sie abholen. Nichts lieber als das, auch wenn mein Mister Fred nie sonderlich begeistert ist, wenn wir zusammen ins *Pineapple Studio* fahren. Er sorgt sich dann stets um zu heftige Schmauchspuren an seiner Kreditkarte, denn das Studio ist einfach ein Platz zum „schöner shoppen".

Wir fahren in die Anse aux Poules Bleues. Schon so lange war ich nicht mehr dort, das letzte Mal im April, um bei dem Maler Michael Adams und seinen blauen Hühnern vorbeizuschauen. Und genau in unmittelbarer Nachbarschaft zweigt ein geheimnisvoller Weg in einen düsteren, fast undurchdringlichen Wald ab. Während die Farben ansonsten licht und duftig strahlen, kommt es mir hier vor, als fahre man gegen eine dunkelgrüne Wand. Nur langsam gewöhnen sich die Augen an das spärliche Licht. Dann aber stechen die scharfen Pfeile der Sonne durch das Gefieder der Palmen und geben den Blick auf einige kleine Häuschen frei, die sich freundlich aneinanderschmiegen. Aus einem schaut uns schon Marlene entgegen. Unter einem türkisfarbenen Dach, das sich mit dem Himmel vereint, steht die Tür weit offen, über der wie ein kleines Krönchen hellblaue tropische Holzborde prangt. Zwei hölzerne Säulen geben dem kleinen Gelass etwas Gediegenes, kolonial Herrschaftliches.

Congratulation, ruft sie und springt uns entgegen, toll, dass ihr die Franzosen aus der Weltmeisterschaft gekickt habt.

Hey, Marlene, Du wirst doch bitte schön nichts gegen die Franzosen haben, rufe ich mit einem erhobenen Zeigefinger, wohl wissend, dass es hier auf der Insel so eine Sache ist mit der seychellisch-französischen Freundschaft. Zwar waren es die Franzosen, die im 18. Jahrhundert die Seychellen für sich beanspruchten. Doch offenbar waren es damals ziemliche Weicheier, die regierten, da diese gleich achtmal vor den Briten kapitulieren mussten, nicht ohne jedes Mal nach deren Abreise wieder und immer wieder die französische Flagge zu hissen, bis es den Engländern 1811 zu bunt wurde und sie die Inseln faktisch annektierten, um sie ein knappes Jahrhundert später zur Kronkolonie zu erklären.

Paris ließ indes nicht locker. Als dann die Seychellen 1976 die Unabhängigkeit erlangten, machten die Franzosen nochmals einen Versuch: Wenn sich die Inseln für die Amtssprache Französisch entscheiden würden, so wollte Frankreich sämtliche Formulare und alle offiziellen Beschilderungen kostenlos in Französisch zu Verfügung stellen.

Die Seychellen lehnten dankend ab.

Und entschieden sich für die Hauptamtssprache Englisch in Koexistenz zum Kreolischen. Französisch rangiert der guten Form halber auf Platz 3 in der Hitliste der Amtssprachen.

Marlene umarmt uns heftig. Doch bevor wir gemeinsam in das kleine Verkaufshäuschen gehen, schleicht sie aufmerksam um unser Auto herum. Wir wissen auch, warum! Vor langer, langer Zeit, kurz nachdem wir den Wagen neu erstanden hatten, entschied sich Mister Fred, den schweren Ersatzreifen am Heck abzumontieren und in der Garage aufzubewahren. Da nun aber eine hässliche Lücke an der Kofferraumtür klaffte, beschloss er, eine hübsche Verzierung dort anzubringen, und zwar einen hölzernen Fisch aus dem *Pineapple*

Studio. Als der dann vor wenigen Monaten zu morsch wurde und das Zeitliche segnete, war es Marlene, die für Ersatz sorgte – kostenlos. Kostenlose Werbung für das *Pineapple Studio* war damit nämlich weiterhin garantiert.

Ale, vini – jetzt mach schon und komm endlich, drängt mich Marlene ins Innere des Studios. Ein sanfter Duft von Vanille und Kokos, Zitronengras und Ylang Ylang umschmeichelt mich als Gruß der vielen schönen Seifen, die überall in Form von kleinen Schildkröten und Mini-Coco-de-Mer-Nüssen aufgebaut sind. Dazu noch Aromaöle und Parfüm... mmmh!

Bei all diesen Wohlgerüchen macht mir die Anprobe meines neuen Kleidungsstückes noch mehr Spaß. Dass mein Mister Fred gelangweilt in der Ecke steht, das nehme ich in Kauf. Als ich dann aber stolz meine Tunika präsentiere, meine Arme in den weiten Ärmeln nach oben recke und mich vor dem in Bambus gefassten Spiegel drehe und wende, ist er sichtlich angetan. Leichter, fließender Stoff in tropischen Farben, darauf üppige Hibiskusblüten in Pink, alles eingefasst mit glitzernder Spitze.

Zoli, zoli – wunderhübsch!

Marlene ist auch ganz begeistert und ruft etwas nach hinten in den Laden. Hinter dem Regal öffnet sich eine versteckte Tür, und ein schüchterner junger Mann tritt hervor.

Das ist Lanka, unser Meisterschneider, stellt mir Marlene stolz ihren Mitarbeiter vor. Und dann berichtet sie, dass Lanka – wie es sein Name schon verrät – aus Sri Lanka kommt und hier zusammen mit einem Kollegen für die Schneiderei zuständig ist, nicht ohne zu versuchen, den Seychellois ebenfalls die Fertigung dieser kunstvollen Gewänder beizubringen.

Und, frage ich Marlene, haben die beiden damit Erfolg?

Na ja, lächelt sie gequält, Du weißt ja, wie unsere Insulaner sind: eigentlich recht talentiert, sie liefern immerhin ein paar Tage lang gute Arbeit ab. Nur dann haben sie plötzlich alles wieder vergessen, produzieren Schrott oder sind besoffen und kommen nicht zur Arbeit.

Schade, so schade, denke ich und stecke Lanka eine Tafel Schokolade zu, über die er sich weitaus mehr freut als über mein Scheinchen Trinkgeld. Als Dank zeigt er mir die Werkstatt mit mehr oder weniger vorsintflutlichen Nähmaschinen, aber ein Paradies aus tropischen Stoffen, flatternden Bändern, bedrucktem Frottee, bunten Pareos und witzigen T-Shirts.

Marlene kaufe ich dann nicht nur die Tunika ab, sondern auch ein T-Shirt, einen Pareo, zwei Handtücher, fünf Seifen, einen Strandkorb, einen Einkaufskorb, eine winzige Handtasche, und eigentlich wollte ich auch noch…

… da unterbricht mich Mister Fred und hält mir eine zauberhafte Perlenkette unter die Nase.

Na, die wäre doch was zu Deiner neuen Tunika, meint er vielwissend. Noch bevor ich etwas sagen kann, macht er einen Deal mit Marlene.

Und ich freue mich.

Noch bevor wir unser Auto erreichen können, flitzt Marlene hinter uns her. Halt, ruft sie, ha-alt! Ihr könnt doch nicht einfach gehen, ohne einen Tipp für morgen, für das Fußball-Halbfinale abzugeben.

Mister Fred verdreht die Augen.

Marlene, was erwartest Du? Deutschland spielt gegen Brasilien. BRASILIEN… verstehst Du? Das wird kein gutes Ende nehmen!

Ich kichere in mich hinein. Egal! Ich freue mich jetzt schon auf ein eiskaltes *Seybrew* und ein paar Bananenchips, verkünde ich Marlene.

Aaaah! Ooooh! Das ist die *Idee*, ruft sie laut. Sie eilt flugs nach hinten ins Geschäft, wurstelt zwischen den Stoffballen herum und reicht mir zunächst einen Strahlenkranz aus kleinen sonnengelben Bananen.

Ich freue mich darüber genauso sehr wie über meine Kette!

Aber diese Bananen sind nicht dafür da, um Chips zu machen, mahnt mich Marlene.

Ich bin irritiert. Denn genau diese Winzlinge habe ich neulich verwendet, um mindestens genauso gute Knabbereien zuzubereiten, wie sie uns unser Nachbar Thomas Muller beim

Spiel Deutschland gegen Frankreich serviert hat. Und wie wir uns erinnern: Heraus kam lediglich Bananenbrei…

Marlene belehrt mich: Die Kleinen, das sind die *bannann minyon*,n die kann man wirklich nur zum Frühstück oder als Nachtisch essen, zum Beispiel in Zucker und Rum karamellisiert. Wenn Du aber Chips machen willst…

Marlene greift nach hinten, und es bereitet ihr sichtlich Mühe, den riesigen, überdimensionierten Teil einer Bananenstaude hervorzuholen.

… also, wenn Du wirklich richtig gute Chips machen willst, dann nimmst Du am besten Brotfrucht. Das sind meine absoluten Favoriten, sagt Marlene und hangelt nach einem kleinen Tütchen.

Doch wenn Du unbedingt auf Banane bestehst, fährt Marlene fort, dann brauchst Du *bannann sen zak*.

Herrlich ebenmäßig und schlank wie scharfe, edle Sicheln sind die hellgrünen Halbmonde, die mir Marlene entgegenstreckt. Unreife Früchte irgendwie – und dennoch: Marlene erklärt mir, dass ich die Bananen mit dem vornehmen französischen Heiligentitel *Saint Jacques* genau morgen und keinen Tag später pellen und mit einem Sparschäler hauchdünn hobeln muss. Viel Öl soll ich in die Pfanne geben, die Bananenspäne hinzufügen und sie nur wenige Sekunden schwimmend ausbacken lassen… fertig!

Danach müssen die Chips noch auf Küchenpapier abtropfen, etwas Salz darauf und dann: möglichst schnell in den Mund damit.

Anschließend mit *Seybrew* nachspülen. Logisch. Was sonst?

Der Tag des Halbfinales naht. Steven ruft uns an. Eigentlich hatten wir ja vor, das Fußballspiel bei ihm zu Hause gemeinsam mit seiner Familie anzuschauen. Nun erklärt er uns aber umständlich, dass es dann ja schon Mitternacht ist, wenn die Übertragung im Fernsehen läuft.

Wir haben verstanden. Es wäre einfach zu spät für ein Public Viewing in der Nachbarschaft.

Auch kein Problem, sagt Mister Fred, wir bekommen ja eh mit, wie es steht.

Er spielt damit auf eine undefinierbare Fangruppe im Tal an, die überwiegend aus weiblichen Mitgliedern besteht und ausschließlich das brasilianische Team unterstützt. Jedes Mal, wenn Brasilien in den vergangenen Spielen ein Tor landete, ergoss sich ein nicht enden wollender Jubelschwall ins Tal, sodass auch der hinterste Winkel wusste: *Gooooooool* für Brasilien!

Von Thomas Muller fehlt heute jede Spur. Er muss in die Hauptstadt gedüst sein, um im *Pirates Arms* das Spektakel zu verfolgen.

Irgendwann, deutlich später als sonst, gehen wir zu Bett. Im Tal bleibt es verdächtig ruhig. Auch gut, denken wir uns und gleiten schnell hinüber in das Reich der Träume.

Mitten in der Nacht schellt plötzlich das Telefon. Schlaftrunken wanke ich ins Büro. Ich habe keine Ahnung, wie viel Uhr es ist, aber noch ehe ich den Hörer richtig ans Ohr halten kann, brüllt es mir entgegen:

Gooooooooooooooooooooooooooooooooooooooooool!

Das war eindeutig Steven!

Mensch, Steven! Du wolltest doch eigentlich schlafen!

Er faselt etwas von *Germany killed Brasil.* Dann versucht er noch, mir weiszumachen, dass es 5 zu 1 steht.

Mister Fred ist mittlerweile ebenfalls wach, bekommt den lautstarken Bericht über das Telefon mit und schüttelt nur den Kopf. Aber irgendwie kapieren wir schnell, dass Steven recht haben muss. Wir hätten nämlich längst auch im tiefsten Schlaf das Freudengeheul der brasilianischen Fanfrauen aus dem Tal gehört, wenn das Glück auf ihrer Seite gestanden hätte.

Wir gehen wieder ins Bett und schlafen selig ein. Wir bekommen keine brasilianische Freudenparty mit, weil es keine gibt. Folglich muss das Spiel zu unseren Gunsten ausgegangen sein – 7 zu 1, wie wir am nächsten Morgen erfahren.

Am späten Vormittag fahren wir in gleißender Sonne nach Port Glaud, um eine Besorgung zu machen. Ein merkwürdiges Straßenbild empfängt uns hier oben im sonst so unspektakulären Westen. Zahlreiche kleine Häuschen haben riesige Deutschlandfahnen gehisst, viele Menschen auf der Straße tragen plötzlich die Trikots der Jungs von Jogi Löw.

Verrückt, oder?

Wir beschließen, in den Freudentaumel einzustimmen und uns eine ausgedehnte Mittagspause bei Pierre zu gönnen.

Hmmmm, ob das wohl gut geht? Pierre ist ein Franzose, ein ausgebuffter Food-and-Beverage-Manager, der die Leitung eines großen internationalen Hotels gegen ein eigenes kleines Restaurant eingetauscht hat. Wie klug er doch war! Sein Platz, das *Del Place*, scheint nicht von dieser Welt. Es ist ein Sehnsuchtsort, der über dem Meer schwebt. Auf einem Holzdeck zwischen Wasser und Himmel wollen wir uns und den Fußballsieg feiern und lassen uns roh marinierten Fisch und einen *Sexy Seafood Salad* servieren.

Ha! So schmeckt der Sieg.

Plötzlich kommt Pierre um die Ecke, in der Hand einen Eiskühler mit einer vielversprechenden Flasche darin.

Das hatten wir doch gar nicht bestellt, oder?

Pierre lächelt verschmitzt und sagt mit seinem wundervoll französisch gefärbten Englisch:

Sänk ju sät yu 'äw biiietön sö Brasil!

Ja, ein Dank an das Team, dass wir Brasilien geschlagen haben.

Dann stellt Pierre uns eine gekühlte Flasche Schampus vor die Nase: *avec plaisir* – mit Vergnügen – und natürlich aufs Haus. *Seybrew* wäre heute zu banal und völlig fehl am Platz.

Und auch, wenn erst noch das Endspiel kommt…

Und auch, wenn wir noch gar nicht wissen, ob Deutschland wirklich Weltmeister wird…

Und auch, wenn der Monat erst halb vorbei ist…

Besser kann der Juli nicht enden.

Chips aus Bananen und/oder Süßkartoffeln

(für 2 - 4 Portionen)

Klassisch in Öl:

2 Kochbananen oder große grüne, unreife Bananen
bzw. 2 Süßkartoffeln
Reichlich Pflanzenöl (kein Olivenöl; am besten Kokosfett)
Eine Rolle Küchenpapier und Salz

* * *

Bananen bzw. Süßkartoffeln schälen und in ca. 3 mm dicke Scheiben schneiden. Öl in der Fritteuse auf 180° erhitzen, geht aber auch in einer Pfanne; sie sollte dann mindestens 1,5 cm hoch mit Öl befüllt sein. Mit dem Stab eines Holzlöffels hineintauchen; wenn sich daran Bläschen bilden, hat das Öl die richtige Temperatur, dann die Scheiben hineingleiten lassen und goldgelb frittieren. Mit breitem Wender oder Schaumlöffel herausnehmen, dann auf Küchenpapier ordentlich abtrocknen, salzen und sofort genießen!

* * *

Fettarm im Backofen:

Bananen und/oder Süßkartoffeln in Scheiben schneiden, möglichst dünner als 3 mm, dann auf ein mit Backpapier ausgelegtes Backblech geben und für ca. 6 bis 8 Stunden bei nur 60-70° Ofentemperatur trocknen. Sind die Chips fertig, dann fühlen sie sich leicht „ledrig-trocken“ an.
Salzen und genießen!

August

Wort bzw. (Aus-)Spruch des Monats: *vannswet!*
Gericht des Monats*: piman*
Getränk des Monats: *sitronnel*

Windwärts

Der Himmel hat seine Farbe geändert, ganz allmählich. Das knallige Blau ist in ein milchiges Weiß übergegangen, das sich wie ein dünner Film über die Insel legt. Ab und zu hängen schmutzgraue Schlieren über uns, Wolkengrüße von *the bottom of the world* aus dem hintersten Südosten unseres Planeten.

Es ist die hohe Zeit des Südost-Monsuns. Hier auf der Insel nimmt man seinen Namen ehrfürchtig in den Mund.

Vannswet!

Wind aus dem Südosten.

Nur so ein dahergewehter Wind ist er aber beileibe nicht. Der *vannswet* ist ein Synonym für eine besondere Jahreszeit, für besondere Umstände, für eine besondere Lebensweise. Was sich in den Monaten zuvor so ganz allmählich aufgeschaukelt hat, erreicht im August seinen inoffiziellen Höhepunkt: das Leben im Wind.

Der Wind ist allgegenwärtig. Hier auf der Insel können wir ihm nicht entfliehen. Vor allem der Süden Mahés wird von einem ständigen Windstrom durchgepustet. Unser Zuhause ist *ovan* – so heißt im kreolischen Volksmund unser Inselteil.

Wir leben *au vent*, dem Wind zugewandt, also windwärts. Selbst in unserem Heim, hoch oben über der Westküste, an der jetzt tendenziell Flaute herrschen sollte, geht er durch und durch. Andere mögen ihn als willkommene natürliche Klimaanlage mit permanenter Ventilation schätzen, ich aber empfinde es als Herausforderung, in diesem Dauerzug zu leben. Doch irgendwie verstehe ich schnell: Es hat keinen Sinn, diesen Wind als Gegenwind zu begreifen oder sich gar gegen ihn aufzulehnen. Ich lerne, dass ich nicht gegen den Wind, sondern mit dem Wind leben muss. Und das hat durchaus auch etwas Gutes, wie ich später noch merken werde…

Die Einheimischen haben allerdings so ihre liebe Last. Meist heißt es im August: Die Grippe geht um. Oder: Der Husten hat uns alle im Griff. Oder: Der Schnupfen regiert die Insel.

In dieser Zeit bekomme ich mehr Besuch denn je von unseren Nachbarn und Freunden. Sie wissen sehr wohl, dass ich in meiner gut sortierten Hausapotheke immer ein passendes Mittelchen für die Zipperlein des *vannswet* parat halte. Mein durchweg kreolisch klingender deutscher Nachname, der übersetzt nichts anderes als „krank“ bedeutet, hat mir zu einem zweifelhaften Ruhm in unserer Bucht verholfen.

Dennoch, der *vannswet* hat auch seine guten Seiten. Die Luftfeuchtigkeit hält sich in Grenzen. Die Wäsche müffelt nicht so schnell. Das Brot schimmelt langsamer.

Und: Man hat viel mehr Mitgefühl füreinander. Klagt jemand über Kopfweh, so heißt es sorgenvoll: Ojemine… *ayoyo, vannswet!* Gibt es mal wieder keinen frischen Fisch oder wird der viel zu geringe Fang für viel zu viel Geld verhökert, heißt es verständnisvoll: *vannswet!* Und natürlich sind auch wir gerne bereit, doppelt so viele Rupies für einen unter widrigen Windverhältnissen gefangenen Red Snapper zu zahlen.

Der *vannswet* hat aber auch deshalb sein Gutes, weil er für gefühlte zehn Grad weniger sorgt als sonst. Und so lassen sich einige Vorhaben realisieren, die sonst immer ganz hinten auf der Agenda stehen. Längst wollte ich mit meinem Mister Fred zu einer Wanderung durch die tropische Bergwelt der Seychellen aufbrechen, doch immer war es uns dafür einfach zu heiß.

Das wird ab jetzt anders!

Nur eine Handbreit neben dem Botanischen Garten verlässt zunächst eine völlig unscheinbare Straße die Hauptstadt ins Landesinnere. Victoria hat es nicht sonderlich nötig, große Hinweisschilder aufzustellen. Man kennt sich eben aus und weiß, dass hier die längste Bergtrasse den Osten mit dem Westen Mahés verbindet, und zwar mitten durch das Gebirge. Nach ungefähr einer Viertelstunde haben wir mit dem Auto unseren Startpunkt für unsere Bergtour erreicht: die weißen Mauern der *Copolia Lodge*, einer kleinen Wellness-Herberge. Hier haben wir uns mit unserem Bergführer verabredet:

Terence – damit meine ich nicht Terence Juaneau, unseren Nachbarn aus der Anse Louis, sondern es ist Terence Belle aus St. Louis. Sein Nachname verrät uns bereits ein wenig über seine Herkunft: Belle, das kommt von französisch *la belle* und bedeutet die Schöne. Außerdem ist der Name ein Hinweis darauf, dass Terence aus einem uralten Sklavengeschlecht abstammt. Denn damals, in der Zeit, als es keine offiziellen Nachnamen gab, in der Zeit, als die Sklaven nicht untereinander heiraten durften, sich aber dennoch liebten, gab man den Kindern einfach den Namen der Mutter als Beinamen. So ist es nicht weiter verwunderlich, dass in dem heutigen seychellischen Telefonbuch seitenweise die Familiennamen Elisabeth oder Marie auftauchen. Und bei Terence muss wohl irgendeine Urururgroßmutter eine sehr schöne Frau gewesen sein, auch wenn man das bei seiner Erscheinung nicht so recht glauben kann. Ein korpulenter Typ steht da vor uns, der aussieht, als würde er die meiste Zeit faul vor dem Fernseher sitzen und sich von Fast Food ernähren. Unter seinem T-Shirt wabbelt verdächtig ein viel zu dicker Bauch, der ihm wohl kein guter Verbündeter auf dem beschwerlichen Weg durch die Berge sein wird.

Denke ich. Und täusche mich. Denn obwohl Terence mindestens doppelt so viel wiegt wie ich, ist er doch doppelt so schnell im Busch unterwegs wie ich.

Wir treffen ihn an der Bushaltestelle. Er hat einen dieser blauen Tata-Busse genommen, die sich regelmäßig unter großem Geschnaufe die steile Straße von Sans Souci hinaufquälen und direkt am Anfang des grüngelb ausgeschilderten *Copolia Trail* halten. Nicht mal zwei Kilometer liegen nun bis zum Gipfel vor mir, eigentlich ein Klacks… denke ich.

Doch gleich der Beginn des Weges hat es in sich. Steil stürzt er in die Tiefe, und ich bin dankbar, dass mein Mister Fred für mich einen der Holzstöcke geschnappt hat. Wildhüter und Polizisten, die hier oben ab und zu Dienst schieben, haben sie für Wanderer zurechtgemacht und griffbereit an einen großen Mahagonibaum angelehnt.

In den Hang haben sich natürliche Stufen eingegraben, mal aus ausgewaschenen Wurzeln, mal aus festgetrampelter dunkelroter Erde, ab und zu befestigt mit Holz und Brettern. Hoppla, fast wäre ich über eine Stahlspitze gestolpert, die den Untergrund wohl ebenfalls bändigen sollte.

Während sich über uns die mächtigen Kronen der Albizia, wie sich die riesigen Schirmakazien nennen, wölben, umspülen murmelnde Bachläufe mit glasklarem Wasser meine jetzt schon heiß gelaufenen Füße. Als es heftiger gurgelt, hilft eine kleine Bretterbrücke aus schwerem Tropenholz. Kreuzweise eingeritzte, massive Kerben in den Bohlen verhindern, dass sie trotz Feuchtigkeit zu schlüpfrig wird. Eigentlich hatte ich hier unten in dieser tiefen Waldschlucht mit Moskitos gerechnet, aber Fehlanzeige. Kein lästiges Schwirren, dafür umso lauteres Geflatter und Gezeter der Bulbuls, muntere schwarze Vögel mit lustigem unfrisiertem Schopf.

Dann geht es sehr steil nach oben. Von einem richtigen Pfad kann kaum noch die Rede sein, schon gar nicht von einem gut ausgebauten Wanderweg. Die riesigen Granitfelsen scheinen zunächst unbezwingbar, doch immer wieder tut sich ein natürlicher Tritt nach dem nächsten auf. Kleine farbige Orientierungshilfen sollen dafür sorgen, dass wir „in der Spur bleiben". Aber ehrlich gesagt, hätte uns Terence nicht auf die spärlichen, waagrechten gelben Striche hingewiesen, die mal hier und mal da sporadisch auf die Felsen gepinselt sind, wir wären achtlos daran vorbeigelaufen, so sehr verstecken sie sich in dem Felslabyrinth. Genauso wie ein fetter *tang,* ein Seychellenigel, der von uns aufgescheucht ganz nervös zurück zu seiner Familie flitzt, die furchtsam unter einer großen Wurzel kauert.

Nach ungefähr einer dreiviertel Stunde liegt das steilste Stück hinter uns. Die Felsen werden weniger, der Schatten auch. Mehr Wärme und Sonnenlicht dringen durch die *latanier feuille*, Palmen mit harten, kompakten Blättern. Sie spenden aber immer noch ausreichend Schatten. Nicht auszudenken, wenn wir hier in der prallen Sonne wandern müssten. Heiß und schwül ist es nämlich mehr als genug, und den ersten Liter Wasser habe ich längst ausgetrunken.

Nun führt der Pfad längsseits des Berges, und es läuft sich bequemer. Plötzlich hört man ein kurzes hohes *tiiiip*. Und dann noch mal: *tiiiip!* Das ist der Lockruf eines der kleinsten Frösche der Welt: Der *Sooglossus gardineri* hat sich hier im feuchten Untergrund versteckt. Ein frisch geschlüpftes Froschbaby misst gerade mal drei Millimeter, während es seine Mutter immerhin auf einen ganzen Zentimeter bringt. Der Vater, der hier schon wieder laut sein *tiiiip* schreit, ist zwar etwas größer, muss sich aber dennoch mit nur acht Millimetern zufriedengeben. Wir haben kein Glück, heute bleiben die Winzlinge unter großen verrotteten Blättern verborgen. Stattdessen bekommen wir unverhofft Besuch von einem kleinen scheuen Reptil – der schwarzen Wolfsschlange. Trotz ihrer Schüchternheit flüchtet sie nicht gleich vor uns, sondern züngelt uns zunächst vorwitzig entgegen, legt sich dann parallel zu einem Zweiglein und scheint uns zu sagen: Na, da staunt ihr aber, wie gut ich mich doch zu tarnen weiß!

Apropos Tarnung: An einer der nächsten Pflanzen, die uns fast den Weg versperren, dreht Terence abrupt einen Ast um und kehrt die Unterseite der Blätter nach oben.

Na, was seht ihr?

Wir sehen: nichts.

Schauamal, sagt Terence plötzlich auf Deutsch mit einem niedlichen schwäbischen Akzent, *schaunoamal*.

Und wir schauen noch einmal und sehen schließlich, dass da ein seltsames Etwas hockt: eine Stabheuschrecke – zart wie ein Stängel, aber dennoch so stabil wie die Blattrippe, auf der sie sich exakt platziert hat.

Unseren Weg säumen viele endemische Bäume, also Bäume, die nur hier auf den Seychellen und sonst nirgendwo auf der Welt wachsen. Es sind eher unscheinbare Gehölze, die beinahe untergehen zwischen den wuchtigen Zimtbäumen, deren Duft mich betört. Auch Nelkengeruch kitzelt meine Nase. Dazwischen finden sich merkwürdige Palmen. Eine erstaunt mich mit einem seltsamen Wurzelgeflecht aus Stelzen und Latten, die ihr zu ihrem Namen *latanier latte* verholfen haben. Und direkt neben ihr steht eine andere, die sich über ein ausgebufftes Stammsystem in den Himmel schraubt, weshalb die einheimische *vakwa* auch als Schraubenpalme bekannt ist.

Der fruchtbare Waldboden ist überwuchert mit den feinen Blättchen des *gazon*, dazwischen immer wieder *koko maron*, ein Gras, das Blätter hat, die wie Palmwedeln in Miniatur aussehen. Zwischen diesem kuscheligen Grün spitzt eine zerbrechlich wirkende, blühende Rispe hervor. So nichtssagend sie auch aussehen mag, sie ist eine seltene Orchidee: *Malaxis seychellarum*, nicht größer als ein ausgestreckter Zeigefinger, zunächst mit zartgrünen Blüten, die dann langsam ins Purpur wechseln, je weiter sie nach oben klettern, bis sie schließlich sattgelb an der äußersten Spitze aufleuchten. Ein unscheinbares Kleinod, an dem ich ohne Terence achtlos vorbeigelaufen wäre.

Dann geht es nochmals richtig ans Eingemachte! Bevor der Gipfel naht, kommt eine nicht allzu hohe, aber senkrechte Steilwand. Wie jetzt, hier soll ich tatsächlich hoch? Da bemerke ich eine stabile Leiter mit gerade mal zehn Sprossen, die genau ausreichen, um auf ein Granitplateau zu gelangen, das zum Niederknien schön ist: wundervoll geformte Felsen, eingerahmt von dichten, kniehohen Hecken aus fleischfressenden Kannenpflanzen.

Ein sanfter Hauch streicht durch diese unwirkliche Natur. Trotz der prallen Sonne ist es luftig und leicht hier oben. Und still ist es, ganz still.

Der Ausblick nimmt mir fast den Atem: In meinen Träumen stehe ich genau auf solchen Anhöhen, breite die Arme aus und kann fliegen.

Unter uns liegen die vorgelagerten Inseln, dann Victoria mit dem Hafen und einem Meer, das sich hinten am Horizont mit dem Himmel vereint. Wende ich mich nach links, bin ich fast auf Augenhöhe mit dem Morne Seychellois, obwohl der mit seinen 905 Metern fast doppelt so hoch ist wie mein Aussichtspunkt. Die Copolia reckt ihr kahles Haupt immerhin mit 497 Metern in die Höhe. Ich freue mich wie ein kleines Kind, lege mich bäuchlings auf die warmen Steine, schnuppere diesen sengend heißen Duft von Felsen und Holz und Tropenglück, dann drehe ich mich auf den Rücken und schaue ins Blau. Was für ein Geschenk!

Ein bisschen traurig bin ich, dass ich mich nicht ganz an den Rand des Felsplateaus traue, doch da lauert definitiv der Abgrund. Achtung, lebensgefährliche Tiefen, Absturzgefahr! Warum eigentlich muss irgendein depperter Tourist genau da vorn seine blöde abgepellte Orangenschale neben einer leeren Trinkflasche deponieren? Und warum darf ausgerechnet der Scheich Khalifa, Chef der Vereinigten Arabischen Emirate, hier ganz legal gegen jegliches Gesetz verstoßen und sich ein Hochhaus in die Berge stellen? Um ein Haar hätte man es ihm auch noch erlaubt, hier eine Seilbahn oder eine Gondel oder sonst einen Nonsens zu erbauen…

Gott sei Dank holt mich Terence aus diesen Grübeleien, indem er seinen Rucksack aufmacht und eine Thermoskanne herausbefördert.

Jetzt brauchen wir etwas zu trinken. Etwas, was uns die verbrauchte Energie zurück gibt und Kraft spendet.

Da schenkt uns unser Bergführer in einen ziemlich verbeulten Alubecher doch tatsächlich einen dampfenden Tee ein!

Das ist *sitronnel*, sagt er, und im selben Moment steigt ein köstliches Zitrusaroma aus dem heißen Getränk auf, das aus den relativ langweilig anmutenden Blättern des Zitronengrases gebraut wird. Es wächst in Form von wuschligen Büschen, die bis zu einem Meter hoch werden und die uns auch auf unserem Bergpfad immer wieder begegnet sind. In flüssiger Form bringt dieses Zitronengras uns wieder auf die Beine. Fast schon hatte ich vergessen, wie gut dieser Trunk doch tut. Auch zu Hause haben wir an der Böschung unseres Gartens eine kleine Hecke mit *sitronnel* gepflanzt. Es wuchert mehr oder weniger wild und anspruchslos vor sich hin. Und gerade jetzt, in den Zeiten des *vannswet*, wenn so manch ein Infekt die Runde macht, ist es ein tolles Hausmittelchen gegen Grippe und Fieber, aber auch gegen Blasenentzündung und Verdauungsprobleme. Eines ist sicher: Heute Abend werde ich mir nach dem Essen einige Halme davon abschneiden, sie zum Knäuel wickeln, in die alte Teekanne stopfen, mit kochendem Wasser übergießen und sie dann mindestens zehn Minuten lang ziehen lassen.

Frisch gestärkt treten wir den Rückweg an, der wie immer deutlich kürzer ist als der Hinweg. Doch da stoppt Terence plötzlich und räuspert sich ganz verlegen.

Ähäm, es gibt da ein kleines Problem.

Wir schauen uns verständnislos an.

Könntet ihr mal bitte schon vorangehen? Ich komme dann gleich nach…

Als wir nicht verstehen, versucht es Terence mit einer umständlichen und sehr höflichen Umschreibung.

Wisst ihr, ich habe heute ein kleines Problem mit dem Wind.

Wir nicken jetzt verständnisvoll, denn wir kennen ja all die Sorgen, die sich rund um den Südost-Monsun drehen.

Nein, lächelt Terence, nicht der *vannswet*, nicht der Wind aus Südost macht mir zu schaffen. Sondern…

Räusper.

Verlegenes Grinsen.

… sondern der Wind aus einer anderen Richtung, nämlich der *vanteryer*, der Wind von hinten, also so etwas Ähnliches wie der Rückenwind.

Wir schauen uns leicht betroffen an. Dann klärt uns Terence auf, dass er gestern ein deftiges Abendessen zubereitet hat. Kochen ist Männersache auf der Insel. Und so hat er sich für Geflügel entschieden, denn Fisch ist ja momentan wegen des *vannswet* zu teuer. Er hat *kari zezye*, ein Curry aus Hühnermägen und diversen anderen Innereien, zubereitet. Gewöhnungsbedürftig, aber für die Insulaner eine wahre Delikatesse, vor allem dann, wenn es als Beilage eine ordentliche Portion *piman* gibt.

Piman – eines dieser Zauberwörter auf der Insel! Ohne *piman* geht nichts auf dem Teller und schon gar nicht seychellische Hausmannskost. *Piman*, das Wort für Schärfe schlechthin, für Würze und den richtigen kreolischen Geschmack! *Piman*, das ist aber nicht nur Chili, sondern es ist ein Lebensgefühl! Überall auf der Insel gibt es *piman* – immer wieder feurig und doch immer wieder anders. Meine persönlichen Favoriten sind die *ti piman*, ganz kleine Chilischoten, vor allem dann, wenn sie noch ganz grün sind.

Diese Schoten brennen zwar höllisch, aber sie sorgen für ein tolles kreolisches Upgrade auf jedem Teller. Wer einmal abends die Dämmerstunde in einer kleinen seychellischen Häuseransammlung verbringt, der kann *piman* sogar hören. Aus jeder noch so kleinen Hütte dringt das besänftigende Malmen von Mörser und Stößel, die die kleinen Schoten zerquetschen. Wenn man sie anschließend in eine alte gesäuberte Ketchupflasche gibt, mit etwas Salz, Limettensaft und Öl auffüllt und am Ende noch schön durchschüttelt, halten sie sich ewig und sind sehr sparsam im Verbrauch. Für die meisten reicht zu einem Hauptgang eine Messerspitze *piman.* Ich bin schon etwas weiter und genehmige mir vor allem zu einem deftigen, schweren und üppigen Abendessen schon mal eine halbe Einheimischenportion, nämlich mindestens einen ganzen Teelöffel...

... der dann allerdings die gleiche Wirkung bei mir zeigt wie bei Terence jetzt, auf dem Rückweg von der Copolia.

Nachdem sich Terence erleichtert hat, packt ihn der Ehrgeiz. Er hat sein Vorhaben noch nicht aufgegeben und will uns unbedingt die Minifrösche zeigen. Er kraxelt den Berghang hinauf und buddelt dann mit bloßen Händen im Boden. Nichts. Er buddelt an einer anderen Stelle. Wieder nichts. Und nochmals, aber wieder ohne Erfolg. Die Fröschlein spielen einfach nicht mit. Terence ist traurig.

Da blitzen plötzlich seine Augen auf, er hat eine Idee. Wenn schon keine Frösche, dann wenigstens ein ebenbürtiger Ersatz! An einem Busch macht er Halt, dreht wieder einmal das Unterste eines Blattes nach oben und sagt siegesgewiss:

The Rock and Roll Snail.

Eine kleine schwarze, unscheinbare Schnecke, nicht größer als mein Daumennagel, hockt da selbstversunken und streckt ihre Fühler nach vorn. In dem Moment, in dem Terence sie sanft berührt, beginnt sie, mit ihrem Häuschen in einem schnellen Rhythmus von links nach rechts und von rechts nach links zu wippen.

Tatsächlich! Das ist Rock'n'Roll!

Mit deutlich weniger Schwung in den Hüften, dafür aber mit einer sehr beweglichen Sohle, die sich zuerst vom Schuh losgelöst und dann in Luft aufgelöst hat, sind wir nach einer knappen Stunde wieder am Ausgangspunkt, an der Straße von Sans Souci. Vor uns sehen wir eine junge Familie, die offenbar deutlich beschwingter und schneller als wir den Wanderweg absolviert hat, und das mit einem vielleicht gerade mal fünfjährigen Kleinkind...

Wir sind erschöpft, aber glücklich, denn dieser Ausflug hat uns gezeigt, dass die Seychellen weitaus mehr als das Meer zu bieten haben. Während wir unseren Gedanken über die einzigartige Fauna und Flora nachhängen, ruft es plötzlich von drüben. Aus der *Copolia Lodge* winkt uns Coralie herüber, eine zarte Belgierin, die sich hier dem Ökotourismus verschrieben hat.

Kommt her, ich habe eine Erfrischung für euch!

Das lassen wir uns natürlich nicht zweimal sagen. Mit jedem Schritt, mit dem wir uns dem blendend weißen Anwesen nähern, nehmen wir zunehmend stärker ein warmes und doch gleichzeitig erfrischendes Aroma von ätherischen Ölen wahr. Wir werden eingelullt von einer stillen, aber intensiven Relax-Atmosphäre, die uns gleichsam über die warmen Holzdielen schweben lässt. Etwas hilflos versuchen wir, uns für unsere verschwitzte Kleidung zu entschuldigen; man kann nicht gerade behaupten, dass wir frühlingsfrisch duften. Doch offenbar kann Coralie unsere Gedanken lesen und umhüllt uns zunächst mit einem feinen Parfümnebel aus einem Zerstäuber. Dann reicht sie uns zwei dünnwandige, beschlagene Gläser. Hier, euer Erfrischungswasser, erklärt sie.

Und als ich gerne wissen möchte, was da alles drin ist, lächelt sie verschwiegen: Unser Geheimnis!

Natürlich.

Trinkt erst mal, das wird euch guttun.

Aaaah… und wie!

Bevor ich noch mal nachfragen kann, meint Coralie: Die Rezeptur unseres Haustrunks ist natürlich *top secret*, doch Du kannst ja einfach mal raten.

Ich tippe auf etwas Minze. Coralie wiegt ihren Kopf.

Ich tippe auf Melisse. Coralie wiegt erneut ihren Kopf.

Ich tippe auf Limette. Coralie schüttelt den Kopf und verneint ziemlich deutlich.

Ich tippe auf *sitronnel.* Als Basis, füge ich hinzu.

Coralie strahlt mich an.

Eiskalter Zitronengrastee mit Extrakten aus der wundersamen Kräuterwelt der seychellischen Berge. Einfach nur fantastisch.

Und dann zeigt mir Coralie noch ihren kleinen Laden, in dem sie die Schätze der Natur in wertvolle Kosmetika verwandelt. Aus dem Reich der Mitte hat sie die alten Lehren des Yi King übernommen, die den Produkten zu ihrem Namen verhalfen. Seychellische Natur und altchinesische Kultur vereinen sich hier oben zu einem zauberhaften Ganzen. Während mein

Mister Fred schon wieder sorgenvoll an seine Kreditkarte denkt, hole ich mir eine Bodylotion und ein *Body Scrub* – ein Körperpeeling aus Meersalz und Kokosnuss.

Hinter der *Copolia Lodge* krabbelt der Wald die Hänge hinauf. Hier ist es anders als unten am Meer, ganz anders. Fast fühle ich mich ein wenig an die Almen im Allgäu erinnert, so saftig glänzt das satte Grün. Palmen finden sich hier kaum, dafür Bäume mit merkwürdig speckigen Zweigen und mächtigen kerzengeraden Stämmen, filigrane Farne und Schlingpflanzen mit pfeilähnlichen Blättern.

Wir trinken unseren kalten *sitronnel*-Cocktail aus, winken ein letztes Mal und nehmen Terence auf unserem Rückweg ein Stück Richtung Victoria im Wagen mit. An der *Forestry Division* steigt er aus.

Ich muss doch mal sehen, was die Jungs heute alles auf dem Plan haben, grinst er.

Terence ist immerhin seit über zwanzig Jahren als unermüdlicher *forestry officer* – als Forstbeamter – unterwegs. Er kennt jeden grünen Quadratzentimeter, so seine Behauptung, und das glaube ich ihm auch. Für heute plant er nichts Besonderes mehr, doch schon morgen will er in den *Congo Rouge*, in den schier undurchdringlichen Nebelwald, aufbrechen, um dort den Wanderweg wieder begehbar zu machen, den ein Windbruch unpassierbar hat werden lassen.

Es ist eben *vannswet*, meint Terence, und so habe ich ganz schön was zu schaffen…

Und ihr, fragt Terence, was macht ihr noch in den restlichen Augusttagen? Fahrt ihr nach La Digue zum Fest von Maria Himmelfahrt?

Ehrlich gesagt, das hatten wir nicht vor, denn erstens ist die Überfahrt mit der Fähre bei starkem *vannswet* kein wirkliches Vergnügen, und zweitens steht am 15. August die ganze Insel Kopf. Dauerbeschallung mit Musik, diverse Trinkgelage und leider auch zunehmend Drogenexzesse sind mittlerweile bei *lafet sent mari* – dem traditionellen katholischen Hochfest – die Folge.

Nein, irgendwie ist mir mehr danach, die Stille des Waldes und die erhabene Ruhe der Täler und Höhen in mir nachklingen zu lassen. Das bin ich dieser einzigartigen Bergwelt nun wirklich schuldig.

Am Abend machen wir uns einen *sitronnel*-Tee, der nach unseren Erlebnissen doppelt gut schmeckt. Dann gönne ich mir ein ausführliches Duschbad, das mit dem wundervollen Rubbelsalz aus der *Copolia Lodge* den Schweiß der Wanderung wie von selbst abspült. Ich fühle mich leicht, leicht wie der Wind. Der streicht um unser Haus, rüttelt ab und zu an den Glaslamellen und den Türen, fordert Einlass, aber er schenkt mir auch sanfte Kühle auf meinem tiefengereinigten Körper.

Einfach eine saubere Sache, so wie dieser ganze luftige Monat hier.

pimán

(für eine Vorratsportion/ein Glas)

2 Handvoll Chili-Schoten (je kleiner, desto schärfer)
Olivenöl, 1-2 TL Limetten-/Zitronensaft bzw. Essig, Salz
Glas mit Schraubverschluss und ggf. Einweg-Handschuhe

Chili-Schoten möglichst klein schneiden und zusammen mit etwas Öl, Limettensaft oder Essig in einen hohen, engen Rührbecher geben, anschließend mit dem Stabmixer kurz pürieren; aber wirklich nur kurz, denn es soll keine einheitliche Pampe ergeben. Ziel: ein schöner Mix, in dem die Chili-Stückchen noch erkennbar sind. Das Ganze in ein Glas mit Schraubverschluss geben und ggf. noch mit etwas Öl aufgießen, sodass alles möglichst gut bedeckt ist. Im Kühlschrank hält sich diese Mischung mehrere Wochen.

* * *

ACHTUNG: Bitte auf keinen Fall mit den Fingern bzw. den Gerätschaften die Haut bzw. Augen berühren; es brennt höllisch! Ggf. Einweg-Handschuhe tragen. Sämtliche Werkzeuge wie Messer, Stabmixer und Pürierbecher nach Benutzung mehrfach mit heißem Wasser und ordentlich Spülmittel gründlich reinigen. – Bitte *piman* ganz vorsichtig genießen; z.B. tropfenweise bzw. zunächst nicht mehr als eine Messerspitze ins fertige Gericht geben! Dann ggf. langsam steigern.

Zubereitung und Verzehr auf eigene Gefahr!

September

Wort bzw. (Aus)Spruch des Monats: *kouyon!*
Gericht des Monats: *satini papay*
Getränk des Monats: *delo koko*

Inselkoller

An einem sonnigen Samstagmorgen landen wir in der ersten Septemberwoche nach einem Deutschland-Aufenthalt wieder auf Mahé. Voller Vorfreude nähern wir uns unserem Häuschen, schon allein deswegen, weil es unsere jahrelang praktizierte Tradition ist, nach unserer Ankunft (egal zu welcher Tageszeit) zwei eisgekühlte Seybrew aus dem Kühlschrank zu angeln und in tiefen glücklichen Schlucken zu genießen.

Doch als wir die Haustür aufschließen, schlägt uns ein beißender Gestank entgegen. Als wir in die Küche kommen, rutsche ich gefährlich auf den glatten und unerwartet feuchten Fliesen aus. Dann sehe ich das Übel und mir schwant nichts Gutes: Die braune Schmiere, die sich da am Fußboden gesammelt hat, stammt aus dem Kühlschrank, der nicht mehr läuft. Ich will Licht anmachen, um das Malheur genauer zu untersuchen. Hoppla, die Lampen bleiben dunkel. Im ganzen Haus! Nun wird mir einiges klar: Der Strom ist abgestellt worden! Doch warum bloß? Völlig unverständlich, denn wir haben wir seit Jahr und Tag einen Dauerauftrag für die monatlichen Abbuchungen eingerichtet.

Bevor ich aber den möglichen Ursachen für das gestörte Verhältnis zwischen unserer Bank und PUC, so heißt der örtliche Energieversorger hier auf der Insel, nachgehen kann, fährt es mir heiß durch Mark und Bein: Mist, unser Gefrierfach! Und genau da lagert nun das zwangsaufgetaute Elend: Höllisch stinkendes Thunfischfilet im Verrottungsendstadium, Krabben, die mangels Tiefkühlung schon fast wieder das Krabbeln anfangen, Hühnchen, die in der Hitze des Hauses die Flügel hängen lassen.
Und so weiter und so fort.

Geistesgegenwärtig schnappen wir sämtliche Schubladen des Gefrierschranks und verfrachten sie nach draußen – weit weit weg! Aber offenbar nicht weit genug, denn der Verwesungsgestank bleibt.

Die Schwarze tapert neugierig aus ihrem Versteck. Sie wittert ein Willkommensleckerli. Doch als sie mit ihrem feinen Näschen das volle Ausmaß des Desasters erschnuppert, verschwindet sie wieder, nicht ohne deutliche Töne des Missfallens von sich zu geben.

Mittlerweile ist Philomena aus der Nachbarschaft vorbeigekommen. Sie hat unsere Ankunft natürlich sofort registriert. Ayoyo, ayoyooooo! Oje! Ojeeee! Was ist denn bei euch los?

Wir erzählen ihr, dass PUC uns den Saft abgedreht hat.

Kouyon, flucht Philomena, erst leise, und dann mindestens 17 mal lauter. *KOUYON, zot!*

Kouyon ist das wichtigste kreolische Schimpfwort. Vielleicht ist es sogar das wichtigste kreolische Wort überhaupt.

Kouyon hört man überall: im Straßenverkehr, bei der Arbeit, beim Einkaufen an der Kasse, wenn sich wieder mal jemand von hinten ungeniert nach vorn drängelt.

Kouyon in normaler Lautstärke heißt: Du Dussel, Du Dödel!

Kouyon in voller Lautstärke heißt… na, das lassen wir lieber. Denn je lauter *kouyon* dem fluchenden Mund entfleucht, desto schlimmer seine Bedeutung: Hornochse, Blödmann, Depp, Idiot und schlimmstenfalls auch ████ oder ██████.

Der Phantasie sind keine Grenzen gesetzt.

Philomenas Mann Terence kommt aufgeschreckt hinzu. Er hat wohl die lautstarke Flucherei seiner Frau bis runter ins Tal gehört und sich Sorgen gemacht. Als er die Katastrophe nicht nur sieht, sondern auch riecht und wir ihm als Grund PUC nennen, flucht auch er: *kouyon, zot*!

Diese Deppen.

Das macht die Sache zwar nicht besser, aber wie fühlen uns nun besser. Lediglich das kalte Seybrew fehlt uns als Ritual. Doch Terence meint: Da gibt es doch etwas viel besseres, womit die Insel euch hier willkommen heißen kann.

Ehe wir uns versehen, klettert er flugs eine Palme hoch und angelt zwei fette gelbe Nüsse. Sanft federnd landet er nach einem leichten Sprung wieder neben uns. Mit einer Machete schlägt er jeweils oben ein kleines Stückchen der harten Schale ab und reicht dann jedem von uns die geöffnete Nuss!

Tyek sa! Probiert das hier mal, das ist *delo koko!*

Köstliches Kokosnusswasser rinnt in unsere Kehlen, ein unglaubliches Geschmackserlebnis. Es schmeckt nicht zu intensiv, nicht zu süß und nicht zu aufdringlich. Aber dafür schmeckt es nach den Tropen, nach Sonne, die die sattgrünen Palmen durchflutet und nach unbeschwertem Inselglück.

Davon ist allerdings in den nächsten Tagen erstmal nicht allzu viel zu spüren, denn wir sind mit der Tiefenreinigung unseres Kühlschranks beschäftigt. Vor allem aus den Einsätzen und Schubladen will der Gestank nicht weichen. Wir greifen zu allen Tricks: tagelanges Wässern im Fluss, Chlor, Sagrotan und landen schließlich bei einem seychellischen Trick, den Philomena von ihrer Oma hat: ein Fass Salzwasser aus dem Meer holen und die verseuchten Dinger darin einweichen.

Leider hilft auch das nicht. Und es hilft auch nichts, den Kühlschrank wieder einzuschalten, denn er will einfach nicht mehr. Weniger als 18 Grad – und zwar 18 Grad plus! – in seinem Inneren sind nicht drin.

PUC indes interessiert sich nicht für unser Malheur. Man erklärt uns umständlich, dass man seit ein paar Wochen keine

Daueraufträge mehr akzeptiert und daher leider, leider unsere Überweisung nicht gebucht werden konnte. Und außerdem hätte doch alles darüber in der Zeitung gestanden. *Kouyon!*

Bei der Bank Achselzucken am Schalter. Zunächst einmal werden wir verdächtigt, unser Konto überzogen zu haben, sodass die Rechnungen nicht bezahlt werden konnten. Ich muss mir doch tatsächlich die Frage gefallen lassen: *Ou asek?* Bist Du blank, hast kein Geld mehr?

Wir schauen zunächst uns, dann die Bankangestellte ungläubig an: Wieso denn nicht aufgefallen sei, dass dieses Mal keine Elektrizitätsrechnung abgebucht worden sei? Oder wieso man uns denn nicht über die neuen Zahlungsmodalitäten aufgeklärt habe?

Antwort: *pa konnen,* keine Ahnung. – *KOUYON.*

Das Schimpfwort geht auch bei Frauen.

Wir erinnern uns an unseren Freund Bernard, den erfolgreichen Anwalt. Den ziehen wir zu Rate und erzählen ihm alles. Als er das Wort PUC und Stromabschaltung hört, kommt auch aus seinem gebildeten Mund *kouyon*, aber er versichert uns, dass er sich kümmern will. Auch er habe von PUC die Nase gestrichen voll.

Ase i ase. Genug ist schließlich genug.

Doch es ist noch lange nicht genug, denn wenige Tage später droht schon die nächste Katastrophe. Plötzlich wundern wir uns nämlich über einen extrem hohen Stand am Wasserzähler, den wir uns so nicht erklären können. Die Waschmaschine läuft nicht öfter als sonst, dank ausreichendem Regen gießen wir nicht öfter als sonst. Und da wir ja auch die ausgiebigen Reinigungsarbeiten bei unserem Kühlschrank aufgegeben haben, verbrauchen wir nicht mehr Wasser als sonst.

Was ist da also los?

Da unser Wasseranschluss (übrigens auch von PUC betrieben) etliche hundert Meter von unserem Haus entfernt im tiefen Dschungel versteckt ist, bleibt uns nichts anderes übrig, als uns mit einer Machete zu bewaffnen und den Weg der gesamten Leitung abzulaufen. Die Dreiviertelzoll-Rohre aus hartem PVC werden hier weitgehend überirdisch verlegt, vor allem in felsigem Gelände. Das ist auch bei uns der Fall, da sich hinterm Haus die Granitwacker auftürmen. Gang und gäbe ist es außerdem, dass die Wasserleitungen nicht nur über das eigene Grundstück, sondern mindestens über ein, zwei fremde verlaufen. Auch das trifft bei uns zu. Und so sind wir eigentlich gar nicht sonderlich überrascht, als uns auf fremdem Grund ein Wasserstrahl anspritzt. Wäre es nur ein feiner Nieselregen, dann hätten wir die Gewissheit, dass Altersschwäche die Ursache für eine poröse Leitung ist. Doch wir treffen auf ein kapitales Leck. Und haben damit die Gewissheit, dass wieder einmal ein tagträumender Gartenhelfer der Nachbarn beim Rasenmähen unsere Leitung gekappt hatte: *kouyon!*

In der heißen seychellischen Mittagssonne, die uns aus einem unverschämt blauen Himmel hämisch anblinzelt, machen wir uns an den Haupthahn, um dort das alte Ventil zuzudrehen. Es liegt versteckt unter einem riesigen Tulpenbaum, zwischen hübsch blühenden orangefarbenen Strelizien. Doch für die Schönheit der Natur haben wir heute kein Auge. Jetzt ist erstmal das Wasser abgedreht und wir können in Ruhe die Leitung flicken.

Moment mal? Wasser abgedreht??

Was trinken wir denn dann?

Genau – *delo koko!*

Wir holen uns zwei Nüsse, die hier massenhaft herumliegen. Doch obwohl wir ja eine Machete dabei haben, ist es beileibe alles andere als ein Kinderspiel für unsere ungeübten Hände, die Nüsse zu öffnen. Wir schaffen nur eine, aber das reicht auch für den Augenblick. Und außerdem ist es immer wieder überraschend, welch großen Vorrat Kokoswasser eine solche Nuss doch in sich bunkern kann.

Perfekt gestärkt, so geht es dann an die Reparatur. Mein Mister Fred ist mittlerweile schon Routinier in Sachen Spenglerarbeiten. Er trennt das Rohr an der Schadstelle durch, säubert die Enden und versieht sie mit entsprechenden Kupplungen, die dann fest zusammengeschraubt werden. Die Kupplungen sind so strahlend blau wie der Indische Ozean, und zum Glück sind sie überall auf der Insel in den kleinen Läden gegen wenig Geld verfügbar.

Sie sind so auffällig, dass sie selbst ein halbblinder *kouyon* beim nächsten Rasenmähen bemerken und einen ehrfurchtsvollen Bogen um sie herum machen sollte, anstatt ihr wieder einen Schnitt zu verpassen.

Doch auf dem Wort Schnitt liegt ein böser Zauber. Als wir wieder daheim ankommen und ich Bernard von unseren neuesten Erlebnissen erzählen will, geht das Telefon nicht mehr. Ich kichere nervös. Sollte etwa auch hier etwas mit der Überweisung der Telefonrechnung nicht geklappt haben? Nein, konnte gar nicht sein, denn die hatte ich höchstselbst vor wenigen Tagen zur Bank gebracht und die erfolgreiche Abbuchung auf dem Konto feststellen können.

Was ist also dann die Ursache?

Ameisen im Gehäuse? Das hatten wir schon öfter und ist nichts Ungewöhnliches. Aber heute ist das Telefon komplett ameisenfrei.

Telefonstecker locker? Nein, der sitzt – und ich rüttele mir fast die Seele aus dem Leib – bombenfest.

Kabel im Dachboden von Ratten angenagt? Könnte sein. Aber unser Domizil ist zum Glück nicht nur ameisen- sondern auch rattenfrei! Die Ursache muss also woanders liegen, außerhalb. Doch wo?

Ich habe keine andere Wahl, ich muss in den sauren Apfel beißen und über mein deutsches Handy *Cable&Wireless*, unsere hiesige Telefongesellschaft, anrufen. Das ist nicht besser als in Deutschland. Auch hier hängt man gefühlte dreieinhalb Stunden in der Warteschleife. Nach dem zwölften Versuch will ich schon entnervt aufgeben, da werde ich plötzlich durchgestellt ins Call Center. Ich lande bei einem jungen übereifrigen Mann, der wohl die afrikanische Schnellsprecher-Meisterschaft gewinnen will. Irgendwie gelingt es mir, ihm mein Anliegen vorzutragen. Aber er weiß von nichts, erläutert mir umständlich, dass er einen *false report* erstellen müsse und dass es mindestens drei bis fünf Tage dauern würde, bis das Problem behoben werden kann. *Kouyon!*

Nun gut. Man wird doch mal drei bis fünf Tage ohne Telefon auskommen, oder? Blöd nur, dass da auch das Internet dran hängt, und das brauche ich dummerweise zum Arbeiten.

Sehe ich da schon den ein oder anderen erhobenen Zeigefinger und höre Stimmen, die mir eindringlich zuflüstern: Mach doch einfach mal Urlaub. Genieße das Tropenphlegma und schalte einen Gang runter. Recht haben die Mahner! Doch… ich kann es drehen und wenden, wie ich will: Irgendwann werde ich einfach ungeduldig.

In der etwas entfernteren Nachbarschaft, unten in der Anse Boileau, wohnt Kevin. Der arbeitet bei C&W, und vielleicht kann er mir helfen. Er ist mir noch einen Gefallen schuldig, denn ich habe ihm vor einiger Zeit, als es ihm gar nicht gut ging, mit Medizin gegen seine Gicht ausgeholfen.

Weil mein seychellisches Festnetz kaputt ist, weil ich kein seychellisches Handy habe, muss ich auch ihn über mein deutsches Handy anrufen. Kevin erschrickt regelrecht, scheut hohe Kosten und ist ganz schnell bei uns vor Ort, zumal ich ihn mit deutschem Kaffee locke, den er über alles liebt.

Kevin checkt die Kabelführung im Haus, alles in Ordnung. Er checkt den Apparat, auch in Ordnung. Da er nichts findet, fährt er mit seinem kleinen weißblauen C&W-Wagen die Trasse der Leitung ab, die auf wackeligen Holzmasten aus den Tiefen des Dschungels zu uns führt. Nach ungefähr zwanzig Minuten ist er zurück.

Und, frage ich.

Schlechte Nachrichten, sagt er ein bisschen zu ernst für sein sonst so sonniges Gemüt.

Oben, hinter dem Kindergarten, haben die PUC-Leute die Bäume getrimmt, um die Leitungen wieder freizulegen.

Mir schwant Übles, denn die Leitungen sind alle überirdisch und hängen mehr oder weniger wirr in den Ästen und Zweigen. Als Kevin meinen sorgenvollen Gesichtsausdruck sieht, bestätigt er: Die Leitungen in den Bäumen… die sind irgendwie bei den Forstarbeiten kaputt gegangen.

Na und, erwidere ich trotzig, das kann man doch reparieren.

Ja, schon, sagt Kevin, aber die Leitungen sind nicht nur einmal kaputt gegangen, sondern genau 21 Mal!

Ich verstehe nicht…

Kevin klärt mich auf. – Du weißt doch, des Seychellois' liebste Freundin ist die Motorsäge, und mit der führt er einen wilden Tanz auf, sobald er Dickicht und üppiges Blattwerk wittert.

Die Konsequenz für mich und die Natur ist verheerend: Etliche alte Urwaldriesen mussten zugunsten der Zivilisation ihr Leben lassen, meine Leitung halt auch.

Um es kurz zu machen: Kevin versprach mir dann nach geraumer Zeit, also nach drei bis fünf Tassen Kaffee, alles schnellstmöglich wieder in Ordnung zu bringen. Das sollte allerdings dauern, denn es waren über mehrere tausend Meter an Leitungen, die ersetzt werden mussten…

Irgendwann, gefühlte zwei Wochen später – wenngleich es auch nur zwei Tage waren – ist es soweit: Kevin ruft mich an. Und da mein Telefon fröhlich läutet, merke ich: Es geht wieder. Er erklärt mir mit viel Pathos, welch großes Projekt es war, die kaputten Telefonleitungen zu ersetzen – aber scheinbar hat es ja funktioniert. Und ich schramme noch einmal an sämtlichen *kouyons* und am Inselkoller vorbei und kann nicht nur meiner Arbeit nachgehen, sondern auch Kontakt zur übrigen Insel- und sonstigen Außenwelt halten.

Die Freude währt nur wenige Tage lang. Kurz nach dem Telefon-Desaster werde ich krank. Das erste Mal auf der Insel! Fast zwanzig Jahre lang hatte ich hier weder Grippe noch Durchfall, weder Rückenschmerzen noch Kopfweh. Eigentlich sind die Seychellen ein regelrechter Gesundbrunnen, und sie sind das perfektes Reiseziel, weil keine lästigen Impfungen gegen irgendwelche Tropenkrankheiten nötig sind. Malaria und Gelbfieber sind auf den Inseln Fremdwörter. Ab und zu werden bei der Ankunft mehr oder weniger intensive Kontrollen hinsichtlich Ebola gemacht. Und jeder Einreisende muss auf einem Dokument erklären, dass er nicht aus einem Land, in dem Krankheitserreger ihr Unwesen treiben, einreist. Das ist zunächst einmal das offizielle Prozedere.

So weit, so gut. So weit, so gesund.

Aber: Im Landesinneren geht derzeit ein echter Quälgeist um. Eine kleine Raupe treibt ihr Unwesen – *senir plim*, der Seidenspinner. Eigentlich sieht das gerade mal zwei Zentimeter lange Tierchen ganz hübsch aus, fast niedlich wirkt sein zierlicher, getupfter Körper.

Aber auf ihm lauert die tatsächliche Gefahr: Kleine Härchen, nur wenige Millimeter lang, glitzern tatsächlich wie feinste Seide.

Ja, sie spinnen, die Raupen. Sie sind nämlich die unsichtbaren Übeltäter, die das Jucken auslösen, wenn sie z.B. von den Tieren (lebenden wie toten) abfallen und vom Wind herumgewirbelt werden. Ihre Wirkung ist vergleichbar mit den Hautreizungen, die von Glaswolle ausgehen. Nie werde ich vergessen, wie ich als Kind meinem Papa beim Dachausbau helfen wollte und bereitwillig Isolationsmaterial herumschleppte. Anschließend brannte meine Haut wie Feuer. Bei *senir plim* ist es der gleiche Effekt: Die winzigen Härchen wirken wie stechende Nadeln, die je nach Empfindlichkeit zu heftigem Ausschlag, Pickeln und nässenden Pusteln führen. Das wirklich Lästige ist, dass wir uns kaum vor diesen Raupen schützen können. Außer wir verhüllen uns ins lange Klamotten und bleiben im Haus. Doch selbst da sind wir nicht zu hundert Prozent sicher. Die Raupen hängen träge unter den schützenden Blättern der Tropenvegetation. Die Favoriten von *senir plim* sind Hibiskus-Büsche. Und er liebt vor allem den *bodanmyen*, den Terrassenbaum. Den nagt er nicht nur ratzekahl leer, sondern er richtet sich hier häuslich ein und spinnt an der Unterseite der großen Blätter seine feinen Nestchen.

Mich hat *senir plim* voll erwischt. Meine Haut scheint die Seidenspinner-Härchen förmlich anzuziehen und bildet nässende und stark juckende Pusteln. Ich bekomme jeden Tag neue davon, weil wir in unserer unmittelbaren Nähe mehrere *bodanmyen* haben, die am Bach wachsen und die wir nicht einfach fällen können. Unser „Kammerjäger“ Mister Gill hat zwar mit seiner *Pest Control* den meisten Viechern den Garaus gemacht, wenn aber dennoch genügend Härchen in der Luft sind, reicht das völlig aus, um für weiteren Juckreiz zu sorgen. Und da man hier oft – sehr oft! – den Besen in die Hand nimmt, um andauernd anfallenden Tropenstaub wegzukehren, kommt man unweigerlich mit den Seidenspinnerabfällen in Kontakt. Ein bisschen davon reicht für mich aus; andere Menschen haben mehr Glück und kratzen sich höchstens mal wie nach einem ordentlichen Mückenstich an einem schwülen deutschen Sommerabend. Das Schlimme sind aber nicht nur die Pusteln und permanenter Juckreiz, sondern regelrechte Fieberschübe, die sich mit Schüttelfrost abwechseln. Dazu Herzrasen und Atemnot.

Das gefällt mir nicht. Das gefällt mir gar nicht.

Meine Nachbarn hier auf den Seychellen jammern auch, sie schmieren sich mit Kokosöl ein, damit die Haut schön glitschig wird und die kleinen Stacheln nicht eindringen können. In mache es ihnen nach – ohne Erfolg.

Gäbe es hier auf den Seychellen eine Geisterbahn, ich würde mich sofort bewerben. Denn meine Haut ist richtig verbeult, vor allem an den Oberschenkeln. Aber nicht nur dort habe ich heftigste allergische Reaktionen. Wohlgemerkt, das muss nicht bei jedem so enden wie bei mir. Ich reagiere halt einfach äußerst extrem. Was hilft, sind Hydrocortison-Produkte, als Tabletten verabreicht und natürlich als Salbe. Gern helfen die kleinen Kliniken weiter, die in jeder größeren Bucht zu finden sind. Sie kennen die Plage und verabreichen in extremen Situationen auch mal eine Spritze.

Dennoch: Such wenn es noch so höllisch juckt, irgendwann ist es vorbei. Natürlich kommt es aber auch gern mal wieder. Dass eine gewisse Gleichgültigkeit gegenüber den Widrigkeiten des Lebens immer noch die beste Medizin ist, habe ich schließlich hier auf den Seychellen gelernt.

Abends bringt ein laues Lüftchen Kühlung auf unsere geplagte Haut. Wir sitzen draußen auf der Terrasse, haben Kerzen angemacht, die mit ihrem warmen Schein die Palmen anmalen.

Zunächst eine Sinfonie in Orange und Ocker. Später noch der Mond, der sein Silber in die Blätter gießt und sie aussehen lässt, als wären sie ganz frisch von einer hauchdünnen Schicht Neuschnee überzogen. Aus einer Bananenstaude sprießt ein neues Blatt. Wer hat es nur so eng und ordentlich zusammengerollt, dass es pfeilgerade in die Luft sticht? Über uns zittern die fein gefiederten Ästchen des Flamboyants und in einer alten Feuerschale knistern einige Scheite Holz. Die Nachtvögel beginnen zu rufen und die Zikaden stimmen ihren monotonen, aber beruhigenden Gesang an. Die Schwarze schnurrt friedlich zu unseren Füßen. Es legt sich Stille über die Insel. Und Langsamkeit. Trotz aller Anstrengungen kommen auch wir zur Ruhe. Wie gut, dass wir keinen Fernseher haben und auch keine Musikberieselung brauchen. Fast komme ich mir vor wie im Film *Out of Africa*, als man sich trotz aller Plackerei abends auf die weite Veranda setzt, um Geschichten zu erzählen. Und mir wird klar, dass vieles nicht nach unserem Rhythmus funktionieren kann. Wie hieß es doch in diesem Film: „Die Eingeborenen mögen die Schnelligkeit nicht, so wie wir den Lärm nicht mögen". Da ist was Wahres dran. Deswegen: Übergang zu einer etwas langsameren Tagesordnung. Das Meer rauscht verlockend, und obwohl es immer noch die Hohe Zeit des Südost-Monsuns ist, hören wir weit unter uns das Donnern der blauen Brecher, die vor der Westküste ihr Unwesen treiben. Indem sie sich mit aller Macht auf den weißen Strand wälzen, rufen sie mir mit ihrem dumpfen Ton aus der Tiefe zu:

Komm! Komm!! Komm!!!

Irgendwann gebe ich nach. Und das ist gut so, denn bevor ich wegen *senir plim* im wahrsten Sinne aus der Haut fahre, nehme ich ein Heilbad: Das Meer ist einfach die beste aller Wohltaten. Auf unseren Ausflug freut sich auch die Strandtasche, die tagelang beleidigt und muffig in der Ecke stand, während wir Strom, Wasser und Telefon in den Griff zu bekommen versuchten. Jetzt ist sie freudig erregt, weil es endlich wieder losgeht.

Die Anse Royale ist menschenleer. Keine Touristen, und auch keine Fischerboote, denn das Meer ist immer noch zu kabbelig für einen ordentlichen Fang. Uns gefällt es dennoch, denn so können wir den Frust der letzten Tage von uns abspülen. Plötzlich taucht ein Schatten hinter einem Busch auf. Geheimnisvoll und lautlos, schwarz wie Ebenholz und im Gegenlicht der grellen Mittagssonne kaum zu erkennen, taucht ein drahtiger Bursche vor uns auf. Alle Alarmglocken schrillen in mir: Ist das etwa ein *kouyon?* Will der uns was Böses, will er an unsere Habseligkeiten? – Natürlich nicht! In der einen Hand trägt der junge Mann eine gelbe Plastiktüte, die ihre beste Zeit schon hinter sich hat. In der anderen Hand hält er zwei sattgelbe Kokosnüsse, die sich gerade überlegen, ihre Farbe gegen ein tiefes Orange einzutauschen.

Wollt ihr was trinken, ruft der Strandläufer uns zu. Und ob, erwidern wir. Und ehe wir uns versehen, kappt er mit seiner Machete, die wie die Plastiktüte schon bessere Zeiten gesehen hat, einen kleinen Deckel von den Nüssen ab. Aus dem Nichts zaubert er zwei Strohhalme, die er durch das weiche Kokosfleisch ins durstlöschende Innere sticht. Mit der linken Hand hangelt er ins Geäst eines mannshohen Busches und pflückt zwei tulpenähnliche Blumen: die Blüten des Strand-Hibiskus – gelb wie die Nüsse, mit einem verlockend dunkelroten Grund. Sie sind Dekoration für unseren Strand-Cocktail. Besser kann *delo koko* nicht schmecken, außer ein paar Meter weiter, am Holztresen einer heimeligen *beach bar*, die ein Konkurrent direkt hinter den Granitfelsen errichtet hat.

Als wir uns anschicken, nach dem Trunk ein Bad zu nehmen, schaukelt plötzlich die Plastiktüte vor unseren Augen herum. – Na, wollt Ihr mir nicht auch noch ein paar Papayas abkaufen? Logisch, na gerne doch! Ich denke an dieses saftige, sonnenfarbene Obst, das anderswo auf diesem Erdball als „Frucht der Engel" bekannt ist. Aber als ich in die löcherige Tragetasche hineinblicke, schauen mich nur unreife, knüppelharte und gritzegrüne Früchte trotzig an.

Als ich mich umwende, um zu seinem Getränkewettbewerber zu gehen, pfeift er mich regelrecht zurück.

Ich riskiere trotzdem einen Blick auf die Auslagen des Verkaufsstandes. Okay, *delo koko* hatten wir ja schon. Und Bananen will ich nicht.

Der Strandläufer wittert seine Chance und wedelt nochmals mit seinem Plastikbeutel und den grünen Papayas. Als ich dabei bin, den Kopf zu schütteln, überzeugt er mich aber augenblicklich mit einem unschlagbaren Verkaufsargument:

Stell Dir doch nur mal vor, welch leckeres *satini papay* Du daraus zaubern kannst.

Genau das mache ich dann am Abend. Nachdem mir Rassoul in der Anse La Mouche ein tolles Red-Snapper-Filet aus den eisernen Beständen seines Kühlhauses verkauft hat, bereite ich uns als Beilage eine fantastische Veggie-Speise, die das Zeug dazu hat, sämtlichen Inselkoller zu vertreiben. Ich röste mein tropisches Dreigestirn – Ingwer, Knoblauch und Zwiebeln – in etwas Öl an, und zwar auf voller Flamme. Denn nur dann, wenn die Zutaten ein wenig anbrennen, schmecken sie authentisch kreolisch. Diesen Trick hat mir irgendwann mal Julien aus der Anse Soleil verraten, als ich ihm gestand, dass ich zwar schon x Mal versucht habe, ein typisch seychellisches Papaya-Chutney zu zaubern, aber jedes Mal kläglich scheitern musste, weil darin irgendeine, mir nicht bekannte authentische Geschmackskomponente fehlte.

Dieses Mal gelingt es mir aber: Ein uralter Kochtopf, den ich noch aus meinen Studententagen hinüber in das seychellische Inselparadies retten konnte, ist der Quell des tropischen Geschmackserlebnisses. In die zerbrutzelten Grundzutaten kommen nämlich allerfeinst geriebene grüne Papaya-Raspeln hinein. Ein oder zwei oder auch drei kleingehackte Chili-Schoten, etwas Salz und etwas Pfeffer. Alles anbrennen lassen, umrühren. Nochmals alles anbrennen lassen, wieder umrühren. Noch etwas Limettensaft dazu, fertig! Einmalig einfach, einfach einmalig! Und irgendwie versöhnt es mich mit der seychellischen Inselwelt und verhindert, dass der Inselkoller weiter um sich greift! – Soweit die Theorie.

Doch weit gefehlt.

Denn nur wenige Tage später bricht das nächste Unglück über uns herein. Tatsächlich – das Wort „brechen“ scheint das einzige zu sein, das den neuerlichen Notstand charakterisiert. Ich sollte besser sagen: zerbrechen. Denn etwas von entscheidender Bedeutung war zerbrochen. Das bekam ich unangenehm zu spüren, als ich mal musste. Ja, auch das ist Alltag in den Tropen. Irgendwann muss jeder: irgendwie zu viel *Sitronnel*-Tee und irgendwie zu viel Chili. Als ich die Spülung unserer Toilette betätigen will, geht nichts mehr: Ein unangenehmer Rückstau verschlägt mir den Atem. Verzweifelt beginne ich, im Telefonbuch nach Handwerkern zu suchen. Zunächst die freudige Überraschung: Hey, es gibt tatsächlich so etwas wie die guten alten „Gelben Seiten" längst vergangener Tage, auch auf den Seychellen. Hier wühle ich mich durch. Leider ist die Rubrik *Plumbing* – also Installation und ähnliches – nicht existent. *Kouyon!*

Was tun? Ich rufe beim nächstbesten Bauunternehmen an, doch mein Indisch ist so schlecht, dass ich mich nicht verständigen kann. Ich rufe beim zweiten Bauunternehmer an, doch mein Chinesisch ist auch nicht viel besser. Aufgemerkt, fast alle Bauunternehmen auf der Insel sind entweder in indischer oder chinesischer Hand!

Ich rufe bei Steven an, unserem Nachbarn, der ja viel von Bäumen versteht, aber wohl weniger von Sanitär, Saubermann und Co. Ich habe aber irgendwie die leise Hoffnung, dass er jemand aus der Handwerker-Riege kennt, der sich auf Installation spezialisiert hat. Als ich ihm das Problem schildere, blüht er förmlich am anderen Ende der Leitung auf.

Klar helfe ich Dir. Das ist mein Ding, das ist MEIN Ding, schreit er ins Telefon. Ja, wieso das denn? Ich bin perplex.

Ja verstehst Du denn nicht: Abwasserleitungen und…

Bevor ich das hässliche Wort Fäkalien auf Englisch ausspreche, bemüht er das Zitat von Forrest Gump: *Shit happens*, sagt Steven, und deswegen komme ich sofort.

Der Rest der Geschichte ist schnell erzählt. In der tiefstehenden Nachmittagssonne buddeln wir zum missmutigen Maunz-Gesang der Schwarzen einen tiefen Graben, genau da, wo wir das Abwasserrohr vermuten. Und genau da steht auch eine Palme. Es ist just dieselbe Palme, die uns neulich das herrliche Kokoswasser in ihren Nüssen beschert hat. Diese Palme ist plötzlich *kouyon!*

Denn mit ihren Wurzeln hat sie das arme Abwasserrohr der Toilette so stark umarmt, dass sie es komplett zerquetscht hat.

Mittlerweile ist die Nacht hereingebrochen. Und wir sind zusammen – oder besser: zusammengebrochen – mit dem aufgehenden Mond fertig geworden, das zerbrochene Rohr zu reparieren. Wir sind glücklich und können es kaum erwarten, wieder müssen zu müssen. Klar, es war Kärrnerarbeit, die keiner gern macht, aber irgendwie hat sie uns – so komisch es klingt – glücklich gemacht: Sie hat uns nämlich vereint. Mehr nicht, weniger aber auch nicht. Und während drinnen in der Küche ein neues *satini papay* auf dem Herd schmort, draußen sich die Wurzeln der Palme an ein neues Bett gewöhnen und wir uns auf neue Nüsse und erst recht auf neues *delo koko* freuen dürfen, können uns alle *kouyons* dieser Insel – ach was: dieser Welt, dieses gesamten Universums! – gestohlen bleiben.

satini papay

(für ca. 2-4 Portionen)

1 mittelgroße grüne Papaya (ganz wichtig: grün muss sie sein; wenn nicht vorhanden, bitte auf keine Fall eine reife nehmen, stattdessen einen großen Kohlrabi-Kopf besorgen; der kommt dem Geschmack einer grünen Papaya am nächsten)
2 Knoblauchzehen, fein gehackt
1 Zwiebel, fein gehackt
1 Stück Ingwer, ½ Daumen groß, fein gehackt
Öl, Chili und Salz, zum Schluss grob gemahlener schwarzer Pfeffer

* * *

Papaya bzw. Kohlrabi mit der feinsten Reibe klein raspeln (keine Scheiben, sondern hauchdünne Späne), dann in einem Kochtopf Öl bei starker Hitze heiß machen und unter ständigem Rühren Zwiebel, Knoblauch, Ingwer und Chili anbraten. Das Ganze darf ruhig etwas anbrennen, natürlich nicht zu sehr, aber dunkelbraun darf es schon werden; anschließend die Papaya- bzw. Kohlrabi-Raspeln hinzufügen und unter ständigem Rühren bissfest garen. Anschließend ordentlich würzen!

* * *

Passt als Beilage zu gebratenem Fisch oder Hühnchen.

Oktober

Wort bzw. (Aus-)Spruch des Monats: ***dimans bor lanmer***
Gericht des Monats: ***ladob***
Getränk des Monats: ***G & T***

Festival kreol

Der Oktober ist golden, das wissen wir bereits aus Deutschland. Und das gilt erst recht für die Seychellen. Denn es gibt ein ganz spezielles güldenes Highlight im Alltag. Es ist ein Krönchen, das sich die Seychellen jedes Jahr am letzten Wochenende im Oktober auf Mahé aufsetzen. Man feiert das *festival kreol*. Der gesamte Archipel hat nichts anderes zu tun, als sich auf dieses eine, dieses einzigartige Ereignis vorzubereiten. Jeder lebt darauf zu, jeder fiebert mit. Und tatsächlich, es scheint mir wirklich so, als sei dieses *festival kreol* eine Krankheit – eine ansteckende noch dazu.

Daheim hoch über der Anse Louis ist von der Aufregung nichts zu merken. Es ist alles wie immer. Unten im Tal meckern die Ziegen, hinter dem Haus gackern die Hühner und die Hähne krähen auch, aber eine Spur lauter als sonst. Stimmen auch sie sich bereits auf das Fest ein? Kann es sein, dass auch die Kühe heftiger muhen als sonst, die Hunde länger bellen als üblich? Und die Schwarze maunzt und miaut sich die Seele aus dem Leib. Warum nur? Ich sehe nach. Und schaue in zwei weitere grüne Katzenaugen, die mich aus einem herzallerliebsten schwarzweißen Katzengesichtchen anblicken: Die Schwarze hat eine Freundin, eine kleine Herzdame zum Frühstück mitgebracht! Ich bin gerührt und zerpflücke das restliche Thunfischfilet vom gestrigen Abendessen, das ich eigentlich heute in einen erfrischenden Mittagssnack verwandeln wollte. Mein Mister Fred findet das gar nicht gut, hatte er sich doch auf eines meiner Spezialgerichte – Thunfisch-Salat in süß-saurer Limettensauce – gefreut.

Die zwei Tierchen futtern in himmlischer Eintracht und genießen ihr kleines Festmahl, das ich noch mit einigen Resten des soeben frisch geputzten *job fish* ergänze, den ich nach den langen windreichen Wochen zu meiner großen Freude heute morgen in der Anse La Mouche bei Rassool und seinen gut gelaunten Fischern erstehen konnte.

Spätestens jetzt ist mir klar: Kitty – so habe ich das kleine Katzenmädel getauft – wird hier auf unserer Terrasse nicht zum letzten Mal gewesen sein und künftig häufiger bei uns auftauchen. Für sie ist das, was sie hier findet, der Himmel auf Erden, ein Fest für alle Katzensinne.

Und damit sind wir schon wieder beim Thema: Fest – *festival kreol!* In den Wochen vor dem *festival kreol* wird schon mal heftig geübt, was nichts anderes bedeutet, als dass vor allem an den drei zuvor verbleibenden Wochenenden eine ausufernde, wieder und wieder neu inszenierte Generalprobe des sogenannten *dimans borlanmer* stattfindet: Der Sonntag am Meeresufer – oder besser gesagt: das außergewöhnlich opulente sonntägliche Strandgelage anlässlich des *festival kreol* – will schließlich bestens organisiert sein.

Doch warum bereits heute, an irgendeinem belanglosen Mittwoch, mein Strand total überfüllt ist, vermag ich nicht zu sagen. Ich gehe erst einmal ausgiebig baden und schwimme hinaus bis zu der Boje, die irgendwo kurz vor dem Riff auf mich wartet. Als ich wieder zurückkomme und strauchelnd ans Ufer krabbele, da stolpere ich doch fast über ein sehr verliebtes Pärchen, das auf einem Gestrüpp aus *patatran*-Schlingpflanzen sitzt und Karten spielt. Sie amüsieren sich herrlich über mich und meine unbeholfenen Versuche, über den viel zu weichen Sand zurück zu meinem Badehandtuch zu gelangen. Überhaupt sind die beiden sehr albern. Ob das am Alter liegt? Die zwei sind gewiss hoch in den Sechzigern, doch sie turteln, als wären sie gerade mal sechzehn. Oder liegt es am Alkohol? Es ist noch nicht einmal zehn Uhr in der Früh, da genehmigen sie sich schon einen tiefen Schluck aus einer verdächtigen Flasche, die so blau ist, dass sie es mit der herrlichen Farbe des Meeres aufnehmen kann. Diese blauen Flaschen sieht man hier des Öfteren, es ist *Bombay Sapphire*, der legendäre Gin.

Viel ist nicht mehr in der Flasche, und ich wette, sie haben sie nicht gestern Abend daheim, sondern hier in der morgendlichen Strandhitze geleert. Sie kichern und winken mir zu, ich winke zurück.

Plötzlich quillt der Strand über vor lauter Kindern. Zwei Lehrerinnen im neongelben Sportdress haben alle Hände voll zu tun, sie im Zaum zu halten. Das verliebte Pärchen, das nun schnell und verschämt die Ginflasche versteckt, wird beinahe überrannt, so sehr drängt es die Kleinen zum Meer. Mit lauten Trillerpfeifen werden sie erfolgreich zurückgehalten. Sie stellen sich schließlich brav in einer Reihe im seichten Wasser auf, dann machen sie mit ihren schlaksigen Armen und Beinen Trockenübungen, die an die torkelnden Gehversuche tollpatschiger Welpen erinnern.

So geht Schwimmunterricht auf den Seychellen.

Der Strand wird immer voller. An geruhsame, geschweige denn ruhige Stunden im Wasser oder unter meiner Lieblingspalme ist nicht zu denken – dort hängen mittlerweile jede Menge Handtücher, stehen Sporttaschen und gefühlte zweitausend Paar Kinderschuhe. Ich nehme Reißaus und fliehe in die Berge. Dort weiß ich einen Platz, an dem die Zeit förmlich stillsteht: Der *Jardin du Roi* – der Königsgarten – wird mir nun über Mittag ein Zufluchtsort sein.

Am Eingang fächelt mir ein majestätischer Riesenbambus Kühlung zu. Zu seinen Füßen gurgelt ein klares Bächlein. An seinem moosigen Ufer führt ein kleiner Pfad steil in die Höhe, links und rechts gesäumt von uralten *latanier feuille*-Palmen mit zeltdachgroßen Blättern. Hohe Zimtbäume laden mich zum Verweilen unter einem dunkelgrünen schattigen Dach ein. Weiter hinten grüßt ein übermächtiger Mangobaum, daneben stehen Guaven, Nelken und Avocados. Die Böschung ist gesäumt von kuscheligem Zitronengras. Hinter einer Hibiskushecke quietscht fidel ein Papagei in seiner luftigen Behausung. Von weiter oben duftet es erfrischend nach Zitrone – dort wächst ein wuchtiger Busch der Kaffir-Limette, durch den ein sanfter Windhauch streicht. Zwischen all dem exotischen Gehölz gibt es heimelige Oasen aus Gras und *roz anmer*, eine Art Fleißige Lieschen, die sich mit ihren pinkfarbenen und schneeweißen Blüten ein beschwingtes Stelldichein unter dem blauen Himmel geben.

Jedes Mal, wenn ich dort bin, findet mit mir und in mir eine seltsame Verwandlung statt. Ich fühle mich wie auf einer Zeitreise und bin plötzlich im 18. Jahrhundert gelandet. Hier oben unter den gigantischen Bäumen – und erst hier verstehe ich, warum man von Urwaldriesen spricht – weht ein Hauch der guten alten Zeit, die natürlich nicht immer gut war, schon gar nicht hier auf den Seychellen.

Andächtig nähere ich mich dem kleinen Anwesen. Hier ist die Zeit stehen geblieben, es sieht alles so aus wie vor ein-, zweihundert Jahren. Eine weiße, weißhaarige Frau kommt auf mich zu. Nein, falsch: Es ist keine Frau, es ist eine Dame! Das ist Madame Georges, eine der großen weißen Persönlichkeiten der Seychellen, eine *gran blan* – eine „große Weiße" –, die direkt von einem der ersten weißen Siedlergeschlechter abstammt, die vor fast 250 Jahren zum ersten Mal Fuß auf die Inseln gesetzt haben.

Madame Georges ist die Mutter meines Freundes Bernard. Sie grüßt mich dezent und bittet mich, an einem der blank gewetzten Holztische Platz zu nehmen. Dann fragt sie mich, ob ich *ladob* probieren möchte. Dank meiner Französischkenntnisse läuft mir sofort das Wasser im Munde zusammen. Denn *ladob*, das muss so etwas sein wie *la daube*, etwas Geschmortes also, und ich stelle mir den leckersten Rinderschmorbraten dieser Welt vor. Wie eine Fata Morgana taucht vor meinem geistigen Auge ein perfekt gegartes und superzartes Stück Bratenfleisch in herrlich würziger, dicker, dunkler Sauce auf – also etwas, was ich schon seit Monaten nicht mehr auf meinem Inselspeiseplan hatte.

Ich willige sofort ein.

Doch was dann auf meinen Tisch kommt, ist alles andere als das, was ich vor meinem inneren Auge hatte. Es ist etwas Glibberiges und Weißes. Nein – stimmt irgendwie auch nicht. Das Gericht vor mir ist eher fehlfarben oder noch besser: ohne Farbe. So wie ein langweiliger Babybrei sieht es aus.

Ich muss wohl so verwirrt geschaut haben, dass Madame George zunächst selbst verwirrt ist. Doch dann beginnt sie zu erzählen: Für uns hier auf der Insel war und ist *ladob* etwas wie ein Grundnahrungsmittel, denn es macht vor allem eines: satt. Man kann es so ziemlich aus allem herstellen, was stopft und den Magen füllt, zum Beispiel aus Kochbananen oder aus Süßkartoffeln. Aber mein *ladob* – und dann hebt Madame Georges feierlich die Schale und platziert sie direkt vor mir auf dem kleinen Tischset aus Bambus – mein *ladob* ist aus *friyapen* – aus Brotfrucht. Und wer von der Brotfrucht isst, kommt immer und immer wieder auf die Seychellen.

Stumm sitzt mir Madame Georges gegenüber, während ich ihr *ladob* koste. Nach zweieinhalb Löffeln bin ich schon fast satt, so reichhaltig ist diese Inselspeise. In ihrem unnachahmlichen Geschmack vereint sie die gesamte kreolische Kulinarik. Ich schmecke die Tropen und die Sonne, ich schmecke Kokos und Vanille, und ich schmecke noch irgendetwas anderes. Da ist ein Aroma, das mir einerseits ganz vertraut erscheint, andererseits aber auch fremd und exotisch.

Ich frage Madame Georges nach ihrer Geheimrezeptur. Sie schmunzelt und deutet auf einen sehr großen, flachen, geflochtenen Korb, der im Halbschatten auf einem uralten Fass steht. Darin tummeln sich haufenweise rotbraune Kugeln.

Madame Georges steht auf, greift einige davon, hält sie mir direkt unter die Nase und drückt sie mir dann sanft in meine geöffnete Hand. Na, schnupper mal! Weißt Du jetzt, was es ist?

Irgendwelche Nüsse?

Ich rate einfach darauf los.

Ja, Nüsse… das ist schon mal nicht schlecht, aber es sind besondere Nüsse: Es sind *miska* – Muskatnüsse.

In meiner Hand entfalten die Muskatnüsse einen warmen und wundervollen, majestätischen und magischen Duft; genau den, der mir aus dem *ladob* entgegenströmt. Bei mir gibt es kein *ladob*, so erklärt mir Madame Georges, ohne Muskatnuss.

Wenn Du willst, kannst Du die hier alle mitnehmen, sagt sie und bringt mir noch ein weiteres Dutzend. Sie sehen wunderschön aus und sind mit einem geheimnisvollen roten Netz aus Pflanzenadern überzogen, der sogenannten Muskatblüte, die auch als Macis bekannt ist.

Ich sage nicht Nein und freue mich über diesen Schatz, wohl wissend, dass ich weniger ein *ladob* als vielmehr ein Kartoffelgratin damit würzen werde.

Madame Georges sitzt völlig in sich gekehrt, fast abwesend auf einem kleinen Schemel, den sie beinahe wie in Trance an mich heranrückt. Dann schaut sie in die Ferne, als würde sie am Horizont die Geschichte der Seychellen vorbeiziehen sehen.

Muskat... Muskat... seufzt Madame George, nein, das war nie ein großes Geschäft auf den Seychellen. Die Bäume müssen mindestens sechs, sieben Jahre alt werden, bis sie das erste Mal tragen. Das macht die Sache sehr nervig, weil man einfach Geduld haben muss.

Keine der Grundtugenden auf den Seychellen, entfährt es mir, und ich denke wieder an *baka*, den Vorläufer eines richtigen Rums, den die Insulaner vor lauter Ungeduld in sich hineinschlürfen, weil sie es partout nicht abwarten können, bis der richtige Rum fertig ist.

Wusstest Du, fragt mich Madame Georges, dass Muskatnüsse im Mittelalter in Europa bisweilen teurer als Gold gehandelt wurden und dass sie in eigens für sie angefertigten kleinen Schatzkästchen aus Silber aufbewahrt wurden?

Diese Nüsse kamen aber nicht von unseren Inseln, hier waren sie ja damals noch unbekannt. Seinerzeit kamen die kostbaren braunen Juwelen aus Arabien.

Ich werde neugierig. Ja, aber was war es denn dann, was die Seychellen so interessant machte?

Und dann fährt Madame Georges mit ihrer Erzählung fort: Gewürze und ätherische Öle waren generell ein großes Geschäft auf der Insel, vor allem zur Zeit meiner Vorfahren. Noch bei meinen Eltern und Großeltern war es so, dass man vor allem mit Patschuli richtig Geld machen konnte. Bis in die späten 1950er Jahre hat Patschuli Rekordpreise erzielt. Auch im Zweiten Weltkrieg konnte man daran verdammt gut verdienen, denn es wurde – zumindest erzählt man sich das mit gewisser Ehrfurcht – den Treibstoffen beigemischt, an denen ja in Notzeiten grundsätzlich Mangel herrscht. Aber dann, dann gab es auch noch andere Renner.

Madame Georges Augen werden ein wenig feucht: Es war der Zimt, es waren Nelken und Vanille. Das war wirklich ein irres Geschäft damals. Und dann hatten wir auch noch den Pfeffer. Unsere Pfefferkörner waren irgendwie immer etwas Besonderes, und noch heute hole ich sie aus meinem Garten. Ich bilde mir ein, dass sie ein ganz spezielles Aroma haben. – Hast Du sie schon einmal probiert?

Und da fällt mir ein, dass mir Bernard doch vor einer Weile für die Zubereitung der Vogeleier ein Beutelchen Pfefferkörner überreicht hat.

Madame Georges bringt einen alten Mörser und zerstößt damit einige Pfefferkörner. – Na, was riechst Du?

In den mattschwarzen Perlen schlummert ein unglaublich intensives Aroma: scharf, aber nicht zu scharf. Ich erahne warme Hölzer und einen würzigen Hauch voll von tropischer Vegetation. Der ganze Garten spiegelt sich in diesen kleinen Körnern wider, sowohl die pflanzliche Farbenvielfalt als auch das sonnengeschwängerte Holz der alten Gebäude und das Gusseisen der betagten *marmit* – schwere, vom Ruß geschwärzte Kochtöpfe, die Madame Georges zur Dekoration aufgestellt hat.

Wäre Pfeffer nicht auch ein kleines Plus für *ladob*?

Und in der Tat: Hoch oben über dem Meer, inmitten des alten Gewürzgartens, schmeckt *ladob* mit etwas pfeffriger Würze richtig gut.

Am nächsten Morgen bin ich noch immer pappsatt. Wir fahren ans Wasser, denn wenn der Oktober auf der Insel angekommen ist, dann wird es ganz allmählich heiß und immer heißer. Selbst wir, die hoch oben in den Bergen wohnen, merken, dass die Blätter der großen Bäume weniger rascheln als zuvor und dass der Wind müde und müder wird. Dem einst so heftigen *vannsvet* geht allmählich die Puste aus. In den letzten Monaten ist das sonst so stürmische Wehen des Südost-Monsuns – ohne dass wir es groß zur Kenntnis nahmen – in eine leichte Brise übergegangen, die uns ein erfrischendes Prickeln beschert. Gerade so wie eine just geöffnete Champagnerflasche.

In dieser luftig-leichten Stimmung werde ich doch irgendwie auch mein *ladob*-Völlegefühl in den Wellen loswerden, oder?

Zwei andere Schwimmer sind schon deutlich weiter als ich. Es sind Stammgäste im morgendlichen Blau der Anse Royale, die sich mit täglichem Aquajogging fit halten.

Leicht federnd kommen sie herangehüpft. Sie hatten bestimmt kein *ladob*, so beschwingt, wie sie durch das Wasser tänzeln. Sie: braun wie Nussnugatschokolade, er: drahtig und wettergegerbt mit einem Dreitagebart wie ein Siedler aus uralten Tagen.

So treffen wir uns in der Mitte dieser unglaublichen türkisfarbenen Weite. Um uns herum steht die Welt still, während die Wellen leise plätschern und kleine *permit* – gelbschwänzige Kurznasenmakrelen – vorwitzig an unseren Fersen knabbern, in der Hoffnung, ein leckeres Stück Hornhaut zu ergattern.

Wir begrüßen uns innig. Und die Neuigkeiten, die wir uns wechselseitig erzählen, haben mehr Gehalt als jede dieser hiesigen Zeitungen. Die sind so dünn, dass sich für sie mit ihren acht bis zehn Seiten keine Altpapiersammlung lohnt und sie im Recyclingprozess nur dazu dienen, frisch geerntetes Gemüse einzuschlagen oder tiefgekühlten Fisch zu isolieren.

Ich beginne, von den erholsamen Stunden im *Jardin du Roi*, der Wanderung inmitten der duftenden Pflanzen und meinem *ladob*-Erlebnis zu berichten. Ehe wir uns versehen, sind wir mitten im schönsten kulinarischen Fachgespräch vertieft.

May und Jacques, so heißen die beiden Wasserläufer, berichten von ihren Kindertagen und dem wohlig warmen, sentimentalen Gefühl, das sie heute noch beschleicht, wenn es wieder mal *ladob* gibt. Aber Muskat – und dabei schüttelt May heftig den Kopf – der kam bei uns nie rein. Dafür mischte meine Oma aber immer einen Teelöffel Salz darunter, um die Aromen auszubalancieren. Und dann berichtet sie noch von einem Küchengeheimnis, das angeblich hilft, das Völlegefühl zu vermeiden: einfach den Boden der Kasserolle, in der das Ganze schließlich schmort, mit *sitronnel*-Blättern belegen.

Na, das ist doch mal ein raffinierter Trick!

May und Jacques fragen mich, ob ich denn auch zum *festival kreol* gehe. Natürlich, rufe ich in freudiger Erregung, denn in nur wenigen Tagen ist es endlich so weit. Ich habe mich längst vom Hype um diese Megafeier anstecken lassen, aber ehrlich gesagt, so ganz bin ich mir noch immer nicht sicher, was das *festival kreol* eigentlich zum Ausdruck bringen soll. Was heißt überhaupt *kreol?* Kreolisch? Das frage ich mich deshalb, weil dieser Begriff rund um den Erdball oder genauer gesagt, am Äquatorgürtel zu Hause ist. Die Kreolen, so lässt sich immer wieder nachlesen, sind ein Völkergemisch, das aus afrikanischen Sklaven und europäischen Kolonialherren bzw. -frauen entstanden ist. Auf den Inseln vor der westafrikanischen Küste waren es damals die Portugiesen, die diesen Begriff prägten. Dort war ein *criulo* nichts mehr als ein Zögling, der vielleicht sogar mit der Peitsche gezüchtigt wurde.

Kann es sein, dass sich die Kreolen weltweit durch ein festes, aber unsichtbares Band, eine stützende Hand verbunden fühlen? Kann es sein, dass es gemeinsame Wurzeln gibt, die sich auf geheimnisvolle Weise in der sehnsuchtsvollen und nicht selten schwermütigen Musik der Kapverden genauso widerspiegeln wie in den ausgelassenen Rhythmen von Louisiana, die den Ton an der Südstaatenküste Amerikas angeben, oder in den lebenslustigen *sega*-Melodien der Seychellen? Was ist es, das hinter dem Begriff *kreol* steht? Ist es die *post slavery society* – eine Gesellschaft, die sich durch die Abstammung von den einstigen Sklaven definiert? Oder ist es einfach ein Völkergemisch, das die Strahlen der Äquatorsonne ganz besonders in sich aufnimmt und in Lebensenergie umsetzt?

Ich weiß es nicht.

Ich habe viel darüber gelesen, doch je mehr ich darüber lese, desto weniger – so scheint es mir – weiß ich darüber.

Das *festival kreol* findet während der letzten sieben Tage im Oktober statt. Es wird angekündigt als *week of colours, sounds, flavours and fragrances.* Und in der Tat: Überall ist es bunt, überall klingt und singt es, überall duftet es. Und schmecken tut es auch, denn an jeder Ecke gibt es kleine Stände mit kreolischen Köstlichkeiten im Angebot. Logisch, dass auch *ladob* nicht fehlen darf. Mir ist schleierhaft, wie man in der Hitze der Stadt eine solch heiße Speise, ein solch heißes Durcheinander von Aromen und Allerlei essen kann. Immerhin – es passt zum Stadtbild. Hier herrscht ein unglaubliches tropisches Durcheinander, irgendwie scheint es so, als sei alles mehr oder weniger improvisiert und als gäbe es gar kein richtiges Programm. Doch dieser bunte Mischmasch gehört einfach mit dazu. Dennoch – es gibt tatsächlich einige Dinge, die beim *festival kreol* außergewöhnlich koordiniert ablaufen, oder sagen wir mal: für die hiesigen Verhältnisse überdurchschnittlich organisiert sind. Damit meine ich vor allem *laserenade* und *pilili* – eine Art Defilee von Tänzern und Sängern, die als bunte Perlen und Murmeln durch Victoria kullern. Sie wiegen sich wie in Trance zu den *sega-* und *moutya*-Rhythmen.

Mitten im Gewühl treffe ich Bernard. Er steht ganz in der Nähe des *Clock Tower* und winkt mich zu sich heran.

Du hier bei all dem Gewusel?

Bernard lacht. Tja, jedes Jahr nehme ich mir vor: Ich bleibe zu Hause. Und dann kann ich es einfach nicht lassen. Es gehört einfach dazu, es gehört zu uns Kreolen.

Bernard wischt sich über die Stirn: Komm, wir gehen etwas trinken, ich brauche jetzt dringend einen *dschi än tii!*

Bernard zieht mich zur Seite, und wir machen uns zu einem der geschichtsträchtigsten Plätze dieser Stadt auf, zu dem uralten Restaurant *Marie Antoinette.* Dort wird schon seit Jahren – ach was, seit Jahrhunderten – das gleiche feine und traditionelle Kreol-Menü (natürlich mit *ladob)* serviert, doch das interessiert uns heute in dieser Hitze nicht. Wir bekommen *dschi än tii* . Das Getränk hat nichts mit *tea* wie Tee zu tun, es ist: G&T, also Gin AND Tonic – und nicht etwa das, was wir in Deutschland gemeinhin als Gin Tonic bestellen. Die Betonung liegt tatsächlich auf dem „und"! Und genauso sieht es aus: Da kommt ein hohes Glas mit mindestens einem doppelten Gin. Er kommt dieses Mal aus einer tiefgrünen Flasche, auf der *Gordon's* steht. Die grüne Flasche ist Kult!

Bernard erklärt mir, dass man zur Kolonialzeit ganz besonderen Wert auf diese grüne Flasche legte, denn angeblich war sie das Erkennungsmerkmal dafür, dass es nur zwölf Personen weltweit gab, die die unvergleichlich köstliche Geheimrezeptur dieses Gins kannten. – Das kleine Fläschchen Tonic Water, das sich mittlerweile ebenfalls zu uns gesellt hat, schaut dagegen fast verloren aus.

Bernard schaut in weite Ferne. Dann beginnt er eine Lobeshymne auf die englischen Kolonialherren.

Ganz schön clevere Burschen. Als sie in Indien das Sagen hatten, mussten sie sich irgendwie gegen Malaria schützen und fingen an, chininhaltiges Wasser zu trinken, um diesem tropischen Übel vorzubeugen. Doch dieses schreckliche Gesöff – es war nämlich nichts anderes als in fades Wasser eingerührtes und aufgelöstes Chininpulver – muss damals einfach scheußlich geschmeckt haben, und so kamen die Offiziere in den Casinos auf die Idee, einfach etwas Aroma beizumischen. Ein bisschen Zitrone und Limette, vielleicht sogar etwas Zucker – das machte die Sache doch recht erträglich. Das Wichtigste war aber, dass ein ordentlicher Schuss Gin dazukam. Das schmeckte nach Heimat, nach den dunkelgrünen Wachholderbüschen Englands. Apropos Wachholder – es gibt kaum ein besseres Detox-Mittel, das Nieren und Darm entgiftet. Das war damals in der Kolonialzeit ganz besonders wichtig, da die Hygieneumstände in Indien und anderen Teilen der Welt trotz britischer Krone noch nicht einwandfrei waren. Ein Holländer war es, der weit vor irgendwelchen kolonialen Expansionsbestrebungen ein Gebräu aus Wacholderbeeren destillierte, das schließlich als Jenever seinen Siegeszug antrat. In England kam es dann fast zu einem Ginkollaps, als Mitte des 18. Jahrhunderts nur sechs Millionen Engländer 22 Millionen Liter Gin pro Jahr tranken. Der „allgemeinen Trunkenheit“, von der in manchen Quellen gesprochen wird, war es geschuldet, dass ein *Gin Act* mit vielen Verboten und Beschränkungen erlassen wurde. Doch egal, welche Gesetze auch immer eingeführt wurden. Der Gin gehörte zu England, der Gin gehörte in die Kolonien, und deshalb gehört der Gin auch zu den Seychellen.

Gin is the answer – sagt Bernard und schaut dabei wie ein gestrenger Arzt, der in ein drittklassiges Tropenlazarett zwangsversetzt wurde, auf meinen immer noch nicht ganz abgeheilten Hautausschlag, den ich den *senir-plim*-Raupen zu verdanken habe. Dann nehmen wir diesen erfrischenden Drink ganz besonders aufmerksam zu uns. Und irgendwie scheinen die alten Zeiten wieder aufzuziehen. Da waren auf der Insel die englischen Gouverneure, die in der Zeit zwischen 1903 und 1976 stets darauf bedacht waren, dass sich die Seychellen als ein Teil des britischen Empires präsentierten und den Geist der Krone lebten. Gin und Tonic passten da ziemlich gut hinein. Dann kamen die ersten Wahlen. Wer aber war eigentlich zu den *elections* zugelassen? Keine einfache Sache, aber irgendwann war man sich einig, dass es eigentlich nur diejenigen Inselbewohner sein konnten, die mit Grundbesitz gesegnet waren – legal erworben, versteht sich, und das mussten sie auch nachweisen. Und so entstand hier plötzlich die erste ernst zu nehmende Partei, die *Seychelles Taxpayers and Producers*, die ihre politischen Siege gewiss genauso mit Gin und Tonic begossen hat wie die *Seychelles Island United Party* und die profane *United Party*, die erste Partei, in der völlig normale Menschen und keine Großgrundbesitzer zu finden waren.

Was für Zeiten!

Die Stadt bebt. Die *sega*-Rhythmen rütteln auf und reißen gnadenlos mit – auch mich, ob ich nun will oder nicht. Die Farben ziehen mich in ihren Bann.

Doch am Wasser ist es viel schöner. Endlich ist es Zeit für den richtigen *dimans borlanmer*. Die Stimmung am Strand ist unvergleichlich. Ich liege im weichen Sand, träume vor mich hin, und von weit her dringt das Geplätscher, das sich sanft mit dem Gelächter von ausgelassenen Kindern vermischt, an mein schläfriges Ohr. Frisch gefangene, grün-lila schillernde Makrelen brutzeln über dem offenen Feuer auf einem rostigen Rost. Ob der Rost deshalb Rost heißen darf, weil er so rostig ist? Ich bin wie benommen von dem unwiderstehlichen Duft, der von diesem Grill zu mir herüberzieht und der sich mit einem feinen, unaufdringlichen Parfüm von Sonnencreme, warmem Sand und seichtem Wasser vermählt. Ich seufze vor Glück, wahrscheinlich, weil es nach Sommer und nach Kindheit riecht. Erinnerungen an fast vergessene Ferientage und unbeschwerte Stunden drängen sich auf. Und ja, irgendwie war es damals ähnlich, war es ziemlich genauso wie just in diesem Moment. Hier unten in der Anse Royale wimmelt es zwar mittlerweile von Menschen, doch alle sind so friedlich und fröhlich, dass ich regelrecht von einem tropischen Chloroform eingelullt werde. Kann es sein, dass es hier zwischen Palmen und Riff ist wie an einem nimmer enden wollenden Sommersonntagnachmittag am Baggersee hinter dem alten Kieswerk zwischen Schilf und Weiden?

Plötzlich ruft es aus dem Schatten:

Madam, vini, vini!

Offenbar bin ich gemeint! Ich schnappe mir meinen Pareo, den ich neulich in einer Strandboutique gekauft habe, und denke mir, dass er bunter und schöner ist als alle Kostüme, die sich momentan auf der Straßenparade in Victoria präsentieren. Ich stapfe durch den lockeren Sand und kann im Dunkel der Bäume fast nichts erkennen!

Madam, vini, vini!

Ein älterer Herr fächelt mit einem zerfledderten Palmblatt Luft über den Grill. Dann drapiert er mir eine Makrele auf einem Pappteller und packt reichlich Chili obendrauf. Als ich mich überschwänglich für seine überraschende Mittagsgabe bedanken will, schaut er mich nur verheißungsvoll an.

Get sa – schau mal, ich habe noch etwas ganz Besonderes für Dich.

Dann öffnet er eine mehr oder weniger prähistorische Aluminiumschüssel und klatscht mir noch einen großen Löffel *ladob* dazu.

Ach herrje, schon wieder *ladob*, entfährt es mir.

Ja, aber nicht irgendeines, das ist *ladob kassav* – geschmorte Maniokwurzel in Kokosmilch, und Du wirst staunen, wie fantastisch das zur Makrele schmeckt.

Als ich mich beschämt von dannen machen will, ruft mein Strandkoch: Stopp! Du hast Deinen Drink vergessen.

Auch das noch! In einem alten, beinahe blinden und verschrammten Plastikglas – oder sagen wir besser: Zahnputzbecher – bekomme ich einen Gin offeriert. Ich will mich erst höflich verweigern, doch dann sage ich nicht Nein, auch wenn ich die Tropenregel kenne:

Kein Alkohol bis Sonnenuntergang, dann aber bis Sonnenaufgang.

Ich mache eine Ausnahme, denn einen Gin werde ich nach *ladob* gut gebrauchen können. Und als ich nicke, sehe ich etwas Überraschendes: Mein Gegenüber holt eine für mich völlig unbekannte Marke hervor: einen einheimischen Gin mit dem patriotischen Namen *Victoria Gin* - mit einem Label, das den *Clock Tower* der Hauptstadt in voller Herrlichkeit abbildet. Allerdings frage ich auch brav nach einem Tonic.

Und da bekomme ich doch tatsächlich eines dieser seltenen Glasfläschchen, die vor nicht allzu langer Zeit noch überall auf der Insel im Handel waren.

Bunte und lustig schaukelnde Segelboote sind darauf abgebildet, hohe Wellen und ein Himmel, den Palmen mit ihrer vollen Pracht verzieren. Täuscht es mich, oder höre ich Seeschwalben vorbeifliegen, die mir ihre spitzen Schreie aus ihrem weißen Gefieder zurufen! Die Gischt spritzt. Pure Erfrischung!

Ich blicke auf das Wasser.

Das hier ist mein ganz persönliches *festival kreol* – mit *ladob* und Gin und mit ganz viel seychellischer Herzenswärme.

ladob

(für ca. 4 Personen)

4 Kochbananen oder nicht allzu reife normale Bananen
1 Dose Kokosnuss-Milch
1 TL gemahlene Muskatnuss und das Mark einer Vanilleschote
2-4 TL brauner Zucker
1 TL Salz
Zimtblätter, falls nicht vorhanden: 1 Zimtstange und/oder etwas Zimtpulver

Bananen schälen, der Länge nach halbieren, danach in ca. 2-3 gleichmäßig große Stücke schneiden. Zusammen mit den Gewürzen in einen großen Topf geben, Kokosmilch darüber gießen, zum Kochen bringen, dann Platte auf kleine Flamme stellen und ohne Deckel für ca. eine ¾ Stunde leicht köcheln lassen, bis alles zu einer dicken Masse eingekocht ist. Zimtblätter/-stange herausfischen und in kleinen Schälchen nicht zu viel auf einmal davon servieren.

* * *

Alternativ lassen sich Süßkartoffeln verwenden. Ungefähr ein Pfund davon schälen und daumengroße Stücke schneiden, dann genauso zubereiten, evtl. etwas länger köcheln lassen und mehr Kokosnuss-Milch angießen. Kann als Beilage zu herzhaften Speisen serviert werden oder separat als Frühstück und zum Dessert.

November

Wort bzw. (Aus-)Spruch des Monats: ***dalon***
Gericht des Monats: ***graten tektek***
Getränk des Monats: ***bigarad***

Mein Muschelmonat

Der November in Deutschland beginnt grau, träge und oft mit einem bleiernen Schleier im Hauch der frühen Morgennebel. Abends endet er in schmutzigem Reif, der sich mit fahlem Kaminrauch zu paaren versucht.

Auf den Seychellen ist der November auch grau, aber er schmückt sich mit einem Schleier aus schimmernder Seide und einem Diadem in herrlichem Perlmuttweiß. Denn während im deutschen November eine ordentliche Portion Tristesse mitmischt, ist es auf den Seychellen die Farbpalette der Muscheln, die den November zu meinem ganz persönlichen Muschelmonat werden lässt.

Muscheln haben schon immer Kultstatus auf den Seychellen gehabt. Man erzählt sich, dass es der erste Kommandant der Insel, Charles Delaunay, war, der diesen Hype auslöste. Anstatt sich um die Verwaltung und den nötigen Papierkram zu kümmern, muss er wohl stundenlang die Strände durchkämmt haben oder im seichten Wasser auf „Muscheljagd“ gewesen sein. Okay, es sei ihm im Nachhinein gegönnt, denn damals gab es ja noch nicht so viel zu verwalten. Die erste Siedlertruppe, die zum Arbeiten auf die Seychellen geschickt wurde, bestand aus lediglich 27 Leuten, darunter eine Frau. Mit anderen Worten: Viel Abwechslung gab es nicht. Dennoch wundert es mich, dass Delaunay offenbar eine aufsehenerregende Kollektion zusammenbrachte – bemerkenswert, denn immer dann, wenn ich am Strand bin, finde ich so gut wie nie eine richtig imposante Muschel. Und dennoch: Auch ich habe eine Muschelsammlung, auf die ich mittlerweile sehr stolz bin.

Es sind vor allem Stücke, die mir Einheimische geschenkt haben. Da liegt zum Beispiel eine riesige Flügelschnecke, die auf der Insel als *giant spider conch* und bei den Muschelkundigen als *lambis truncata* bekannt ist. Spinnenähnlich reckt sie ihre Arme in die Höhe. Kleinere Exemplare habe ich auch davon, die brachte mir ein Fischer mit, als er draußen am Riff an seiner Reuse zu tun hatte. Und nun zieren sie das Fensterbrett in unserem Badezimmer.

Doch so schön jede einzelne Muschel auch sein mag, hin und wieder gerate ich mit meinen Perlmuttpartnern in

Konflikt, und zwar immer dann, wenn ich Hausputz mache und meine Muscheldeko reinigen muss. Während viele von ihnen im Meer und am Strand Behausungen für Einsiedlerkrebse abgeben, werden sie nun auch fern vom Wasser von allerhand Viechern zu ihrem zweiten Zuhause auserkoren. Ameisen finden es darin ganz heimelig, und Geckos legen ihre kleinen porzellanähnlichen Eierchen hinein. Lästig sind aber vor allem die *mous masonn* – die Häuslebauer-Wespen, die ihre lehmigen Nester möglichst in die hintersten Winkel einer Muschelbiegung hineinkleistern, in die mein Staubtuch gewiss nicht hineinkommt.

Auch eine Tritonmuschel habe ich. Sie ist besonders schön, und vielleicht genau aus diesem Grund hat sich eine Eidechse in ihr eingenistet. Mit viel Getöse flieht sie nun aus ihrem edlen Versteck. Die Schwarze wacht sofort aus ihrem Mittagsschlaf auf und hechtet ihr hinterher. Um ein Haar hätte sie das Reptil an seinem Schwanz erwischt, doch die Eidechse ist clever und verschwindet flugs in einem kleinen Bambusrohr. Die Schwarze faucht und gibt ein genervtes lang gezogenes

Miau von sich, aber danach verfällt sie umgehend wieder in ihren Katzentiefschlaf.

Als ich anschließend die Tritonmuschel von außen poliere, steht plötzlich May in der Tür. Sie hatte sich angekündigt, um Obst zu bringen.

Ui, ruft sie, Du hast ja eine echte Triton. Und eine schöne, glänzende noch dazu. Wo hast Du die denn her?

Die habe ich natürlich nicht selbst gefunden, sondern wie die meisten meiner Muscheln geschenkt bekommen.

Das muss aber ein echter *dalon* gewesen sein, der Dir so etwas schenkt.

Was ist ein *dalon*?

May erklärt mir: Wir haben zwei Wörter für Freund im Seychellen-Kreol. Das eine ist der *zanmi*, also ähnlich wie der französische *ami*, der normale Freund. Der andere ist der *dalon*, das ist der wirkliche, der wahre, der Herzensfreund, der mit Dir durch dick und dünn geht.

Also so wie wir beide, schmunzle ich.

Und dann erkläre ich May, dass ich die Tritonmuschel vor etlichen Jahren von unserem mittlerweile leider verstorbenen Nachbarn Max bekommen habe, weil wir ihm ein paar Sandalen in Größe 47 aus Deutschland mitgebracht hatten.

Ich unterbreche die Reinigungsarbeiten, und wir setzen uns auf die Terrasse. Es ist diese magische Zeit zwischen Tag und Nacht, zwischen Hell und Dunkel. Die Kirche läutet den Feierabend ein, und die fliegenden Hunde suchen sich in den Santole- und Mangobäumen ein Plätzchen für ein leichtes Obstabendessen. Sie zetern und plärren in einem fort, kein Wunder ob der reichen Auswahl. Über ihnen beginnt sich der Himmel in einem unbeschreiblichen Purpur einzufärben, das sich mit dem tiefen Violett des Meeres vermählt. Kein Lüftchen regt sich. Nur die Palmen rascheln leise wie Papier, so als würde eine Zeitung durchgeblättert.

Wir haben Durst. Als ich May einen der auf der Insel so begehrten Softdrinks anbieten will, lehnt sie vehement ab.

Schau mal, was ich Dir mitgebracht habe!

Ich sehe nichtssagende Zitrusfrüchte und tippe stumm auf nicht mehr ganz frische Orangen oder zu klein geratene Grapefruits.

Das sind *bigarad!* Die pressen wir uns jetzt aus, und dann haben wir einen herrlichen Saft!

Bigarad – noch nie gehört im Leben!

Bigarad – eine widerspenstige Frucht mit dicker Schale, mit vielen Kernen und mit wenig Fruchtfleisch, und dann wächst sie auch noch an Bäumen, die Stacheln tragen. May zeigt mir ihre zerkratzen Unterarme.

Der Saft, den wir uns mit etwas Sodawasser gespritzt haben, ist ein Gedicht.

Ein unglaubliches Aroma! Ein Elixir, belebend, erfrischend, heiter und blumig wie ein Tropengarten.

Erst viel später erfahre ich, dass wir uns gerade an einem köstlichen Getränk aus Pomeranzen gelabt haben.

Plötzlich dringt ein tiefer Ton aus dem Tal, der klingt wie eine uralte Schiffssirene. Hörst Du, ruft May, das ist die *lansiv*, auch eine Tritonmuschel. Wenn die Fischer noch etwas von ihrem Fang übrig haben, dann blasen sie in die *lansiv*, und jeder weiß, dass er sich noch schnell einen frischen Fisch zum Abendessen holen kann.

Dumpf tutet das Muschelhorn. Und dann kommt der klagende Ruf immer näher. Ein alter Pick-up rumpelt den Berg hinauf und hält direkt vor unserem Haus.

Tuuuut, tuuuuuuuuut, tuuuuuuuuuuuuut.

Okay, ich habe verstanden. Das seychellische Direktmarketing wirkt. May und ich schauen uns die noch vorhandene Auslage des *catch of the day* an. Aber außer zwei Barrakudas und einem Bonito ist schon alles ausverkauft. Als wir abwinken und zurück zum Haus gehen wollen, ruft es plötzlich: *Oule tektek?*

May jubelt. Hey, das ist es! Und ob wir *tektek* wollen, die nehmen wir!

Ein Teil eines völlig zerfetzten *gunny bag* – ein juteähnlicher Plastiksack – wechselt seine Besitzer. Kleine, weiße, dreieckige Muscheln schimmern uns vorwitzig entgegen, alle kaum größer als ein Daumennagel, aber manche so glänzend, als wären sie mit Nagellack überzogen. Ob sie wohl *tektek* heißen, weil sie so lustig klappern, als wir sie waschen?

Tickeditackediteckteckteckteck!

May erzählt mir, dass die kleinen Muscheln eigentlich früher ein Arme-Leute-Essen waren. Es ist ein mühsames Geschäft, sie am Strand zu suchen. Man muss im Sand nach ihnen buddeln, und es braucht einfach eine Weile, bis man eine ausreichend große Portion zusammen hat, um eine *lasoup tektek* – eine Muschelsuppe – machen zu können.

Angeblich soll in der guten alten Zeit ausgerechnet unsere Heimatbucht, die Anse Louis, ein ziemlich guter Fundort für die kleinen Dinger gewesen sein. Nicht umsonst war früher ein Restaurant nach ihnen benannt, das in dieser Bucht stand – und selbst das abgehobene Luxushotel *Maia* hat für seinen Inhouse-Gourmettempel diesen Namen beibehalten.

Doch wir pfeifen auf solch eine Elite und beschließen, nun selbst ein Feinschmecker-Muschelessen zu zaubern.

May erzählt mir, dass ihre Mutter immer mit einem einfachen Trick begonnen hat: *sode*. Mit ganz wenig Wasser werden die Muscheln im Dampf gegart, damit sie sich öffnen. Dann muss man sie nochmals waschen, waschen, waschen. Da die *tektek* nicht grundlos auch Sandmuscheln heißen, machen sie ihrem Namen alle Ehre und verbergen reichlich knirschende Körnchen in ihrem Inneren.

Mittlerweile ist die Dunkelheit hereingebrochen und deckt mit ihrem schwarzen Kleid die Natur zu. Hunde beginnen im Tal zu kläffen, erst einer, dann zwei, dann alle. Und das sind viele. Die Anse Louis rauscht gewaltig, denn seit der Wind wieder auf Nordwest gedreht hat, rollen die Brecher wieder mit lautem Donnern an die Felsen.

Mister Fred, der noch einkaufen war, kommt nach Hause.

Schaut mal, was ich euch mitgebracht habe, freut er sich und reckt einen riesigen Kürbis in die Höhe.

Gedankenübertragung und perfektes Timing, erwidert May, denn dann können wir einen Teil der *tektek* mit Kürbis zubereiten – so wie es hier viele gerne machen.

Wir servieren draußen auf der Terrasse. Die *tektek* schmecken hinreißend, mild und unglaublich zart und lieblich. Nicht um alles in der Welt möchte ich dieses Essen und diesen Platz gegen ein Mehr-Gänge-Menü in einem Nobelrestaurant eintauschen.

Lieber hoch oben über dem Meer und Hochgenuss als hochnäsiger Service und Haute Cuisine!

In den nächsten Tagen wird es heißer und heißer. Und da der Nordwest-Monsun noch nicht richtig Fahrt aufgenommen hat, ist es bis auf einige Böen fast windstill.

Das Meer schwappt träge wie blaue Ölfarbe, die jemand in die Bucht gegossen und glatt gestrichen hat. Eine scharfe Linie trennt die See vom Himmel. Der Morne Seychellois, der gerne seinen Berggipfel von einer Wolke verhüllen lässt, reckt sich klar und majestätisch im Schönwetterdunst in die Höhe. Hinter dem Haus verbrennt das Granitplateau von La Brulée in der heißen Mittagssonne. Die Kolibris schaukeln im Hibiskus und saugen die bunten Blüten leer. Ob sie sich mit ihren schnellen Flügelschlägen Luft zufächeln?

Wir beschließen, das Wochenende auf La Digue zu verbringen. Mit diesem Entschluss sind wir bei Weitem nicht die Einzigen, denn der Fähranleger am Inter Island Key quillt über vor Menschen. Die Schiffdecks sind gerammelt voll, als es in der Früh überpünktlich kurz vor halb acht endlich losgeht. Pfeilschnell flitzt die *Cat Cocos* Richtung Osten. Das tiefblaue Wasser zerschneidet sie wie mit einer Schere, hinter ihrem Heck wächst die Narbe aus Schaum und Gischt wieder zusammen.

Zwischenstation Praslin: Ein hektisches Hin und Her auf dem Anlegesteg, bevor endlich der letzte Abschnitt unserer Überfahrt nach La Digue beginnt. Normalerweise entschließe ich mich spätestens dann, seekrank zu werden, aber das Meer ist so ruhig, dass ich heute gar nicht dazu komme und mich wie auf einem entspannenden Ausflug auf einer Luxusjacht fühle.

La Digue ächzt unter der Hitze. Schon am Hafen schlägt uns heiße Luft entgegen. Wie gut, dass wir auf den Fahrrädern, die wir gemietet haben, den Fahrtwind genießen können. Unser Weg führt uns an der Westküste entlang Richtung Süden. Und je weiter wir südwärts fahren, desto langsamer und ruhiger werden wir. La Digue hat einen ganz eigenen Rhythmus, bedächtiger, behutsamer, geruhsamer – so wie einst die vielen Ochsenkarren, die das Inselbild prägten. Doch auch wenn hier mittlerweile immer mehr Autos und Pick-ups die feindliche Übernahme des La-Digue-Straßensystems planen, ein wenig träger Tropencharme bleibt. Zumindest rede ich mir das ein. Doch nicht jeden hat die Trägheit übermannt. In der alten Plantage des *L'Union Estate,* die nahtlos in den Strand übergeht, sind ein paar Kreaturen richtig aufgeregt.

Die Riesenschildkröten, genauer gesagt: die männlichen Riesenschildkröten, haben in der größten Mittagshitze plötzlich Gelüste, stoßen urwüchsige, äußerst animalische Laute aus und suchen sich mehr oder weniger lust- und wehrlose Weibchen, bei denen sie aufhocken können.

Endlich sind wir am Wasser. Die Anse Source d'Argent zieht uns wieder einmal in den Bann. Viele bezeichnen sie als *den* idealen Strand des gesamten seychellischen Archipels. Für uns aber ist sie einfach nur dahingegossenes Glück in einer perfekten Mischung aus warmen Granitfelsen, weichem Sand und glasklarem Wasser. Türkisfarbene Leichtigkeit wechselt sich ab mit tiefblauer Ruhe. Kleine schwarze Inseln aus Seegras und Gestein bilden natürliche Ankerplätze für uns, die wir uns nach Erfrischung und Abkühlung sehnen. Eine unglaubliche Harmonie umhüllt uns. Kein Wunder, dass wir stundenlang im knietiefen Wasser genüsslich vor uns hindümpeln, schweigend, auf den Horizont blickend, genießend.

Allmählich senkt sich der Nachmittag auf uns herab. Die Ebbe naht, und in jeder Minute schwindet ein weiterer

Zentimeter an köstlichem Nass. Doch auch wenn das Wasser weicht, wir wollen nicht weichen. Wo uns vorher sanft erfrischende Wellen umspülten, hocken wir jetzt in einem lauwarmen feuchten Tümpel.

Okay, es wird wohl doch Zeit zu gehen.

Da sehen wir einen jungen drahtigen Kerl, der einen riesigen Sack geschultert hat. Immer wieder bückt er sich, immer wieder wandert seine Hand mit irgendeiner Beute in die Öffnung des zerschlissenen Stoffbehältnisses. Er grüßt herüber, und wir winken ihn heran, denn wir wollen doch unbedingt wissen, was er da so eifrig sammelt. Schweiß steht ihm auf der Stirn. Er wirkt erschöpft, als er vor uns steht.

Mein Mister Fred macht das einzig Richtige und bietet ihm eine unserer Wasserflaschen an. Die trinkt der Junge in einem Zug leer. Dann greift er in seine Hosentasche und streckt mir ein wundervolles grün schillerndes Gehäuse einer Meeresschnecke entgegen und drückt es mir in die Hand. *Birgo!*

Birgo – die Turbanschnecke – sei verdammt anstrengend zu sammeln, erzählt uns der Junge, denn so schön sie auch sei, so schwer sei doch auch ihre Schale. Und in der Tat: Die perlmutterne Haube der Schnecke ist alles andere als ein Leichtgewicht. Schwer liegt sie in meiner Hand.

Unser Kreol ist nicht so gut, dass wir anschließend verstehen, was er von uns will. Doch er nestelt einen weiteren, zusammengeknüllten Sack aus seiner Hosentasche und bedeutet uns, dass er den auch noch voll machen möchte. Ob er denn seine bereits eingesammelte Beute bei uns stehen lassen könne? Na klar!

Ungefähr eine Stunde später kommt er zurück und hat sich ein *sonbli* gebastelt, ein weiches Polster aus Algen, das er auf seinem Kopf drapiert und auf dem er mit einer beneidenswerten Leichtigkeit den zweiten Sack voller *birgo*-Muscheln transportiert.

Mein Mister Fred bietet ihm wieder etwas zu trinken an. Dann sagt der Junge, dessen Namen wir noch nicht einmal kennen: Wisst ihr was? Ihr kommt heute Abend zu mir und meinen Eltern - wir essen gemeinsam *birgo!*

Wir stutzen und können es so recht nicht glauben. Dann deutet unser Muschelsammler auf Mister Fred und sagt: Du hast mir Wasser gegeben! Wer so etwas macht, wer sein Trinken mit mir teilt, der ist mein *dalon*, und deshalb – und nun klingt es schon fast wie ein Befehl – esst ihr heute Abend mit uns!

Als wir schließlich im Dunkeln aufbrechen, schaukelt bereits der Mond in den hohen Brotfruchtbäumen, die wie übergroße Hände mit ihren Blättern nach ihm zu greifen versuchen. In einem versteckten Winkel in La Passe, hinter hohen *fatak*-Büscheln, zweigt ein kleiner unbefestigter Weg ins Inselinnere ab. Wie gut, dass mein Mister Fred eine Taschenlampe dabeihat, denn trotz Mond ist es hier im dichten Tropengehölz finster, sehr finster. Nach holprigen zehn Minuten erreichen wir ein Anwesen, das so betagt und zerbrechlich wirkt, als könnte es bei unserem nächsten Atemzug in sich zusammenfallen. Aber so alt und altersschwach dieses typische Seychellen-Häuschen auch sein mag, so robust ist es doch. Irgendwie ist es auch sehr praktisch gebaut, mit einer umlaufenden Veranda ausgestattet und großen hölzernen Fensterläden, die sich je nach Wind- und Wetterlage verstellen lassen: Entweder schützen sie vor heftigem Regen oder zu heißer Sonne, oder sie fördern die natürliche Ventilation.

Wir werden schon erwartet – und wir haben Hunger. Doch zuerst folgt das übliche Begrüßungsritual, und das geht so: Zunächst einmal wird ausführlich darüber diskutiert, ob man als Gast die Schuhe anlassen darf oder nicht. Wir hatten uns zwar entschieden, es den Seychellois gleichzutun, unsere Strandschlappen auszuziehen und barfuß auf die Veranda zu kommen, doch dagegen gibt es heftigen Einspruch: Bitte Schuhe anlassen! Welche Ehre!

Auf der Veranda stehen gefühlte 117 Stühle, auch wenn es vielleicht hundert weniger sind! So eine kleine Veranda und so viele Stühle!

Da können ja alle Verwandten zusammen mit ihren gesamten verstorbenen Vorfahren Platz nehmen, entfährt es meinem Mister Fred.

In den Augen von Jerry – so hat sich unser Gastgeber vorgestellt – zuckt es ängstlich.

Und dann fragt er allen Ernstes meinen Mister Fred: *Are you black magic?*

Mister Fred zieht eine Augenbraue hoch und lächelt vielwissend.

Danach werden wir mit noch mehr Respekt behandelt.

Stühle sind wichtig. Je mehr Stühle, desto mehr Wohlstand, desto mehr Prestige. Wir dürfen wählen, wo wir sitzen wollen.

Nach einem kurzen Plausch geht es dann ans Essen. Und unser Muschelsammler hat uns nicht zu viel versprochen: Es gibt *birgo* – und das in mehreren Varianten. Als eine Art Eintopf, als Gratin und dann noch pur. Letzteres ist die anstrengendste Art, die Turbanschnecke zu genießen, denn hier müssen wir uns das Muschelfleisch mit angespitzten Bambushölzchen selbst aus den Schalen herausoperieren.

Am schönsten kommt das Gratin daher, denn: Die Hauptzutat ist das Muschelfleisch, und das wird sogar in einer Muschelschale serviert. Aber nicht in irgendeiner, sondern in der Hälfte einer wunderschönen Riesenmuschel.

Wusstet ihr, fragt uns Jerry, dass wir diese Riesenmuscheln, die die meisten unter dem Namen Killer- oder Mördermuscheln kennen, bei uns auf den Seychellen *benitye* nennen? Eigentlich ist ihr Zuhause da draußen auf den sonnendurchfluteten Riffrücken, wo das Wasser nicht so kalt ist. Wenn sie aber ausgewachsen sind, dann sind sie so groß – Jerry streckt beide Arme weit auseinander, schaut vielwissend und ein bisschen angeberisch ergänzt er: So groß, dass sie in der Kirche die perfekten Taufbecken abgeben.

Ich erinnere mich an unseren Kirchgang in der Osternacht, und tatsächlich – damals begegneten uns gleich zwei *benitye*: einmal in kleiner Ausführung als Weihwasserspender und einmal in großer Ausführung für die Taufe.

Spät in der Nacht wandern wir zu unserer Unterkunft zurück. Die Sterne blinken unnatürlich hell. Das bleiche Mondlicht zeichnet bizarre Muster auf die Palmen, deren Blätter hin- und herzucken. Der Himmel ist zum Greifen nah. Und das im übertragenen wie im wörtlichen Sinne. Denn wir haben beschlossen, dass unser Inseldasein nicht nur unter einem einzigen glücklichen Stern steht…

In der Nacht schlafen wir schlecht: Es ist nicht das Essen, das uns wachhält, es sind die vielen Geräusche, ungewohnte noch dazu, die uns aufschrecken lassen. Mal knallt eine Mango auf ein Blechdach, was der Detonation einer Bombe gleichkommt. Mal keckert ein Gecko direkt hinter unserem Kopfkissen und hätte um ein Haar ein Ohrläppchen angeknabbert; das bilden wir uns zumindest ein. Mal streiten sich die fliegenden Hunde in dem riesigen Astwirrwarr direkt über unseren Fenstern. Und mal verirrt sich doch tatsächlich ein Schwarm penetrant surrender Moskitos in unser Schlafzimmer. Als dann auch noch gegen fünf Uhr in der Früh die Hähne krähen, ist an Schlaf nicht mehr zu denken. Wir wälzen uns in unseren schweißdurchfeuchteten Betten hin und her, und nach einer weiteren Stunde reicht es uns. Wir stehen auf, nehmen eine Dusche und beschließen, dass es auch ohne Frühstück ein schöner Tag wird.

Wir genießen die Morgensonne, die La Digue mit ihren orangefarbenen Strahlen überzieht. Der Himmel über uns verabschiedet sich gerade von der Nacht und begrüßt den neuen Tag mit einem Farbenspiel aus Violett, Türkis und Hellblau. Luftig ist es und angenehm frisch. Die beste Tageszeit für eine Bergwanderung. Hinter dem Hotel *Château St. Cloud* biegen wir ins Inselinnere ab und machen uns an den Aufstieg hinauf zum *Nid d'Aigle* – zum Adlerhorst, wie die die größte Erhebung auf La Digue heißt, die immerhin stolze 333 Meter hoch ist. Auch wenn es verlockend wäre, seitwärts durch den Tropenwald nach oben zu marschieren, wir bleiben lieber auf der kleinen befestigten Straße. Seitdem wir uns einmal auf unserem eigenen Grundstück verlaufen haben, besitzen wir doch so etwas wie Respekt vor den Tücken der Natur. Ehe man sich versieht, verliert man unter den hohen Urwaldriesen jegliche Orientierung, und das kann schnell zum Desaster werden. Auch die meisten *digwa* – so heißen die Einheimischen hier auf La Digue – kennen den Weg durch das Gehölz nicht genau, und das will etwas heißen.

Mit jedem Schritt, den wir höher steigen, klettert auch die Sonne höher. Das wird ein heißer Tag, so viel steht fest! Es sind nur lächerliche drei Kilometer bis zum Gipfel, doch die ziehen sich gewaltig. Das letzte Stück führt über einen ausgewaschenen Pfad aus roter Erde. Nicht auszudenken, wenn es in der Nacht geregnet hätte, denn dann hätte sich dieser Lehmweg in eine schlüpfrige Paste verwandelt und wäre jetzt unpassierbar.

Endlich sind wir oben! Die Strapazen – wenn es denn überhaupt welche waren – haben sich gelohnt! Der Blick vom

Gipfel des Nid d'Aigle ist atemberaubend, beinahe irreal. Wir scheinen zwischen Himmel und Wasser zu schweben, der Archipel liegt uns zu Füßen. Da hinten die Eilande Marianne und Félicité, dann die ganze Inselverwandtschaft, bestehend aus der Großen und der Kleinen Schwester, außerdem die Cousine und der Cousin und natürlich die neugierige, vorwitzige Courieuse, die es sich vor Praslin gemütlich macht.

Mein Gott, ist das schön! Zum Niederknien schön! Und so verweilen wir. Doch dann wird es drückend, und die Tropensonne, die uns im November durch die Windstille immer ganz besonders heiß erscheint, zwingt uns zum Abstieg.

Wir verlassen den Adlerhorst und hangeln uns langsam über den erdigen Untergrund zurück. Nach einer viertel Stunde erreichen wir wieder sichereren Boden unter den Füßen, den befestigten Weg. Und erst jetzt bemerken wir an einer Gabelung ein kleines Gasthaus – obwohl die Bezeichnung „Gasthaus" im Grunde zu viel des Guten ist. Es handelt sich um einen besseren Kiosk, eine kleine Snackbar mit dem verheißungsvollen Namen *Bellevue*. Und tatsächlich – hier tauchen wir ein in eine Verlängerung des schönen Ausblicks, den wir bereits am Gipfel genießen durften.

Und schon kommt unsere Erfrischung: Wir haben den *fruit cocktail of the day* bestellt, und es kommt ein herrlich erfrischendes Getränk, das unsere Lebensgeister weckt. Kann es sein, dass der süßsäuerliche Saft einer frisch gepressten *bigarad* darin ist?

Genauso ist es, und genauso schmeckt es!

Und es schmeckt gut!

Das Blau um uns herum wird immer intensiver, sowohl am Firmament als auch an den Gestaden. Es wird Zeit, einen schattigen Palmenwald aufzusuchen oder ans Wasser zu gehen. Wir können uns nicht entscheiden, wählen also beides und schnappen uns nach unserem Abstieg die Räder, die wir am *Château St Cloud* geparkt hatten.

Ein Dach aus Blättern schützt uns vor der Mittagshitze, als wir zur Grand'Anse radeln. Es ist ruhig. Nein, das stimmt nicht ganz. Es sind zwar keine Menschen unterwegs, aber die Luft ist voller Geräusche. Es ist eine eigenartige, lärmende Stille, die uns einlullt. Hier kratzt ein Reisigbesen den Hof frei, dort scharren die Hühner, die uns in den frühen Morgenstunden um den Schlaf gebracht haben. Hier dudelt leise ein Radio, dort knackt und knistert ein längst vergessenes Feuer am Rande eines kleinen Kürbisfeldes.

Das Dunkel eines alten Tropenwaldes verschluckt uns fast, als wir südwärts radeln. Zunächst ist der Weg steil, sehr steil, weil die Gangschaltung meines Rades versagt. Egal – ich steige ab und schiebe eben. Und würde ich das nicht tun, so blieben mir ganz wundervolle Ein- und Ausblicke verborgen. Unter mir blitzt rostiges rotbraunes Wellblech hinter großen Bambusstauden hervor. Es deckt einige kleine Häuschen, um die sich ein träger Wasserlauf schlängelt. Ab und zu hält er inne und bildet kleine Teiche, auf denen tiefblaue Wasserhyazinthen schweben. Sie wetteifern mit der Farbe in den Abgründen der Wellen, die sich in der Grand'Anse zu hohen Brechern aufschaukeln.

Endlich sind wir da.

Wooouuuum, fast haut uns der Wind zusammen mit dem Getöse der Wellen um. Baden – Fehlanzeige. Doch wir bekommen bei unserer Strandwanderung genügend Abkühlung durch die sprühende Gischt, die uns in der Hitze des Tages nicht vergessen hat.

Hoppla, plötzlich strauchle ich. Wo bin ich denn nur draufgetreten? Der Sand ist doch so weich und makellos. Auf den ersten Blick erkenne ich keinen vermeintlichen Stolperstein. Beim genauen Hinsehen finde ich aber unter meiner Fußsohle eine große Kaurimuschel. Daneben gleich noch eine und noch eine. Wie in einem Nest haben es sich diese Schalentiere hier gemütlich gemacht. Keine Ahnung, ob es nur Schalen oder auch noch Tiere sind, ich lasse sie in Frieden. Doch ihr Bild trage ich seither in meinem Herzen:

ein braun gesprenkeltes Tigermuster, wie es harmonischer nicht sein könnte, und eine spiegelnde Oberfläche, so glatt, wie sie keine noch so berühmte Porzellanmanufaktur dieser Welt herstellen könnte.

Am nächsten Tag fahren wir zurück nach Mahé.

May holt uns am Inter Island Key ab.

Und – wie war's?

Wir erzählen von all den schönen Erlebnissen, die in uns immer noch nachklingen und die uns durch die nächsten Tage tragen werden. Wir erzählen von Jerry und den *birgo*-Muscheln, wir erzählen von unserer Wanderung auf den Nid d'Aigle und der *bigarad*-Erfrischung, und wir erzählen von unserem Strandspaziergang und dem kuscheligen Kaurinest.

Als wir auf der Anhöhe von Montplaisir und kurz vor unserem Zuhause sind, hole ich mein Portemonnaie heraus und frage May, was wir ihr für die Fahrt schuldig sind.

Da macht sie völlig unerwartet eine Vollbremsung, sodass wir wegen der ausgeleierten Sicherheitsgurte fast aus den Sitzen gehoben werden.

Ou fou? Bist Du verrückt? Ich habe Dir doch neulich gesagt, dass Du mein *dalon* bist. Von einem *dalon* Geld zu nehmen, das wäre…

May fast sich an den Kopf, schüttelt denselben und jagt mit heulendem Motor die Bergstraße hinab.

In den kommenden Tagen schaukelt sich die Hitze immer weiter auf. Das Thermometer klettert höher und höher. Immerhin löst nun eine erste schwache Brise die totale Windstille ab. Der Nordwest-Monsun schickt sich an, stärker zu wehen, und ab und zu frischt er sogar kurz auf. Dann knattert der Sonnenschirm auf unserer Terrasse, und die Vorhänge flattern hektisch zwischen den Glaslamellen unserer Fenster.

Und dann ist da noch dieses Licht. Vergessen wir die Provence, vergessen wir die Toskana! Das Licht hier auf der Insel ist irgendwie nicht von dieser Welt. Übernatürlich gleißend, hart mit gestochen scharfen Umrissen und doch gleichzeitig sanft und versöhnend.

Die Farbtöne des Meeres werden immer intensiver. Während das Wasser in den vergangenen Monaten oft mit den Schattierungen einer verwaschenen Jeans konkurriert hat, kommt es mir jetzt so vor, als hätte jemand von unsichtbarer Hand die Kontraste von Tag zu Tag stärker gestellt – so wie mit der Fernsteuerung eines Fernsehgeräts.

Die Sonne heizt den Tag dermaßen auf, dass es am Nachmittag nur eine einzige Lösung gibt: Ab ans Wasser! Ab ins Wasser!

Doch die Hitze hat uns faul gemacht. Deshalb ist unser Ziel die Anse La Mouche, ein seichtes Rund, in dem es sich herrlich plantschen lässt. Wir lassen die Seele baumeln und dümpeln in der flachen Bucht träge vor uns hin. Einige Granitfelsen – so beschließen wir – sollen unsere wasserumspülten Liegestühle werden. Wir paddeln mit Armen und Beinen dorthin, wollen uns schon an die warmen Wacker lümmeln, doch plötzlich: Autsch! Irgendetwas sticht uns unangenehm in den Rücken.

Bernik!

Die *Bernik* ist eine Napfschnecke, also keine Muschel im herkömmlichen Sinne, sondern ein kleines Wassertier, das sich unter seinem pyramidenähnlichen Dach an den Steinen im Meer festsaugt. Dort nagt die Napfschnecke die Algen ab und fühlt sich pudelwohl, vorausgesetzt, sie fühlt sich nicht gestört. Sobald ich mich ihr nähere, macht sie dicht, verbeißt sich regelrecht in den Felsen und lässt sich partout nicht entfernen. Wie um alles in der Welt gelingt es den Einheimischen, die *bernik* zu sammeln? Na ja, vielleicht sammeln sie sie ja auch gar nicht. Ich erinnere mich nämlich dunkel daran, dass mir May einmal erzählt hat, wie zäh und bockelig das Fleisch dieser Krustentiere schmeckt. Kein Wunder, bei der Kraft, die diese Kreaturen aufbringen müssen, um sich im wahrsten Sinne des Wortes über Wasser halten zu können. Dennoch – oder gerade deshalb: Ich bin fasziniert von den kleinen Gebilden, die sich an den großen Wackern in der Anse La Mouche sammeln.

Die Hitze des Tages will sich zwar allmählich verabschieden, schafft es aber noch nicht ganz. Am Straßenrand erblicke ich eine einsame, ausgemergelte, total verschwitzte und wenig glücklich dreinblickende Joggerin. Sie kämpft sich durch die stechenden Lanzen einer tief stehenden Sonne und durch zahlreiche Abgaswolken, insbesondere die schwarzen Schwaden der verbeulten Tata-Busse. Na, dann doch lieber drei, vier Pfunde mehr auf den Hüften, denke ich, während ich mich im knietiefen Wasser wieder gen Westen drehe. Doch hoppla, unter mir sticht mich erneut etwas: Ich taste vorsichtig in den welligen Meeresboden und fühle etwas seltsam Spitzes und merkwürdig Stacheliges. Bei einer genaueren Untersuchung stellt sich heraus: Es sind *kouto sab* – Schwertmuscheln, die sich hier ein hübsches Zuhause in den Sand gebohrt haben.

Mittlerweile haben sich etliche Kinder aus den umliegenden Häusern zu uns gesellt. Vor einer halben Stunde haben wir noch beobachtet, wie sie in ihren zwar adretten, aber inzwischen komplett durchgeschwitzten Schuluniformen und ihren *savat* – so werden die Flip-Flop-Sandalen auf Kreolisch genannt – schlurfend den Nachhauseweg angetreten haben. Jetzt aalen sie sich genauso wie wir im seichten Wasser, um mit uns den Sonnenuntergang zu feiern.

Während der Feuerball im Meer versinkt, gibt es da drüben eine kleine Feierabendfeier. An dem fast verfallenen Restaurant *Oscar* stehen einige Autos, und leise Musik dringt zu mir herüber. Ich schließe die Augen und frage mich: Bin ich gerade im Paradies, oder wo? Die fröhlichen *sega*-Rhythmen, das friedliche Vogelgezwitscher und das beruhigende Plätschern des Wassers werden zu einer Sinfonie – so beschließen es die Muscheln, nicht nur die im Meer, sondern vor allem die an meinen Ohren.

graten tektek

(für ca. 2-4 Portionen)

1 kg *tektek*-Muscheln – da diese normalerweise nicht ohne weiteres erhältlich sind, einfach entsprechende Menge an Miesmuscheln organisieren
½ l Brühe und ½ l Weißwein; dazu ein weiterer Schuss Weißwein
1 Zwiebel + 2 Knoblauchzehen, fein gehackt
1 Limette, ausgepresst bzw. Saft derselben
1-2 Tomaten, klein gewürfelt
100 ml Sahne (oder Alternative: z.B. Alpro Soja Cuisine etc.)
100-200 g geriebener *Kraft*-Cheddar oder Gratin-Käse
Öl, Salz, gehackte glatte Petersilie

* * *

Muscheln in kochender Brühe/Weißwein für ca. 7-10 min. sieden lassen, sodass sie sich öffnen; Sud abgießen. Zwiebeln und Knoblauch kleinschneiden und in separater Pfanne einem Hauch Öl kurz anbraten, dann mit Schuss Weißwein ablöschen, Deckel drauf und bei ganz niedriger Hitze für ca. 10 min. weichdünsten. Sahne angießen, kurz einkochen lassen, Platte ausmachen. Muscheln in eine Auflaufform schichten, etwas salzen und mit Limettensaft bespritzen, dann Tomatenwürfel darauf streuen. Anschließend das Gemisch aus der Pfanne darüber gießen, nochmals etwas salzen, mit Petersilie bestreuen, dann den Gratin-Käse darüber bröseln Das Ganze in den Ofen schieben, bei ca. 180-200° etwa 20 min. gratinieren, bis die Oberfläche goldbraun ist. Dabei tritt Tomatensaft aus und bildet eine natürliche Sauce. Als Beilage passt Knoblauch-Baguette oder Reis.

Dezember

Wort bzw. (Aus-)Spruch des Monats: *mon fatige*
Gericht des Monats: *krab ziraf zenzanm*
Getränk des Monats: *Glühwein*

Stille Nacht in der Stadt? White Christmas am Strand!

Heiße Tage suchen die Insel heim. Doch allmählich bekommt der makellos blaue Himmel graue Kratzer. Hinten am Horizont, zwischen den Inseln Conception und La Thérèse, bauen sich mächtige Wolkenschiffe auf, die uns bedrohlich schnell erreichen und Regen bringen. Doch nach nur wenigen Minuten ist der Spuk vorbei. Die Erde dampft und verströmt diesen einzigartigen Duft von nassem Stein, feuchtem Gras und Erde. In der Luft hängt das Parfüm der weißen Gardenie, die in voller Blüte steht. Die gurrenden Sperbertäubchen hüpfen wieder munter umher und laben sich mit ihren spitzen Schnäbelchen an den kleinen Pfützen zwischen den Granitfelsen. Über ihnen perlen die letzten Regentropfen von den Blättchen des *kalis dipap* – ein kleiner Trompetenbaum, der über und über mit Blüten bedeckt ist, die an die Form eines Papstkelches erinnern. Die Natur ist im Einklang mit sich selbst. Unter dem Nordwest-Monsun genießt die Insel friedliche, stille Tage.

Doch dann geschieht etwas, mit dem niemand so wirklich gerechnet hat. Plötzlich steht Weihnachten vor der Tür.

Obwohl es gar nicht so aussieht.

Als die Insel bemerkt, dass es nur noch zehn Tage bis zum Fest sind, beschließt sie, hektisch zu werden. Das Tropenphlegma weicht einem Tempo, das mir bislang unbekannt war und vor allem eines ist: viel zu schnell. Auf einmal hat es jeder eilig: In dem kleinen Lebensmittelladen beim Inder werde ich an der Kasse beinahe überrollt, weil sich mindestens ein halbes Dutzend Kunden gleichzeitig an mir vorbeidrängeln wollen. Der gepflegte Frauentratsch mit Patsy oder Philomena muss ausfallen, weil sie auf dem Sprung sind. Und bei Pauline im Friseursalon geht die Post ab, denn es gilt: kein kommendes Fest ohne eine neue Frisur.

Mist – ich habe keine Chance, zu spät. Ich bekomme keine neue Frisur, und obwohl ich es auch eilig hatte, komme ich erst abends um halb neun nach Hause – *mon fatige*, ich bin müde. Irgendetwas habe ich falsch gemacht.

Auch mein Mister Fred hat sich von der Hektik erfolgreich anstecken lassen. Er hat sich in den Kopf gesetzt, dass jetzt vor Weihnachten die beste Zeit ist, eine Baustelle aufzumachen, und zwar im Bereich Tiefbau und Abwassermanagement: Zivilisierte Kanalisation im Busch gibt es nämlich nicht, stattdessen wird das Abwasser und das, was von der Toilette kommt, in einem gemauerten *septitenk* gesammelt und anschließend über ein raffiniertes Kammersystem gereinigt und versickert. Und nun hat sich mein Mister Fred dazu entschlossen, ausgerechnet kurz vor Weihnachten unser längst baufälliges Jauche- und Klärsystem abzureißen und ein neues zu bauen. Das Desaster mit dem von Palmenwurzeln zermalmten Abwasserrohr steckt ihm noch tief in den Knochen und soll sich nicht am Septiktank wiederholen.

Ich bin nur mäßig von diesem Vorhaben begeistert. Muss das denn ausgerechnet jetzt sein? So kurz vor Weihnachten? Mein Mister Fred sagt: Ja. Wirklich? Mein Mister Fred sagt nochmals Ja. Mir schwant Übles. Wir müssen Arbeiter anheuern, Baumaterial kaufen bzw. erst mal bestellen und vor allem die nötigen Transportkapazitäten organisieren. Dazu fahren wir nach Victoria. Sagte ich: fahren? Wir fahren nicht, wir stehen. Alle haben es eilig, aber nichts geht wirklich voran. Wir stehen in einem nicht enden wollenden Stau, der eigentlich schon am *Reef Estate* beginnt und sich im Schneckentempo Richtung Hauptstadt wälzt. Ich habe den Eindruck, heute ist jedes auf den Seychellen zugelassene Kraftfahrzeug unterwegs, wirklich jedes!

Zurzeit gibt es ungefähr 26.000 Fahrzeuge auf den Seychellen. Nur ein Bruchteil davon ist auf Praslin und La Digue unterwegs. Vergessen wir die einfach mal für einen Augenblick. Die restliche Flotte von ungefähr 25.000 Fahrzeugen gurkt auf Mahé herum und besteht nicht nur aus Personenkraftwagen, nein – ein erheblicher Anteil sind Busse, Pick-ups, Lastkraftwagen und richtige Schwertransporter. Wenn man einmal davon ausgeht, dass die Länge eines Fahrzeugs durchschnittlich fünf Meter beträgt, so ergäbe das einen kapitalen Stau von ungefähr 125 Kilometern Länge. Und genau hier liegt das Problem: Die Hauptinsel Mahé ist gerade einmal 27 Kilometer lang. Das heißt, der Stau würde sich fast fünfmal die Insel hoch- und wieder runterziehen. Bingo – das braucht niemand, vor allem nicht vor Weihnachten und schon gar nicht dann, wenn man selbst in diesem Stau steht.

Mon fatige – ich hab's satt.

Am ersten großen Kreisverkehr versuchen zwei völlig überforderte junge Polizistinnen, mit hektischen Armbewegungen den Verkehrsfluss am Laufen zu halten. Es grenzt an ein Wunder, dass wir unbeschadet aus diesem Hexenkessel herauskommen. Doch schon droht das nächste Problem: Parkplatzsuche! Das Auto irgendwo an den Straßenrand zu stellen, wäre keine gute Idee, denn zwei durchgezogene gelbe Linien machen unmissverständlich klar: Hier ist absolutes Halteverbot!

Wir haben Glück, denn auf dem großen Parkplatz hinter den kleinen Touristenverkaufsbuden fährt jemand weg und hinterlässt eine Lücke, die wir sofort schließen. Gott sei Dank sind wir auch in Besitz eines gültigen Parkcoupons, den wir brav ausfüllen und Tag und Ankunftszeit freirubbeln.

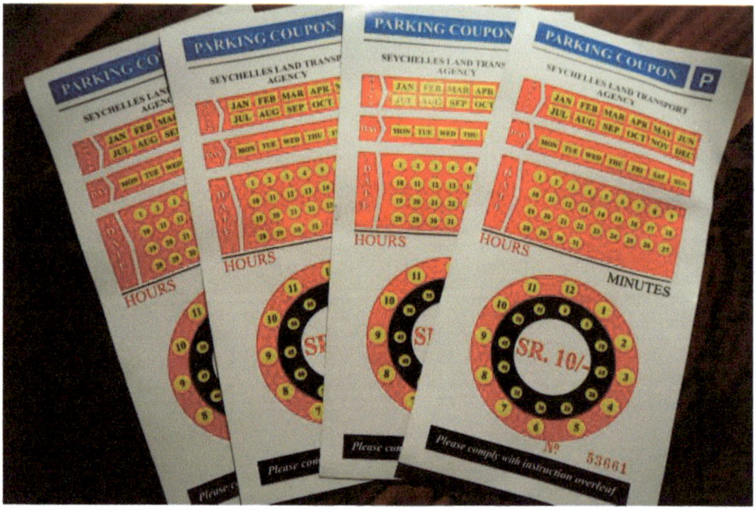

Würden wir das nicht tun, wäre uns ein Strafzettel so gut wie sicher. Die Streife des hiesigen Parküberwachungsdienstes patrouilliert im Dreischichtdienst durch die Stadt und ist gnadenlos.

Noch ein Wort zu diesen Parkcoupons. Früher gab es in der Regel keinerlei Problem damit. Kaufen konnte man sie entweder gegenüber der Parkplatzeinfahrt im Krämerladen von Adam Moussa oder auf dem Parkplatzgelände selbst im Büro der Seychellischen Künstlervereinigung. Denen war das aber wohl auf Dauer zu lästig. – Nie werde ich den regnerischen Freitagnachmittag vergessen, als ich völlig verdutzt erfahren musste, dass es diese Coupons ab sofort nur noch im Hauptpostamt gibt. Da vor der Post natürlich auch absolutes Halteverbot herrscht, blieb mir nichts anderes übrig, als durch den heftigen Wolkenbruch die 500 Meter zur Post zu sprinten. Als ich mit dem Lächeln der Verzweiflung fragte, warum man denn nicht wenigstens einen Hinweis an die ehemaligen Verkaufsstellen angebracht habe, schaute mich die Postfrau an, als käme ich von einem anderen Stern und sagte: Ja, wieso denn das? Jeder weiß doch, dass es die Coupons nur noch bei der Post zu kaufen gibt.

Ich wendete mit schwacher Stimme ein: Ja, und die Touristen?

Die Touristen wissen es erst recht, maßregelte mich die Postfrau und schob mir mit Nachdruck zehn von mir soeben erworbene Parkcoupons über den Tresen. Dann wendete sie sich um, bückte sich nach unten, suchte irgendetwas in einer nicht existenten Schublade oder kontrollierte den Nagellack auf ihren Fußzehen und tauchte nicht mehr auf. Die Diskussion war beendet, für alle Zeit.

Der wichtigste Punkt auf unserer To-do-Liste ist das Organisieren des Baumaterials für den neuen Septiktank. Da der zum Teil in den Felsen steht, benötigt er ein vernünftiges Fundament, das ordentlich an- und aufgeschüttet werden muss. Hierzu wird eine große Menge Füllmaterial benötigt. Während man in europäischen Gefilden auf Splitt und Schotter zurückgreift, muss man sich hier auf der Insel anders behelfen. Es gibt auf den Seychellen ein wunderbares Material mit dem verheißungsvollen Namen *coral fill*. Mit echten und schützenswerten Korallen hat das Ganze nichts zu tun, im Gegenteil: Es sind die Rückstände von Bagger- und Instandhaltungsarbeiten, die im Uferbereich und in Flachwasserzonen des Meeres stattfinden. Der Abbau dieses billigen Materials wird aber dennoch streng überwacht, sodass die empfindliche Meeresfauna und -flora nicht gestört wird. Deshalb gibt es auch nur eine einzige und zentrale Stelle, bei der man devot einen schriftlichen Antrag auf Bestellung vorbringen muss: beim *Ministery of Land Use and Habitat*. Weil *coral fill* ein Abfallprodukt darstellt, ist es wirklich nicht teuer, gerade mal 50 Rupees, also nicht einmal 4 Euro, und das pro Tonne! Das Problem: Transport und Anlieferung kosten ungefähr drei- bis viermal so viel. Für meinen Mister Fred dennoch kein Grund, sein vorweihnachtliches Bauvorhaben aufzugeben, und so bestellen wir schließlich drei Tonnen zur sofortigen Lieferung. Was wir aber im Kleingedruckten des Antragsformulars übersehen, ist die Tatsache, dass das Material nur an ganz bestimmten Tagen zu ganz bestimmten Uhrzeiten auch tatsächlich an Ort und Stelle gebracht wird.

Doch dazu später.

Wenn wir schon mal in Victoria sind, so denken wir, sollten wir uns auch etwas Leckeres zum Essen für die Feiertage besorgen. Das will hart erarbeitet werden, denn die Supermärkte sind voll, brechend voll. Aber auch die Tiefkühltruhen: Da gibt es Pute und Truthahn, Lammfilet und Schweinshaxe. Uns ist allerdings eher nach einem tropischen Weihnachtsmenü zumute, und so fahren wir zu *Oceana*, dem Fischgroßhändler. Doch nach normalem Fisch steht uns nicht der Sinn, wir wollen Exotischeres und Ausgefalleneres und entscheiden uns für *krab ziraf* – Giraffenkrabben, wie die Riesenkrabben hier genannt werden. Das ist für uns genau das

Richtige für Heiligabend, denn man kann stundenlang die Schalen aufbrechen, die Zangen und Scheren knacken und in leckerer Kleinarbeit das feine Fleisch herauspulen, während man aufs Christkind wartet.

Apropos warten: Auf unser *coral fill* warten wir in den nächsten Tagen auch, und zwar vergeblich. Das ist ärgerlich, denn die Arbeiten kommen allmählich ins Stocken. Längst hat mein Mister Fred die Baustelle so vorbereitet, dass eigentlich im Hinblick auf eine schnelle Fertigstellung nichts mehr schiefgehen kann. Doch wir warten und warten, und ab und zu kommt ein stummes *nou fatige* über unsere Lippen. So versuchen wir gezwungenermaßen, das zu leben, was man die besinnliche Zeit des Advents nennt.

Wir fahren ans Meer, dort ist wenigstens kein Stau. Wenngleich die Parkplätze immer knapper werden, denn es kommen immer mehr Touristen auf die Insel, und immer mehr Leihwagen sind unterwegs. Doch in den frühen Morgenstunden gehört der Strand noch uns. Das Wasser ist still wie in einem Pool und wundervoll warm und erfrischend zugleich. Wie es diesem Meer doch immer wieder gelingt, denke ich, genau die richtige Wassertemperatur einzustellen. Nicht zu niedrig, nicht zu hoch – ziemlich genau 26,5°C. Einfach ideal. Dazu diese Farben, immer wieder diese Farben. Habe ich das schon erwähnt? Ja? Ich kann es gar nicht oft genug erwähnen, wenngleich es unbeschreiblich ist, unbeschreiblich schön.

Über uns kreisen im graublau gemusterten Himmel drei grazile schneeweiße *payanke*. Mit ihren langen Schwänzen scheinen diese Tropikvögel wundervolle unsichtbare Ornamente in die Luft zu zeichnen. Und zwischen den dunkelgrünen lederartigen Blättern eines Takamaka-Baumes sitzen doch tatsächlich zwei Feenseeschwalben, wie ich sie eigentlich nur von Bird Island kenne. Plötzlich hören sie auf ein nicht auszumachendes Kommando, heben von ihren Ästen ab und schrauben sich nach oben. Ihr Ruf ist sehnsuchtsvoll, klagend, aber auch seltsam freudig:

Widewitt, widewitt!

„Weiter weg", scheinen sie zu rufen.

Weiter weg! Weit, weit, weiter weg.

Engelsgleich schweben sie über mir, dicht aneinandergedrängt, synchron in ihren Flugbewegungen, bis sie über den hohen Schleierwolken verschwunden sind. Wir haben Weihnachtszeit, und Engel sind eben überall.

Doch irgendwann ist es mit der beschaulichen Adventsstimmung vorüber. Wir werden nämlich unruhig, weil unser *coral fill* noch immer nicht geliefert wurde. Das kann doch gar nicht wahr sein, oder? Bestellt ist schließlich bestellt, und bezahlt ist es ja auch schon. Irgendwas muss da schiefgegangen sein. Wir schauen sicherheitshalber noch einmal auf unsere Auftragsbestätigung. Und da entdecken wir das Kleingedruckte: Oh Schreck – jetzt wird uns alles klar. Nur an zwei Tagen in der Woche wird angeliefert, und die nächste Option ist: Heiligabend! Eine schöne Bescherung…

Mit einem gewissen Fatalismus – schlimmer geht's nimmer – packen wir dann wieder unsere Adventsstimmung aus. Das Radio dudelt in einem fort einen tropisch-fröhlichen Mix aus Weihnachtsliedern und erinnert uns daran, dass es Zeit wird, an den Weihnachtsbaum zu denken. Auf dem Dachboden haben wir ein Exemplar aus Plastik eingemottet, denn wir halten es nicht mit dem Brauch der Einheimischen, junge Kasuarinen zu fällen. Weniger aus Gründen des Umwelt- und Artenschutzes, sondern vielmehr deshalb, weil sich die dünnen Zweige der Strandzedern einfach nicht gut schmücken lassen. Sie biegen sich unter der Last der Kugeln und Leuchtketten – und echte Kerzen können wir sowieso nicht anbringen, weil die langen dünnen Nadeln sofort Feuer fangen würden.

Unser Plastikchristbaum ist in einem bemitleidenswerten Zustand; über das Jahr diente er offenbar als Nistplatz für diverse Mietnomaden, von deren Existenz auf dem Dachboden wir nicht allzu viel mitbekamen. Über das kleine Label „Nadelt garantiert nicht" kann ich nur lachen, denn als ich die biegsamen Kunststoffzweige in Form bringen will, fällt jede Menge grünes Gewirre ab. – Egal, ein paar halbblinde Goldkugeln finden genauso ihren Platz in dem Geäst wie einige Raffia-Samen, die mein Mister Fred silbern angesprüht hat. Dazwischen gesellen sich ein paar imposante Trockenexemplare von *bonekare* und *kiboko* – so wird aus dem einst kümmerlichen Gerüst ein veritabler *Christmas tree.*

Wir halten es so wie die Einheimischen; wir schmücken den Baum nicht erst an Weihnachten, sondern einige Tage vorher, sodass auch alle Nachbarn ihn im Vorhinein schon gebührend bewundern können. Wäre doch schade, wenn die Pracht erst am Fest in vollem Glanze erstrahlt.

Und um die Vorfreude noch etwas zu steigern, drapieren wir auch schon einige Gaben rund um den Christbaumständer: eine Ananas aus eigener Ernte, auf die wir mächtig stolz sind, kleine Geschenke, die uns die seychellischen Nachbarn bereits vorbeigebracht haben, ein paar ausgedruckte

Weihnachts-E-Mails und eine nostalgische Keksdose aus Metall, die zusammen mit ihrem Inhalt – feinste selbstgebackene Plätzchen – den Weg aus Deutschland auf die Insel gefunden hat

Am Morgen des 24. Dezember werden wir früh geweckt, sehr früh sogar. Es ist ein merkwürdiges Geklapper, das uns schon im Morgengrauen aufschrecken lässt. Es wird doch nicht etwa unser *coral fill* sein? Natürlich nicht, denn um viertel nach sechs in der Früh – da sind die Arbeiter noch viel zu *fatige*. Ich drehe mich noch einmal um, doch an Schlaf ist nicht mehr zu denken. Das Klappern hat sich inzwischen in ein heftiges Scheppern verwandelt, und ich stehe auf und gehe ins Wohnzimmer. Zunächst einmal sehe ich nichts, außer dass die Schwarze es sich auf einem Sessel bequem gemacht hat. Nichts Ungewöhnliches, denn in letzter Zeit hat sie schon des Öfteren einen Schleichweg durch die halb geöffneten Fensterlamellen ins Innere des Hauses gefunden, wo sie dann ein noch bequemeres Eck zum Schnurren und Schlafen entdeckt hat, als es ihr der geliebte Schuhschrank bieten konnte.

Dann aber traue ich meinen Augen nicht: Unter dem Christbaum sitzt Kitty, die Freundin der Schwarzen. Und neben Kitty wühlen zwei herzallerliebste Katzenkinder mit größtem Vergnügen in der Keksdose, die sie zuvor geräuschvoll vom Gabentisch gestoßen haben. Dass die Schwarze der Vater ist, daran besteht kein Zweifel. Die deutschen Weihnachtsplätzchen schmecken den Kleinen vorzüglich, vor allem die Kokosmakronen haben es ihnen angetan. Kitty schaut mich indes vorwurfsvoll aus großen Augen an: Sieh zu, wie Du mit der Brut fertig wirst, scheint sie mir zuzurufen. Und so ziehe ich mich demütig in die Küche zurück, wo ich untertänigst eine Dose Thunfisch mit Milch und einem Rest Reis vom Vortag verquirle und das Ganze den kleinen Fellknäueln hinstelle. Sie würdigen mich keines Blickes und schlabbern die feine Katzenbabyspeise ratzfatz leer. Dann verfallen sie in ihren Katzenkinderschlaf – *zot fatige*, sie sind verständlicherweise von diesem Festmahl müde. Auf die total zerstörten und angefressenen Plätzchen muss ich wohl verzichten. Nichtsdestotrotz haben wir dennoch Weihnachten, und so taufe ich die beiden Kätzchen auf die Namen *Mary and Joseph.*

Eine Stunde später scheppert es wieder. Diesmal ist es tatsächlich der heiß ersehnte Truck aus der Hauptstadt, der uns das *coral fill* anliefert. Ohne uns zu fragen, kippt der Lkw-Fahrer mit großem Getöse drei Tonnen des dringend benötigten Füllmaterials direkt in der Garageneinfahrt ab, und zwar so geschickt, dass die Treppen zum Hauseingang kaum noch passierbar sind und wir unser Auto nicht mehr rausfahren können.

Da haben wir den Salat!

Meinem Mister Fred mache ich klar, dass ich den Abend – wohlgemerkt: *Heilig*abend – keinesfalls im *coral fill* verbringen möchte. Doch allein werden wir wohl kaum die 3000 Kilogramm von A wie Abladestelle nach B wie Baustelle bewegen können. 10 Kilogramm pro Eimer, das bedeutet ja: 300 Mal die Eimer füllen… nein, das tun wir uns nicht an, stattdessen rufen wir an. Wir telefonieren mit Terence und Steven, und beide sind – welch freudige Überraschung – schnell zur Stelle. Steven bringt seinen ältesten Sohn mit: Daniel, der sich mit seinen 12 Jahren vor mir aufbaut, mir seine Muckis zeigt und dann allen Ernstes sagt: Wir schaffen das, *nou pa fatige* – wir sind nämlich keine Trantüten, wir sind fit, sehr fit sogar.

Das lässt hoffen.

Selten habe ich Seychellois so arbeiten sehen wie Terence und Steven. Die beiden scheinen einen heimlichen Wettbewerb zu veranstalten, wer am meisten *coral fill* bei einem Gang zu dem neuen Septiktank schleppen kann. Das Gelände ist schwierig: die steile Hofeinfahrt hinauf, dann die Treppen hoch, über die Terrasse, dann wieder hinab zwischen stachligen Agaven hindurch und über Granitfelsen hinweg. Mein Mister Fred hat sich den beiden angeschlossen, und so liegt es an Daniel und mir, die Eimer zu füllen, damit unsere Transportkette nicht abreißt. Plötzlich ruft Daniel auf: *Get sa* – schau mal. Und dann zeigt er mir triumphierend eine wunderschön geformte Meeresschnecke. Die schenke ich Dir zu Weihnachten, ruft er und drückt mir das weiß-braun gesprenkelte Gehäuse in die Hand. Einen Eimer weiter finde ich tatsächlich die Zwillingsschwester dieses wunderschön geformten Meerestieres. Triumphierend stapfe ich durch das *coral fill* zu Mister Fred, zeige ihm beide Funde, und bevor ich noch etwas sagen kann, schnappt er sich die beiden Schneckengehäuse und murmelt etwas von: Schmuck basteln, Weihnachtsgeschenk und so…

Es scheint, als wäre es doch gar kein so schlechtes Timing gewesen, das *coral fill* ausgerechnet zu Heiligabend vor unserem Haus abzuladen.

Wir arbeiten den ganzen Tag über, an Pause ist nicht zu denken. Das Mittagessen fällt aus, stattdessen gibt es haufenweise Wasser aus großen 5-Liter-Kanistern. Der Berg von *coral fill* scheint einfach nicht weniger zu werden. Ich habe mich längst innerlich darauf vorbereitet, dass Steven oder Terence die Schaufel oder den Eimer hinwirft und das in diesen Situationen unvermeidliche *mon fatige* ausstößt – doch mitnichten. Die beiden arbeiten weiter.

Die Dämmerung bricht herein. In der untergehenden Abendsonne glühen die roten Blütenrispen des Flammenbaumes, unter ihm duften Gardenien und orangefarbene Korallensträucher.

Dazwischen finden sich die hohen Stauden eines weißen Weihnachtssternes, dessen Wurzeln das kuschelige *gazon*-Gras säumen. Darin purzeln die kleinen Katzenkinder umeinander, während Kitty mütterliche Aufsicht hält. Die Schwarze hat von Vaterpflichten offenbar noch nichts gehört und zieht es vor zu dösen.

An Essenkochen ist nicht zu denken, ich beschließe, dass die *krab ziraf* in der Tiefkühltruhe bleiben, denn das *coral fill* geht vor. Als es dann aber auf sechs Uhr zugeht, verschwindet mein Mister Fred in der Küche. Kurz vor sieben – also kurz vor knapp, denn es sind keine fünf Minuten mehr bis zum Einbruch der Dunkelheit – rufen Terence und Steven, dass sie fertig sind. Und Mister Fred ruft das Gleiche und bittet zu Tisch. Da steht plötzlich ein Berg Kartoffelsalat, während der Berg mit *coral fill* verschwunden ist. Wir lassen uns verschwitzt am Tisch nieder, und Mister Fred serviert und lädt die Teller reichlich voll. Terence und Steven bekreuzigen sich, wir tun es auch, und dann essen wir alle gemeinsam.

Doch statt mit den üblichen Würstchen kommt mein Mister Fred mit einer Überraschung aus der Küche. Er serviert uns Glühwein! Den Inhalt einer Flasche mit südafrikanischem Roten hat er mit etwas Vanilletee angereichert, dazu eine Orange ausgepresst und das Ganze mit Zimtblättern und Nelken aus dem *Jardin de Roi* angesetzt. Es duftet himmlisch, es duftet nach Weihnachten. Wir stoßen an, trinken und seufzen vor Glück. Der Glühwein macht uns heiter, wohl auch deshalb, weil mein Mister Fred noch etwas anderes aus dem *Jardin de Roi* beigemischt hat, nämlich einen ordentlichen Schuss *rhum arrangé* – einen Gewürzrum, dem die ganze Welt der Tropen ihr Aroma einflößt. Während die Sonne nun völlig im Meer untertaucht, während die Vögel auf ihren Baum fliegen und fleißig herumzetern, während in der Anse Boileau die Glocke des roten Kirchleins heftig bimmelt, feiern wir gemeinsam mit unseren Helfern, Nachbarn und Freunden Heiligabend.

Und in der Tat: Heiliger könnte ein Abend nicht sein.

Während im Tal die anderen Nachbarn den Heiligabend mit einem eiligen Abend verwechseln – schnell noch dies trinken, schnell noch das trinken – und am nächsten Morgen nicht aus den Federn kommen, treibt es uns an den Strand. *I am dreaming of a white Christmas.* Von wegen ich träume – nein, ich bin hier. Und wir haben weiße Weihnachten in Form von weißem Sand! Mein Mister Fred hat den restlichen Glühwein mit ans Wasser genommen – allerdings mit Eiswürfeln versetzt. Eine herrlich tropisch-weihnachtliche Erfrischung.

Wir sind völlig alleine. Die Familien sind jetzt unter sich, und jede noch so kleine Hütte feiert ihr ganz persönliches *nwel* – Weihnachten. Wir schwimmen weit hinaus, das Wasser ist ganz ruhig. Der Wind hat sich heute schlafen gelegt, und kein Windhauch regt sich. Still und starr ruht die See.

Ab und zu kriechen einige Wolkenfetzen über die Berge und verfangen sich im Granit oder in den großen Schirmakazien. Lange wird es nicht mehr dauern, dann wird der erste heftige Wolkenbruch auf uns hernieder prasseln und mit seinem donnernden Geräusch, das er auf unserem Wellblechdach hinterlässt, die Regenzeit einläuten.

Noch schweben wir im hellen Blau, treiben auf den Wellen, treiben über den Unterwasserinseln aus Steinen und Seegras, treiben Unfug. Wir spritzen uns nass und tätscheln die Boje und dann uns. Vielleicht würden wir jetzt schnorcheln, wenn wir unsere Ausrüstung mit dabeihätten. Aber es reicht die Ahnung: Was befindet sich da wohl alles unter uns? Kleine bunte Riff-Fische mit ihren farbigen Mustern, träge Flötenfische, die nur eine Handbreit unter den sanften Wellen stehen, und gruslige Seeigel, die sich unten – weit unter unseren Füßen – ein Zuhause zwischen Korallengestein und Seegrasbänken eingerichtet haben. Was für stachelige Unterwasser-Christbaumkugeln. Was für ein Weihnachten!

Zur Mittagszeit sind wir wieder zu Hause. Wir haben keinen *gammon* im Ofen wie viele Seychellois. Sie lieben diese geräucherte Schinkenkeule – je größer, desto besser. Sie spicken sie mit Ananas und – huch, wie kitschig! – mit Cocktailkirschen, um sie dann langsam im Ofen garen zu lassen. Auf unsere *krab ziraf*, die ja eigentlich an Heiligabend auf dem Speiseplan standen, haben wir auch keine Lust; die heben wir uns auf für Silvester, zumal es sich dabei nicht um ein Mittagessen, sondern um ein Abendessen handelt. Stattdessen überreicht mir mein Mister Fred ein kleines Geschenk, eingewickelt in einem Bananenblatt, verschnürt mit einem hauchdünnen, aber stabilen Band, das er aus einem Palmblatt geschnitten hat und das eine knallrote Korallenblüte ziert.

Hier, Dein Weihnachtsgeschenk – so wie Du es Dir gewünscht hast. Einfach großartig, dass wir gestern noch unser *coral-fill*-Werk vollbracht haben, meint Mister Fred bei der Übergabe und zitiert dann den Spruch, der das seychellische Staatswappen ziert: *Finis coronat opus* – „Das Ende soll die Werke krönen"… „Es kann das Schöne noch verschönen," ergänze ich im Geiste und zitiere ich eine Gedichtzeile aus den „Witzfunken und Lichtleiter" von Friedrich Liebegott Becher, als ich mein kleines Päckchen öffne. Im Inneren der grünen Hülle befinden sich die zwei Meeresschneckenfunde aus dem *coral fill*. Das eine *Vasum tuberosum* – so der botanische Name des zauberhaften Gehäuses – hat er an einem halbrunden biegsamen Silberdraht angebracht. Wo er den nur wieder her hat, frage ich mich. Aber wen interessiert das schon, wenn das Ganze ein solch exquisites Halsgeschmeide abgibt. Das andere Exemplar, so verkündet ein kleines Zettelchen, soll alsbald in einen Ring verwandelt werden. Und tatsächlich – einige Monate später trage ich die Schneckenmuschel kunstvoll eingefasst am Finger.

Der erste Weihnachtsfeiertag klingt mit einem furiosen Sonnenuntergang aus. Über die Anse Louis schieben sich imposante Wolkengebilde, dann ein atemberaubendes Crescendo von dunklem Gelb und Orange, von Rot und sattem Karmesin, von bläulichem Purpur und Violett. Plötzlich fallen Regentropfen, sie kommen mit Macht und ohne Vorankündigung. Wir sprinten ins Haus. Der Regen wird heftiger, ein gewaltiger Wolkenbruch donnert über unseren Köpfen. Die Regenzeit hat begonnen. Kann es sein, dass Prince, der Rocksänger, hier – ausgerechnet hier – auf unserer Insel zu seinem Hit *Purple Rain* inspiriert wurde? Keine Ahnung, aber die Tropfen prasseln schwer und lilafarben auf uns hernieder.

Die Insel versinkt für die kommenden Tage im Dauernass. Die Regenrinnen und Fallrohre an unserem Haus haben Mühe, diese Wassermassen zu fassen. Unser kleiner Bach ist randvoll und gibt sich alle Mühe, nicht über die Ufer zu treten. Die Sperbertäubchen, die sonst so munter auf unserer Terrasse herumhüpfen, suchen Unterschlupf im Trockenen.

Sie flüchten und verschwinden unter klatschnassen Palmenblättern und heruntergefallenen Zweigen. Ihr Federkleid ist völlig durchnässt, aber in den Regenpausen plustern sie sich auf und hoffen, dass die gelegentlichen Böen des Nordwest-Monsuns sie trocknen. Kitty und ihre Kleinen haben sich im Schuhschrank häuslich eingerichtet. Die Schwarze musste weichen und hat Mister Freds Sessel nun offenbar auf immer und ewig annektiert. Die Zeit zwischen den Jahren ist feucht, aber fröhlich. Und gemütlich erst recht.

Irgendwann ist es dann so weit: Silvester. Schon in den frühen Morgenstunden ruft es von überall her: *bonn ane!* Gutes neues Jahr! Die Nachbarn im Tal sind uns offenbar schon ein paar Stunden voraus und beginnen mit der Vorbereitung der Silvesterparty. Von der Terrasse aus beäuge ich die Aktivitäten im Tal: Da werden Luftballons aufgeblasen und zusammen mit den buntesten Girlanden in die Palmen gehängt. Da werden die bereits bekannten, aufgeschnittenen halbierten Ölfässer in den Garten geschleppt, die als Grill dienen sollen. Da werden die Lautstärkeregler an den Stereoanlagen getestet, ob sie auch wirklich volle Leistung bringen. Und sie tun es!

Doch mit einem Mal ist es mucksmäuschenstill im Tal. Blöd nur, dass sich auch bei uns nichts mehr regt, zumindest, was Licht und Kühlschrank, Waschmaschine und Wäschetrockner, PC und Telefon anbelangt. Aha, mal wieder Stromausfall!

Mon fatige – wie mich das nervt! Na ja, wird so schlimm nicht kommen, denke ich. Doch es kommt schlimm, denn mit einem Mal ist es Mittag und dann auch schon Nachmittag.

Das Beste ist natürlich, dass im Tal der sonst übliche Feiertagskravall ausbleibt. Ich gebe zu, das tut gut.

Doch nach einer weiteren Stunde wird es mir unheimlich. Plötzlich vermisse ich sogar den üblichen Lärm. Und ich beginne mir Sorgen über den weiteren Verlauf des Tages und vor allem des Abends zu machen. Und nicht zuletzt das Schicksal meines Gefriergutes treibt mich um.

Okay, unsere tiefgefrorenen Krustentiere, die wir ja eigentlich an Heiligabend essen wollten, müssen sowieso auftauen, denn es ist jetzt wirklich an der Zeit, daraus *krab zenzanm* – Ingwerkrabben – zuzubereiten.

Ingwer, ach ja, Ingwer!

Eines dieser magischen Dinge, ohne die nichts in der Inselküche geht. Was ist eigentlich Ingwer? Ist es ein Gemüse, ist es ein Gewürz? Wie kam diese knubbelige Wurzel, die einmal scharf und einmal zitronig schmeckt, hier auf die Seychellen? Waren es die Inder oder die Chinesen, die die pikante Knolle auf die Inseln brachten? Egal – ich brauche jedenfalls eine ordentliche Ration davon, die ich anschmoren will. Und wie gut, dass wir einen Gasherd haben, da kann uns der Stromausfall im Grunde egal sein. Praktisch ist außerdem, dass mein Mister Fred immer noch eine Ersatz-Gasflasche parat hat, sodass wir jederzeit die leere alte gegen eine volle neue austauschen können. Denn nichts ist lästiger als das Kochen zu unterbrechen, um erstmal an die Tankstelle in die Anse Royale zu fahren und Nachschub zu kaufen.

Dennoch: Trotz perfekter Lagerhaltung sieht es düster aus.

Denn je später der Nachmittag, desto dämmriger wird es. Mist! Sollen wir etwa im Dunkeln Krabben pulen? Mit ein, zwei Kerzen ist es beileibe nicht getan. Das wäre zu dunkel für dieses knifflige Essen. Ich rufe bei meinen ganz speziellen Freunden von der *Public Utilities Corporation* – längst bekannt als PUC – an. Wie nicht anders zu erwarten, hänge ich in der Warteschleife: *Your call is in a queue. Estimated waiting time is more than 10 minutes.* Klar. Ist ja auch Silvester.

Die gleiche Ansage eine Stunde später. *Mon fatige.*

Der Strom bleibt nun schon seit mehr als acht Stunden aus. Allmählich mache ich mir nicht nur Sorgen um unser Silvesterdinner, sondern vor allem um das restliche Gefriergut in der Tiefkühltruhe. Sorgenvoll schleiche ich in der Küche umher. Dann tippe ich meinem Mister Fred auf die Schulter.

Sag mal, Du hast doch so ein Notstromaggregat, flehe ich ihn an. Seiner Antwort entnehme ich, dass er noch keine Notwendigkeit sieht, es in Gang zu setzen: Du sagst es: Notstrom… haben wir denn Not? – Streng genommen natürlich nicht, gebe ich klein bei. Aber ein zweites Mal auf die

Krabben verzichten? Oder am Ende gar noch warmen Neujahrsschampus trinken?

Mister Fred scheint überzeugt und wuchtet endlich das Notstromaggregat aus seinem Versteck. Es hat genau da seinen Platz gefunden, wo einst eine Spülmaschine stand. Als gleich drei verschiedene Modelle in kürzester Zeit hintereinander kaputtgingen und irreparabel waren, entschieden wir uns gegen eine Spülmaschine und für ein Notstromaggregat. Heute soll es zum ersten Mal zum Einsatz kommen.

Doch just in dem Moment, als Benzin und Öl wieder aufgefüllt sind und der Anlasser des schnaufenden und Elektrizität produzierenden Gerätes rattert, just in dem Moment kommt auch der Strom zurück.

Eine kleine Regenpause deutet sich an. Der Himmel reißt auf. Die restlichen Wolkenfetzen treibt der Nordwest-Monsun vor sich her und schickt sie in die Weiten des Universums. Über uns ist das Kreuz des Südens zum Greifen nah, an einem Himmel, der uns heute ein hauseigenes 1000-Sterne-Restaurant beschert. Vor uns steht ein riesiger Topf mit dampfenden *krab ziraf* – ein Aroma, wie es tropischer nicht sein könnte. Wir genießen schweigend.

Ich bin nicht *fatige*, auch wenn ich total müde bin.

Ich bin glücklich.

Es ist wenige Minuten vor Mitternacht. Ein ganzes Jahr Seychellen liegt hinter uns. Es war kein schlechtes Jahr. Und so wie es aussieht, wird auch das neue Jahr gut – vielleicht sogar ganz besonders gut, auf diesen ganz besonderen Inseln. Selbst wenn es gleich genauso anfangen wird wie das letzte…

krab ziraf zenzanm

(für 2 Portionen)

4 *krab ziraf* - Wer keine *krab giraf* (botanischer Name: *Ranina ranina* = dt. Spannerkrabben) verfügbar hat, nimmt einfach Taschenkrebse, Langusten oder Riesengarnelen

¼ l Sahne (oder Alternative: z.B. Alpro Soja Cuisine etc.) außerdem ein Schuss Weißwein

2 daumengroße Stücke Ingwer

2 Knoblauchzehen, fein gehackt

1 Limette, ausgepresst; zusätzlich etwas Schalenabrieb

1-2 EL Butter, etwas Salz

* * *

Krab ziraf säubern, Panzer entfernen, der Länge nach halbieren (ggf. frischen Krebs kochen; bei anderen Krustentieren Schale dran lassen, da es einen besseren Geschmack gibt). Butter in Pfanne schmelzen, aber nicht braun werden lassen; Ingwer und Knoblauch kleinschneiden und darin sanft anbraten; *krab ziraf* hineingeben, von jeder Seite ca. 10 min. brutzeln, bis sie Farbe annehmen; die Schale anderer Krustentiere wird zudem rötlich. Dann mit Schuss Weißwein und Limettensaft ablöschen, anschließend Sahne angießen und würzen. Hitze reduzieren, Deckel drauf und bei ganz niedriger Hitze für ca. 10 min. zu Ende garen. Wer es etwas soßiger mag, gießt noch einen Schuss Milch an.

* * *

Dazu passt Reis und ein kühler Weißwein,
z.B. Sauvignon Blanc – oder natürlich Neujahrsschampus!

Ein dreisprachiges Danke: Mersi – Merci – Thank you!

Wer die Seychellen bereist, der schätzt vor allem die einzigartige Natur. Mal ehrlich: Es ist kein Kunststück, sich bei schönem Wetter an einem einsamen Palmenstrand liegend für diese exotische Inselwelt zu begeistern. Anders gesagt: In den Seychellen *das* Paradies zu sehen, fällt den meisten von uns relativ leicht. Aber ein Land nicht nur zu mögen, sondern es aufrichtig zu lieben, hat nicht nur etwas mit einer atemberaubenden Landschaft, mit einer faszinierenden Pflanzen- und Tierwelt zu tun, sondern vor allem mit den Menschen, die hier leben.

So geht mein allererster Dank an die vielen Seychellois, die es geschafft haben, mir immer wieder den Blick zu öffnen für das Wesentliche – selbst, wenn es vordergründig nur unscheinbare Kleinigkeiten waren. Ohne sie wäre dieses Buch niemals entstanden. Ihre Namen sind größtenteils nicht zufällig gewählt, jede Ähnlichkeit mit tatsächlich existierenden Personen ist beabsichtigt. Meine seychellischen Nachbarn, Freunde und Bekannte haben mir in fast zwanzig Jahren viele unvergessliche Momente auf den Inseln beschert. Meist waren es heitere und witzige Erlebnisse, die ich mit ihnen hatte. Aber oft genug mussten wir auch gemeinsam die Herausforderungen des Alltags meistern und Situationen durchstehen, die ich allein ohne sie nie geschafft hätte. Und noch viel mehr: Sie ließen mich teilhaben an ihrem einfachen, aber nicht immer einfach zu bewältigenden täglichen Dasein. Sie lehrten mich, das Leben aus ihren Augen zu schauen, und dies ließ mich nicht selten nachdenklich werden.

Besonderen Dank schulde ich meinen langjährigen Freunden Annette und Bernard Georges und dessen Mutter Micheline, die mich mit ihrem unersetzlichen Insider-Wissen und ihrer ganz eigenen Sicht der Dinge inspiriert haben.

Ohne Robby Bresson, den ich immer wieder auf Bird Island als wandelndes Biologielexikon befragen durfte, wäre mir ein Großteil der seychellischen Fauna und Flora verschlossen geblieben. Dank auch an meinen Facebook-Freund Armin Uwe Meise für die Hilfe bei der Identifizierung der *permit*-Fische!

Und wenn ich Patsy und Steven Francourt nicht hätte, wäre ich schon so manches Mal verzweifelt. Sie sind nicht nur hilfsbereite, stets zum Scherzen aufgelegte Nachbarn, sondern herzensgute Freunde. Das Gleiche gilt für Monique Hoareau, May de Silva und Jacques Harter, ohne die mir viele Geheimnisse der kreolischen Küche verborgen geblieben wären.

Dank gilt auch meiner Lehrerin, Professor Dr. Annegret Bollée von der Universität Bamberg, die vor über dreißig Jahren den Grundstein für mein Interesse an den Seychellen legte: Sie gab mir Gelegenheit, als Studentin an ihrem etymologischen Wörterbuch des Kreolischen mitzuarbeiten. Da Sprache der Schlüssel zu den Herzen ist, hat sie keinen geringen Anteil an der in mir gewachsenen Zuneigung für Land und Leute. Dass ich sie immer wieder mit Detailfragen rund um Wortschatz und Grammatik des Seychellen-Kreol belästigen durfte und sie mir geduldig und umfassend Auskunft gab, war und ist für mich ein echter Glücksfall.

Ein großes Glück war es auch für mich, in Rainer Bauerdick einen professionellen Fotografen gefunden zu haben, der sich einerseits darauf einließ, die Seychellen durch „meine Brille“ zu sehen, andererseits ein deutlich wacheres Auge besaß als ich. So konnte er Dinge bildlich einfangen, die ich – längst betriebsblind geworden – niemals mehr aus eigenem Antrieb fotografiert hätte.

Der größte Dank gebührt aber meinem Mann, Prof. Dr. Wolfgang Friedrich Meinig. Er, genauer gesagt, einer seiner Geburtstage, war der Anlass, dass wir im Oktober 1998 erstmals auf die Seychellen reisten und uns in die Inseln verliebten. – Für ihn, der aufgrund seines Zweitnamens als Mister Fred auf der Insel bekannt ist, habe ich mit Liebe zu ihm und „unserer Insel“ diese Geschichten niedergeschrieben.

Mahé/Bamberg, im Februar 2018 Heike Mallad

Ebenfalls im FAW-Verlag erschienen:

Heike Mallad
Seychellen – eine Anleitung zum Inselglück

Mit einem Vorwort von Wolfgang Meinig

ISBN: 978-3-932853-15-9

4., komplett überarbeitete Auflage 2015; 416 Seiten
Preis: 19,95 Euro

Der Lesebuchbegleiter zum Reiseführer!

Das Paradies der Seychellen hat endlose Sandstrände, glitzernde Wellen und sanft gebogene Palmen. Doch zum perfekten Inselglück braucht man mehr als nur glasklares Wasser und Sonnenschein. – Heitere, beschauliche, aber auch nachdenkliche Episoden räumen mit den Klischees einer heilen Tropenwelt auf. Sie möchten dazu anregen, etwas genauer hinter die Kulissen des Inselidylls zu schauen.

Ein Lesebuch nicht nur für Seychellen-Urlauber, sondern für alle, die sich im grauen Alltag nach Abwechslung sehnen, gern in Gedanken oder auf der Landkarte reisen und sich für Land und Leute, fremde Kultur und Natur begeistern können.

Bestellungen: info@faw-bamberg.de
Aktuelle Insider-Tipps: www.seychellen-inselglueck.de

Ebenfalls im FAW-Verlag erschienen:

Heike Mallad
Prag – wie ich es mag

Mit einem Vorwort
von Wolfgang Meinig

ISBN 978-3-932853-09-8

1. Auflage 2011
192 Seiten
(broschiert, mit Stadtplan)
Preis: 14,95 Euro

Ein ReiseLeseBuch für Prag-Besucher!

Heitere, beschauliche, aber auch nachdenkliche Episoden und kurze Geschichten führen Leser und Besucher durch Prag, doch ohne sie mit zu vielen Details über Historie, Kultur und Kunst zu überhäufen. Sie zeigen, wie leicht es ist, auch bei einem nur kurzen Aufenthalt hinter die Kulissen der Goldenen Stadt zu schauen und touristische Attraktionen mit dem „etwas anderen Blick" wahrzunehmen.

Bestellungen: info@faw-bamberg.de
Alle Leseproben zu sämtlichen Werken des FAW-Verlags:
www.prag-wie-ich-es-mag.de

Ebenfalls im FAW-Verlag erschienen:

Heike Mallad

Bamberg mit Leib und Seele

Mit einem Vorwort
von Wolfgang Meinig

ISBN 978-3-932853-11-1

2. Auflage 2013
288 Seiten (broschiert)

Preis: 14,95 Euro

Ein ReiseLeseBuch für Bamberger & Bamberg-Besucher!

Wer in Bamberg weilt, kommt um den Dom, um das Alte Rathaus und um die vielen Brauereien nicht herum. Doch Bamberg bietet mehr als nur die üblichen Klischees zwischen bezaubernden Barockfassaden, Bierseligkeit und atemberaubender Altstadtidylle. Das ganz normale Leben, Menschen und Menschliches gibt es nämlich auch noch. Und genau diese Mischung spiegelt sich in diesem literarischen Stadtführer wider: Er führt mit seinen sehr persönlichen, tagebuchähnlichen Geschichten durch eine faszinierende Stadt und öffnet die Augen für ein *Bamberg mit Leib und Seele.*

Bestellungen: info@faw-bamberg.de
Alle Leseproben zu sämtlichen Werken des FAW-Verlags:
www.prag-wie-ich-es-mag.de

Ebenfalls im FAW-Verlag erschienen:

Heike Mallad
Tage in Tallinn

Mit einem Vorwort
von Wolfgang Meinig

ISBN 978-3-932853-12-8

1. Auflage 2014
280 Seiten (broschiert)

Preis: 16,95 Euro

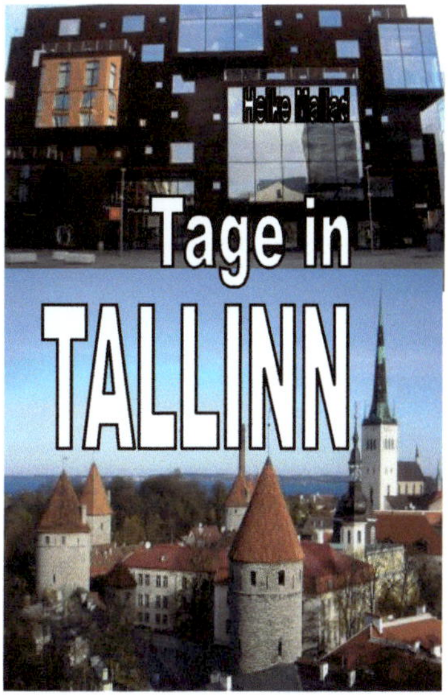

Ein ReiseLeseBuch für Tallinn-Besucher!

Tallinn – Hauptstadt Estlands, Perle des Mittelalters, Hochburg der Hanse, alte Heimat der Deutsch-Balten, einstige sowjetische Olympiastadt, Ausgangsort der Singenden Revolution. Tallinn ist seit dem Auseinanderbrechen der UdSSR um vieles näher an uns herangerückt, schnell erreichbar und so ein ideales Ziel. Anekdoten, witzige Details und scheinbare Nebensächlichkeiten machen Lust statt Touristenfrust, öffnen die Augen für die wahre Schönheit einer außergewöhnlichen Stadt und machen den Weg frei – für ganz besondere *Tage in Tallinn.*

Bestellungen: info@faw-bamberg.de
Alle Leseproben zu sämtlichen Werken des FAW-Verlags:
www.prag-wie-ich-es-mag.de

Über die Autorin

Heike Mallad, geb. 1966, hat ihre Kindheit im unterfränkischen Klingenberg am Main und ihre Schulzeit am Julius-Echter-Gymnasium in Elsenfeld verbracht. An der Bamberger Universität machte sie ihr Examen im Magisterstudiengang Germanistik, Romanistik (Französisch) und Volkswirtschaftslehre. Bereits während ihrer Studienzeit arbeitete sie als studentische Hilfskraft am Lehrstuhl für Romanische Sprachwissenschaft und war dort u. a. in die Erforschung der kreolischen Sprache – insbesondere der Seychellen – involviert. Vor allem erhielt sie zahlreiche Einblicke in die Wörterbucharbeit von Prof. Dr. Annegret Bollée.

Nach Abschluss ihres Studiums absolvierte Heike Mallad ein Volontariat beim Norddeutschen Rundfunk. Danach leitete sie die Öffentlichkeitsarbeit der Forschungsstelle Automobilwirtschaft FAW in Bamberg und gründete den FAW-Verlag. Parallel zu ihrer Tätigkeit als Chefredakteurin einer wissenschaftlichen Fachzeitschrift promovierte sie an der TU Chemnitz im Bereich Wirtschaftswissenschaften.

Ein zweites Standbein hat sich Heike Mallad durch die zusätzliche Ausbildung zur staatlich zertifizierten Ernährungsberaterin aufgebaut. Mittlerweile ist sie im Food-Journalismus aktiv, schreibt Artikel, spricht Hörbücher und entwickelt Rezepte für Online-Plattformen zum Thema gesunde Ernährung/Abnehmen, außerdem gestaltet sie textliche Konzepte für Restaurants, Marketing-Agenturen und Gourmet-Magazine. Sie ist Hobby-Gärtnerin und leidenschaftliche Köchin, Feinschmeckerin und Weinliebhaberin.

Heike Mallad lebt mit ihrem Ehemann abwechselnd in Bamberg und im Südwesten Mahés auf den Seychellen.